FX メタトレーダー実践プログラミング

Meta Trader4

【著】豊嶋 久道
Hisamichi Toyoshima

高機能システムトレードソフト
超活用術

Pan Rolling

【免責事項】
※本書およびサンプルプログラムに基づく行為の結果発生した障害、損失などについて著者および出版社は一切の責任を負いません。
※本書に記載されているURLなどは予告なく変更される場合があります。

※本書に記載されている会社名、製品名は、それぞれ各社の商標および登録商標です。
※MetaTrader 4 Client Terminalは、MetaQuotes Software Corp.社の開発したソフトウェアです。
※Windows®およびExcel®は、米国Microsoft Corporationの米国およびその他の国における登録商標または商標です。

はじめに

　「外国為替証拠金取引」いわゆる「FX」が、ここ数年で急速に普及し、投資対象として一般にも認知されるようになりました。24時間不眠不休のFX市場では、日中に仕事がある人でも、ファンダメンタル分析による長期的な投資から、ティックチャートを見ながらのデイトレードまで、さまざまなスタイルでの運用が可能です。

　もちろん、多様なスタイルでの運用が可能だからといって、簡単に利益を出せるというわけではありません。

　FXの特徴のひとつは、小額の投資資金を担保に多額の取引ができる「レバレッジ（てこ）」を利用できるところです。しかし、投資資金の何倍、何十倍もの外貨を取引することは、大きなリターンを望める反面、それだけ大きなリスクを取っているという心構えが求められます。

　つまり「どのような売買をすれば、どれだけの利益を出し、どれだけの損失を出す可能性があるのか？」――これを全く考えずにFXに取り組むのは文字どおり「無謀」なのです。

　そこで、FX投資家の間でも、あらかじめ設定したルールに従って機械的にトレードを実行する「システムトレード」という手法が注目を集めるようになりました。

　システムトレードのメリットのひとつは、感情に振り回されるこ

となくトレードを執行できるため、誰でも同じ結果を出せるところです。しかし、それはシステムトレードを利用する人向けの"表面的"なメリットにすぎません。

　システムトレードの真のメリットは、自分にあった売買システムを開発する過程で得られるものだと考えます。つまり、膨大な過去データを駆使して、さまざまな観点から徹底的に検証していくことで、相場を客観的に判断できるようになることです。徹底検証こそがシステムトレードの本質であり、最大のメリットといえます。

　そしてこの徹底検証を実現できるソフトのひとつが「メタトレーダー」です。しかも、このソフトは自分で勉強すればするほど、威力を発揮するのです。

　前作『FXメタトレーダー入門』では"入門"の名前どおり、初めてこのソフトを操作する方を対象に、メタトレーダーのインストール方法から操作方法、さらに「MQL4」というメタトレーダーに搭載されたプログラミング言語の基本について解説をしました。初心者向けとしたのは、当時メタトレーダーを知る人が、ごく少数だったからです。

　ところが、その後メタトレーダーは急速に個人投資家の間に知られるようになり、続編を望む声が筆者の耳にも届くようになりました。多くの方々が、システムトレードに関心を寄せていることを感じます。

　今回『FXメタトレーダー実践プログラミング』を構成するにあたり、前作をご覧いただいてメタトレーダーがひととおり使えるようになったユーザーの皆さんに対して、どのような情報が必要なの

だろうかと考えました。

「エキスパートプログラム」による自動売買は、メタトレーダーの大きな目玉です。そういったことから、実用的な売買システムをMQL4でプログラムして、それを羅列することも考えました。

しかし、単にプログラムをコピーして実行するだけでは、自力でプログラムを考案し、作成する技術を向上させることはできないでしょう。また実用的な売買システムは無数に存在します。そのなかでいくつかのシステムを選んだとしても、どうしても中途半端な内容にしかなりません。

そこで本書では、売買システムを開発していく過程が段階的に学べるよう、次のような構成を考えてみました。

第1章　メタトレーダーの構成を知る

メタトレーダーを発注ソフトとして提供しているFX業者の紹介と、メタトレーダーのインストールフォルダとファイル構成、MQL4プログラムの基本について解説します。

第2章　カスタム指標プログラムで独自のテクニカル分析

MQL4に組み込まれているテクニカル指標関数の使い方と、それらを組み合わせて"独自"のテクニカル指標を作成する手順について説明します。

第3章　トレード関数で柔軟な注文を実現

MQL4に組み込まれているトレード関数の使い方と、エラー処理

にも対応した関数化の方法、それを利用した複雑な注文プログラムについて説明します。

第4章　エキスパートプログラムでシステムトレード自由自在
　システムトレードを機能ごとに関数化し、複雑な売買システムを簡潔にプログラムする方法や、システム検証の注意点について説明します。

第5章　MQL4をさらに使いこなしたい人のために
　第2章から第4章までの内容の理解をさらに深め、応用を利かせたプログラムが作成できるよう、MQL4のそれぞれの機能を詳しく説明します。

　このように本書は「MQL4のプログラミング技術向上」を目的としています。前作では詳しく触れることができなかったメタトレーダーの強力なプログラミング機能をできるだけ多く紹介することを心がけました。

　MQL4のプログラムは、C言語同様、「関数」というブロックを並べて構成されています。関数とは、意味や内容をひとまとめにした一連の作業のことです。**関数を使いこなすことがプログラミング技術の向上につながる**と考えました。

　そのためにサンプルプログラムも多数掲載しています。ただし、プログラミングに「絶対にこうしなければならない」というものはありません。本書で説明した内容は、あくまで筆者自身の経験に基

づく、いわば「プログラミングの流儀」です。

　「独自のテクニカル指標を作成して、思いどおりの分析をしてみたい」「システムトレードに関するアイデアを自由にプログラムし、自動売買まで手掛けたい」など、メタトレーダーで何をやりたいかは、人それぞれだと思います。本書を通じて、自分なりの「流儀」を見つけることができれば、メタトレーダーはFXトレードの強力なパートナーとなることでしょう。

　本書の最後に、付録としてMQL4の関数一覧を設けました。今回は、前作と本書を含めた関数の解説個所の索引にもなっています。さらに具体的な売買システムや、システムの開発、評価方法を詳しく知りたい方のために、参考図書もご紹介しました。

　『FXメタトレーダー入門』と『FXメタトレーダー実践プログラミング』をお手元に置いていただき、メタトレーダーのパワーアップに役立てていただければ幸いです。

メタトレーダー5について

　本書で紹介しているのは、メタトレーダーのバージョン4「メタトレーダー4（MetaTrader 4＝MT4）」です。ところが、本書執筆中に、バージョン5「メタトレーダー5（MetaTrader 5＝MT5）」のリリース予定の情報が入ってきました。

　バージョン4からバージョン5へのバージョンアップは、通常のアップデートとは異なり、ソフトウェアを根本的に開発し直すことを意味します。つまり、メタトレーダーの画面やメニュー構成など

見た目で分かる部分だけでなく、内部のデータ構造やデータの処理方法などが全く一新されるわけです。

同じメタトレーダーといっても、中身は全く別のものと考えたほうがよいでしょう。

MT4では「MQL4」と呼んでいたプログラミング言語も、MT5では「MQL5」と名前を変えたものが搭載されています。MQL4からMQL5に変わることで、多くのプログラミングの機能が新しく追加されると同時に、いくつかの関数で仕様が変更になるものもあるでしょう。MQL4で作成したプログラムをMQL5に対応させるためには、多少の修正が必要となるかもしれません。

ただし、MQL5はMQL4と同様、C言語（正確にはC++言語）をベースに開発されています。したがって、基本的なプログラミングに関する考え方に変わりはないでしょう。

メタトレーダーは実際のトレードに使うソフトです。不具合によって動作が不安定な状態では安心して使うことができません。MT5が正式にリリースされたとしても、十分に時間をかけて不具合の修正を繰り返し、安定した動作を保証させる必要があります。実際に業者の取引ソフトとして採用されるのは、まだまだ先のことになるでしょう。

逆に、これからはMT4の大幅なアップデートがほとんどないので、今お使いのMT4を同じ環境のまま安心して使うことができると思います。今のうちにMT4でプログラミングの技術を身につけておけば、MT5にもスムーズに移行できるはずです。

本書では、まだMT5の詳しい情報について触れません。本書を

通じてMT4をマスターした皆さんが将来MT5へスムーズに移行できるよう、MT5の情報については下記のウェブサイトなどで随時報告していきたいと考えています。

> **Toyolab FX - 手ぶらで為替取引**
> http://forex.toyolab.com/

> **Pan Rolling 投資の仲間たち**
> http://www.panrolling.com/blog/toyoshima.html

　今回、再びメタトレーダーのプログラミングに関する書籍を執筆する機会に恵まれたことは、メタトレーダーの一利用者として本当に光栄なことだと思います。ここに、本書を執筆する機会を与えてくださったパンローリング株式会社社長の後藤康徳氏、編集・校正と多大なご協力をいただいた世良敬明氏に感謝の意を表します。

2009年9月　豊嶋 久道

目次

はじめに ———————————————————— 1
　　メタトレーダー5について……5

第1章　メタトレーダーの構成を知る

1-1　メタトレーダーを使いこなす前に ———————— 16
　　あなたはどこのメタトレーダーを使っていますか？……16
　　インストールしたフォルダをのぞいてみよう……19

1-2　メタトレーダーとMQL4プログラミング ———— 25
　　メタトレーダーで作成可能なプログラムの種類……28
　　①カスタム指標プログラム……30
　　②エキスパートプログラム……31
　　③スクリプトプログラム……33
　　④ライブラリープログラム……34
　　MQL4プログラムのフォルダ構成……35
　　本書で使用したサンプルプログラムについて……37

第2章　カスタム指標プログラムで独自のテクニカル分析

2-1　カスタム指標プログラムの基本 ———————— 42
　　表示ウィンドウの指定……42
　　表示させるカスタム指標の数の指定……44
　　特別な関数の動作タイミング……44
　　指標を表示する仕組み……45
　　配列の要素インデックスとチャート上の位置……49

CONTENTS

　　指標スタイルの指定……51
　　指標値の表示場所とラベル……55
2-2　組み込みテクニカル指標関数の使い方　　　　　　　　59
　　移動平均……59
　　ボリンジャーバンド……67
　　パラボリックSAR……74
　　モメンタム……78
　　RSI……82
　　MACD……86
　　ストキャスティックス……91
　　HLバンド……96
　　ATR……102
　　カスタム指標の平滑化……108
　　カスタム指標を組み込み関数として使う……115
　　ヒストグラムを利用したカスタム指標（平均足）……122
　　トレンドの方向をヒストグラムで表示……127
　　時系列アクセス関数を利用したカスタム指標……130
2-3　オブジェクトを利用したカスタム指標　　　　　　　139
　　価格の目安ラインの表示……139
　　複数のチャート情報を同時に表示……146
2-4　テクニカル指標のデータをファイルに出力　　　　156
　　過去の一定期間のデータを出力する……156
　　スクリプトプログラムに関する注意点……162
　　不要なデータをスキップして出力する……164
　　リアルタイムにデータを出力する……168

目次

第3章　トレード関数で柔軟な注文を実現

3-1　トレード関数を使いこなす —— 176
注文を送信する……177
注文の状態を調べる……184
注文を変更する……192
オープンポジションを決済する……196
待機注文をキャンセルする……199

3-2　トレード時のエラーチェック —— 204
トレード時のエラー処理方法……207
価格パラメータに関するエラー……209
FX業者サーバとの通信エラー対策……212

3-3　トレード関数のライブラリー化 —— 219
❶現在のポジションのロット数を求める関数……230
❷注文を送信する関数……236
❸オープンポジションを変更する関数……240
❹オープンポジションを決済する関数……242
❺待機注文をキャンセルする関数……244

3-4　エキスパートプログラムによる注文 —— 248
リピートIFD注文……248
複数の注文に対応したリピートIFD注文……252
OCO注文……256
トレイリングストップ……263
一定幅でないトレイリングストップ（1）……266
一定幅でないトレイリングストップ（2）……270

CONTENTS

第4章　エキスパートプログラムでシステムトレード自由自在

4-1　売買システムの基本構成 ——— 274
仕掛けのみのシステム……275
手仕舞いを追加したシステム……281
どのタイミングでシグナルを出すか……285

4-2　仕掛けのパターン ——— 291
指標の値の大小による仕掛け（1）……291
指標の値の大小による仕掛け（2）……296
価格と指標の交差による仕掛け（1）……299
価格と指標の交差による仕掛け（2）……303
複数の指標の交差による仕掛け（1）……306
複数の指標の交差による仕掛け（2）……310
ブレイクアウトによる仕掛け……314
現在形成中のバーの指標値を利用した仕掛け（1）……318
現在形成中のバーの指標値を利用した仕掛け（2）……321

4-3　手仕舞いのパターン ——— 326
一定値幅での損切りと利食い……326
通常のトレイリングストップ……331
HLバンドを使ったトレイリングストップ……334
ATRを使ったトレイリングストップ……335
時間の経過による手仕舞い……341

4-4　そのほかのシステムのパターン ——— 349
エントリーシグナルのフィルター……349
条件付き仕掛けのシステム……354

目次

トレードする時間帯の制限……360

指値もしくは逆指値で仕掛けるシステム……366

複数システムの運用……370

資金管理について……374

4-5　ストラテジーテスターでの検証ーーーーーーーーー 385

エキスパートプログラム作成時の注意……385

テスターのモデルの選択……387

第5章　MQL4をさらに使いこなしたい人のために

5-1　データの型ーーーーーーーーーーーーーーーーーー 394

int（整数）……394

double（実数）……396

string（文字列）……397

bool（論理）……399

color（色）……400

datetime（日時）……402

5-2　プリプロセッサ命令ーーーーーーーーーーーーーー 404

#define命令……404

#include命令……405

#property命令……406

#import命令……409

5-3　変数の種類ーーーーーーーーーーーーーーーーーー 410

変数の種類と有効範囲……410

変数の宣言方法による違い……414

5-4　配列の種類ーーーーーーーーーーーーーーーーーー 420

5-5　数学関数ーーーーーーーーーーーーーーーーーーー 424

CONTENTS

5-6 オブジェクトの表示 ──────────── 428
オブジェクトの作成……428
オブジェクトの設定……431
オブジェクトの削除……436

5-7 ファイルの入出力 ──────────── 439
ファイルのオープンとクローズ……439
ファイルへのデータ書き込み……443
ファイルからのデータ読み出し……444
ファイルへの追加書き込み……446

5-8 文字列に関する関数 ──────────── 450
文字列を表示・通知する関数……450
文字列を処理する関数……454

5-9 日時に関する関数 ──────────── 460
datetime型データを文字列へ変換……460
日時の文字列をdatetime型データに変換……465

5-10 マーケット情報 ──────────── 467
5-11 口座情報 ──────────── 471
5-12 関数のライブラリー化 ──────────── 474

さいごに ──────────── 483

付録A　MQL4関数一覧 ──────────── 486
予約変数 486　　　　　　特殊関数 487
口座情報関数 487　　　　配列関数 488
チェック関数 489　　　　クライアントターミナル関数 490
共通関数 490　　　　　　変換関数 491
カスタム指標関数 491　　日付・時間関数 492

目次

ファイル関数 494
数学関数 495
文字列関数 498
時系列アクセス関数 502
ウィンドウ関数 505

大域変数関数 495
オブジェクト関数 496
テクニカル指標関数 498
トレード関数 503

付録B　参考図書 ─────────── **507**

索引 ─────────────────── 509
プログラムリスト索引 ─────────── 517
図索引 ─────────────────── 518

コラム

Windows Vistaでメタトレーダーを利用するときの注意点……24
サンプルプログラムから新しいプログラムを作るには……40
関数中で省略できるパラメータについて……58
変数、関数の名前のつけ方……174
両建てポジションの決済……202
関数のパラメータの役割について……245
エキスパートプログラムでの特別な関数の動作タイミング……290
トレンドフォロー型とカウンタートレンド型……325
価格の表示ケタ数の違いについて……348
メタトレーダーでCFD取引……384
チャート上の過去データの取得について……391
変数や関数を宣言する場所……418
組み込みテクニカル指標関数の計算方法について……423

第1章

メタトレーダーの構成を知る

1-1. メタトレーダーを使いこなす前に

　本書をご覧いただいている方のなかには、すでにメタトレーダーをパソコンにインストールして使用されている方も多いことでしょう。もし、たまたま書店で本書を見つけてメタトレーダーに興味を持たれた方や、メタトレーダーをこれから使ってみたいと思われた方は、まず前作『FXメタトレーダー入門』から始めていただければと思います。

　本書は前作のある程度の理解を前提としています。メタトレーダーの具体的なインストール方法や、ソフトの基本的な使用法、プログラムの基礎的な説明は、前作をご参照ください。

　本章では、メタトレーダーを使いこなす前準備として、メタトレーダーをインストールした環境とMQL4プログラミングの基本についてみていくことにします。

あなたはどこのメタトレーダーを使っていますか？

　メタトレーダーを開発したのは「MetaQuotes Software」というロシアの会社です。同社のウェブサイト（http://www.metaquotes.net/）からメタトレーダーの最新バージョンをダウンロードできます。デモ口座を申請すれば、誰でも無料で使用可能です。

ただし、MetaQuotes社自体はソフト開発会社であり、FX会社でありません。したがって、そこからダウンロードをしたメタトレーダーでは、実際にFXをトレードすることができません。

　実際にFXをトレードするには、メタトレーダーを発注ソフトとして採用しているFX業者からダウンロードをする必要があります。将来、メタトレーダーでシステムトレードを実践したいと考えているのであれば、FX業者が提供しているメタトレーダーをダウンロードして、ご利用になることをおすすめします。

　メタトレーダーを採用しているFX業者は、国内外に多数あります。ただし、個々の業者の会社名やサービスは、将来変更される可能性が高いので、具体的な業者の紹介については省略します。

　メタトレーダー採用業者が提供する発注ソフトには「メタトレーダー」以外の独自の名称がついていることが大半です。しかし、ソフト自体は変わりません。同じメタトレーダーです。

　ただし、業者によって、次のような点で条件が異なります。

●対応通貨ペアや銘柄の種類
●スプレッド（売値と買値の差。固定の業者と可変の業者があります）
●スワップ金利（通貨ペアの金利差を調整するための受け渡しで、金利が高いほうの通貨を買う場合は受け取り、金利が低いほうの通貨を買う場合は支払うことになります）
●取引手数料（基本的に無料ですが、スプレッドをほとんど0にして別に取引手数料を取る業者もあります）

- 取引最低ロット数（10万通貨単位、1万通貨単位、1000通貨単位など）
- レバレッジ（必要証拠金に対して実際に売買できる通貨の倍率）
- サーバの時間
- 指値、逆指値注文時に許容される現在の気配値からのズレ

　これらの条件は、通常のFX業者選びでも重要なポイントです。
　メタトレーダー採用業者は、日本国内よりも海外にたくさんあるため、海外業者も業者選びに含めれば、より多くの"選択肢"から有利な条件のものを選べるという利点があります。また、海外業者のなかには、日本語にも対応し、円建ての口座を開設できるところもあります。
　しかし、大半の海外業者は、基本的に連絡手段が英語となり、口座も米ドルやその国の通貨建てでしか開設できません。実際にトレードを始めると、システム障害などで、業者と込み入ったやり取りをすることも十分あり得ます。そのとき自分が英語で対応できるか考えておかなければなりません。
　また、今は日本語で対応している業者でも、ある日突如として、日本語サービスを停止する可能性もあるのです。
　一方、日本国内のメタトレーダー採用業者は、海外に比べると数が少ないものの、口座開設や各種連絡は日本語でできるので、言葉の面でのトラブルは少ないでしょう。また、資金の入金、出金も国内の金融機関を利用できるので、利便性が高いといえます。
　なお、各業者のサービス内容は、監督官庁の規制を含め、将来変

更されることがあり得ます。最新情報を各業者のサイトなどで必ず確認するようにしてください。

　もちろん、実際に口座を開設しなくても、各社のサイトからメタトレーダーのソフトを自由にダウンロードできます。そして、デモ口座の申請をすれば、その機能を試すことができます。納得がいくまでデモ口座として使い続けてもいいのです。

インストールしたフォルダをのぞいてみよう

　すでにメタトレーダーをお使いの方も、メタトレーダーをどこにインストールしたかご存知でしょうか。メタトレーダーで利用されるフォルダやファイルの役割を知っておくことは、メタトレーダーを活用する第一歩といえるでしょう。

　まず、メタトレーダーをインストールしたフォルダを確認してください。MetaQuotes社からダウンロードした場合、標準的なインストールでは、次のフォルダにインストールされていると思います。

```
C:\Program Files\MetaTrader4
```

　FX業者からダウンロードしたメタトレーダーでは、業者の名前がフォルダに追加されることもあります。この例と違ったフォルダにインストールされているかもしれません。

　いずれにせよ、インストールされたフォルダの名前は、メタトレー

ダーの実行には関係ありませんので、特に気にする必要はありません。これから本書で説明する「メタトレーダーをインストールしたフォルダ」という記述のところで、それぞれ、お使いのメタトレーダーをインストールしたフォルダに置き換えて読んでいただくだけでけっこうです。

　メタトレーダーをインストールすると、さまざまなフォルダにさまざまなファイルがコピーされます。これらのフォルダには、メタトレーダー自体のプログラムなど、ユーザーが勝手に変更してはいけないファイルがあります。

　しかし、メタトレーダーの各種設定を保存する「設定ファイル」や、ユーザーの作成するプログラムなども、同じくインストールフォルダの下に保存されます。ここで、メタトレーダーをインストールしたフォルダの下に作成される「サブフォルダ」の役割について簡単に説明しましょう。

config

　メタトレーダーの各種設定ファイル「*.ini」と各サーバの設定ファイル「*.srv」が保存されています。これらはユーザーが直接編集することはできません。

deleted

　削除したチャートの設定ファイル「*.tpl」が保存されており、メニューの［ファイル］→［チャートの再表示］で利用できます。これらのファイルは、再度利用することがなければ不要です。

experts

MQL4プログラムに関連するファイルは、すべてこのフォルダに保存されています。その中には、さらにいくつかのサブフォルダが作成されています。詳しくは次の節で紹介しましょう。

history

サーバごとにサブフォルダが作成され、その下に過去データのファイル「*.hst」が保存されています。これらのファイルはサーバから価格データを受信するたびに更新されます。またメタトレーダーのメニューの［ツール］→［History Center］からダウンロードしたファイルは「downloads」サブフォルダの下に通貨ペアごとに保存されます。

languages

各種言語用ファイル「*.lng」が保存されています。メタトレーダーを日本語として利用する場合には「terminal_Japanese.lng」以外は不要です。

links

各業者のウェブサイトへのリンクが書かれたファイル「homepage.url」が保存されています。

logs

メタトレーダーを起動してサーバにログインした記録が１日単位

でログファイル「*.log」として保存されています。過去の実行記録が必要なければ、これらのファイルは不要です。

mailbox

サーバからメタトレーダーのメールボックス宛てに送られてきた連絡事項やニュースのファイルが保存されています。後から参照することがなければ、これらのファイルは不要です。

profiles

チャートの設定ファイルが保存されるフォルダです。複数のチャートをひとまとめにして一度に表示させる「チャートの組」ごとにサブフォルダが作成され、その下に各チャートの設定ファイル「*.chr」が保存されています（チャートの組はメニューの［ファイル］→［チャートの組表示］で利用）。

sounds

音声ファイル「*.wav」が保存されています（メニューの［ツール］→［オプション］の「音声設定」タブで利用）。

symbolsets

表示させる複数の通貨ペアをひとまとめにした「*.set」が保存されています（「気配値表示ウィンドウ」を右クリックして現れるサブメニューの「表示通貨ペアの組合せ」で利用）。

templates

メニューの［チャート］→［定型チャート］で利用するチャートの設定ファイル「*.tpl」が保存されています。

tester

「ストラテジーテスター」用のサブフォルダです。テストしたエキスパートプログラムごとにパラメータの設定ファイル「*.ini」が保存されています。

さらにいくつかのサブフォルダに分かれており、「history」サブフォルダにはテスト時に生成したヒストリーファイル「*.fxt」が保存され、「logs」サブフォルダにはテストした結果が1日単位のログファイル「*.log」として保存されています。ログファイルは不要であれば削除しても構いません。

なお、これらのフォルダ構成は本書執筆時のメタトレーダーのものです。アップデートによってフォルダ名が変更になったり、フォルダが削除されたりしてしまう場合もあります。ご注意ください。

Windows Vista/7でメタトレーダーを利用するときの注意点

　OSがWindows Vista/7のPCでメタトレーダーを利用するときには、いくつか注意点があります。

　まず、インストールをするフォルダです。本書の説明では、インストールをしたフォルダの下にあるファイルをメタトレーダーのプログラムから直接読み書きする個所が出てきます。したがって、Windows Vista/7の場合、ユーザーが自由に読み書きできるフォルダ（ユーザーフォルダ「C:\Users\」など）の下にインストールすることをおすすめします。

　また、Windows Vista/7でメタトレーダーを実行したときに不具合が起こることが報告されています。本書執筆時点で分かっている不具合は、次のようなものです。

　「Microsoft Office IME2007を既定の入力言語として指定した場合、メタエディターのプログラム上でカットやコピーなどの編集を行うと、メタエディターが強制終了される」

　この不具合を避けるには、メタエディター利用時に既定の入力言語をWindows Vista/7に標準搭載されている「Microsoft IME」に切り換える必要があります。

　今後、この不具合は修正されるかもしれませんが、逆にさらに新たな不具合が出るかもしれません。メタトレーダーやOSを更新したとき、メタトレーダーの動作に異常が出ないか、よくチェックする必要があります。

1-2. メタトレーダーとMQL4プログラミング

　メタトレーダーそのもののプログラムや、メタトレーダーから実行される各種Windowsプログラムは、メタトレーダーをインストールしたフォルダ（C:\Program Files\MetaTrader4）の下に、次のようなファイル名として保存されています。

terminal.exe	メタトレーダー本体
MetaEditor.exe	mq4ファイルを編集するプログラム（メタエディター）
MetaLang.exe	mq4ファイルをメタトレーダーが読み込んで実行できる形式に変換（コンパイル）して、ex4ファイルを作成するプログラム（コンパイラー）
LiveUpdate.exe	メタトレーダーのアップデートを行うプログラム
Uninstall.exe	メタトレーダーをアンインストールするプログラム

　メタトレーダー本体のプログラムである「terminal.exe」は、チャート機能からテクニカル分析機能、口座管理機能、自動売買機能までが統合されたソフトウェアです。通常メタトレーダーを利用する場合、この「terminal.exe」だけで済んでしまいます。

しかも、もともと多機能なうえに、ユーザーが「プログラム」を作成することで、さらに機能を増やせるところが、メタトレーダーの魅力です。

プログラムとは、メタトレーダーを思いどおりに動作させるための命令文の集まりです。その命令文の意味や命令文を書くためのルールを定めたものが、プログラミング言語「MQL4」です。

そして、MQL4でプログラムを実際に作成するためのツールプログラムが「MetaEditor.exe」と「MetaLang.exe」です。

まず、MQL4プログラミングの基本として、プログラミングに関連するファイルの種類について紹介します。

mq4ファイル

拡張子が「.mq4」のファイルです。プログラムのもとになるファイルなので「ソースファイル」とも呼ばれます。

MQL4のプログラムを直接記述するテキストファイルです。「メモ帳」などのテキストエディターでも読み書きができ、「MetaLang.exe」でコンパイルすることで、ex4ファイルに変換されます。

ex4ファイル

拡張子が「.ex4」のファイルです。「実行ファイル」とも呼ばれます。

メタトレーダーが直接実行できるプログラムファイルです。メタトレーダーが理解できる記号だけで書かれた「バイナリファイル」なので、テキストエディターで読み書きはできません。

mqhファイル

拡張子が「.mqh」のファイルです。

mq4ファイルに読み込まれる「ヘッダーファイル」と呼ばれるテキストファイルで、各種プログラムで共通に利用する関数や定数の情報が書かれています。「メモ帳」などのテキストエディターでも読み書きができます。

メタトレーダーとメタエディターの関係は**図1.1**のようになっています。

基本的にex4ファイルがあれば、メタトレーダーで実行できます。インターネットなどで配布されているもののなかには、ex4ファ

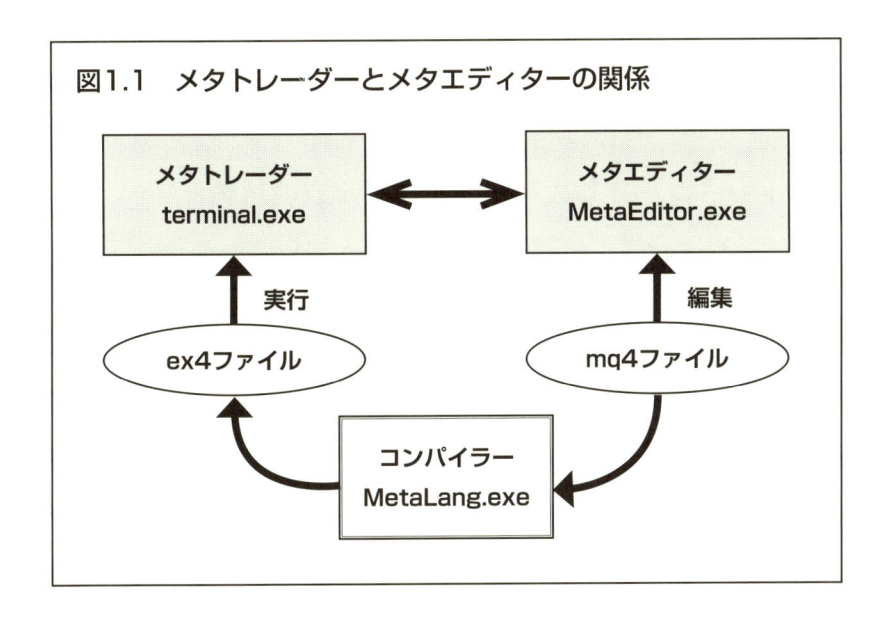

図1.1　メタトレーダーとメタエディターの関係

```
  メタトレーダー  ←→  メタエディター
  terminal.exe         MetaEditor.exe
       ↑ 実行              ↑ 編集
  ex4ファイル          mq4ファイル
       ↖              ↙
         コンパイラー
         MetaLang.exe
```

イルだけの場合もあります。

　しかし、皆さんが独自のプログラムを作成する場合には、まずソースファイルであるmq4ファイルを作成しなければなりません。そしてmq4ファイルを「MetaLang.exe」でex4ファイルに変換（コンパイル）します。

　ただし、皆さんが直接「MetaLang.exe」を実行することはほとんどないでしょう。

　メタトレーダーのツールバーの「！」ボタンを押すか、ナビゲーター画面からプログラムを選択して右クリックすることで、メタエディター（MetaEditor.exe）を起動することができます。そしてメタエディター上で「Compile」ボタンを押すだけで「MetaLang.exe」を実行し、コンパイルが行われます。

　そして実際にメタトレーダーで実行されるのは、mq4ファイルをコンパイルして作成されたex4ファイルです。

メタトレーダーで作成可能なプログラムの種類

　メタトレーダーでは、利用場面に応じて、次の4種類のプログラムを自分で作成できます。

①カスタム指標プログラム（Custom Indicator）
②エキスパートプログラム（Expert Advisor）
③スクリプトプログラム（Script）
④ライブラリープログラム（Library）

第1章 メタトレーダーの構成を知る

図1.2 ナビゲーター画面上のプログラム一覧

　ライブラリープログラムを除く各種プログラムは、メタトレーダーのナビゲーター画面上にツリー形式で表示されます(**図1.2**)。

　ここで表示されているのは、いずれもex4ファイルです(ただし、拡張子の「ex4」は省略)。それをチャート上にドラッグ&ドロップすることで、それぞれのプログラムを実行できます。

　なお、各プログラムの前にはアイコンが表示されています。エキスパートプログラムのなかで、そのアイコンの色がグレーになっているものがあるかもしれません。それはmq4ファイルがなくex4ファイルだけのプログラム、あるいはex4ファイルがなくmq4ファイルだけのプログラムです(コンパイルに失敗した場合)。

29

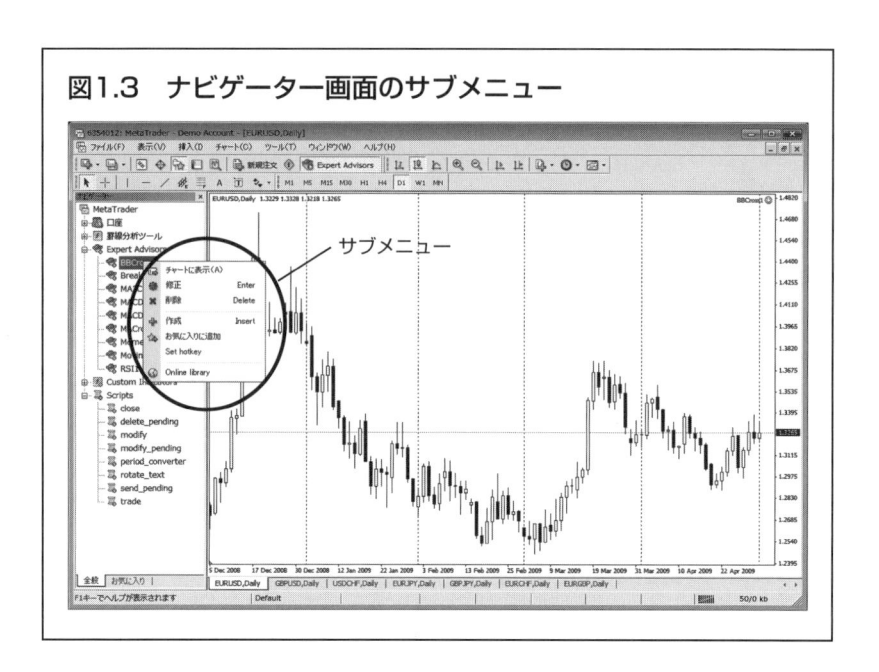

図1.3 ナビゲーター画面のサブメニュー

　また、ナビゲーター画面でそれぞれのプログラムを選択して右クリックをすると、**図1.3**のようなサブメニューが現れます。

　このサブメニューからは、プログラムをチャートに挿入したり、メタエディターでmq4ファイルを開いたり、プログラム自身を削除したりすることができます。

　次に、それぞれのプログラムの特徴をまとめておきます。

①カスタム指標プログラム

　カスタム指標プログラム（Custom Indicator）は、メタトレーダー

にすでに組み込まれているテクニカル指標と同様、チャートに挿入することで、指標値を線や数字で表示させるものです。

　この種類のプログラムのソースファイル（mq4ファイル）と実行ファイル（ex4ファイル）は、メタトレーダーをインストールしたフォルダの下にある「experts」→「indicators」サブフォルダの下に保存されます。

　ひとつのチャートに複数のカスタム指標プログラムを挿入することが可能です。また、このプログラムは価格が変化するたびに実行されるので、テクニカル指標の表示だけでなく、価格が変化するたびにデータをファイル出力するなどの用途にも使えます。

　カスタム指標プログラムをチャート上から削除するには、メニューの［チャート］→［表示中の罫線分析ツール］から削除したいプログラムを選択して［削除］ボタンを押し、最後に［閉じる］ボタンを押します。もしくは、表示されているテクニカル指標上で右クリックをして現れるサブメニューからも削除できます。

②エキスパートプログラム

　エキスパートプログラム（Expert Advisor）は、チャートに挿入すると、価格の変化に応じて自動売買をするプログラムです。Expert Advisorを略して単に「EA」と呼ばれることもあります。

　このプログラムのソースファイル（mq4ファイル）と実行ファイル（ex4ファイル）は「experts」サブフォルダの直下に保存されます。

　エキスパートプログラムは、カスタム指標プログラムと異なり、

ひとつのチャートにひとつのプログラムしか挿入できません。複数のエキスパートプログラムを挿入しようとしても、前から挿入されているエキスパートプログラムは削除されてしまい、後から挿入したエキスパートプログラムのみが有効となるだけです。

挿入されているエキスパートプログラムの名前は、チャート画面の右上に表示されます。

挿入したエキスパートプログラムをチャートから削除したい場合は、チャート上で右クリックをして現れるサブメニューの「Expert Advisors」をさらにクリックして「削除」を選択します。

このプログラムでは自動売買が可能です。したがって安全のため、エキスパートプログラムをチャートに挿入しただけではトレードが実行されないようになっています。実際に自動売買を実行させるには、メニューの［ツール］→［オプション］の「Expert Advisors」タブで「Allow live trading」にチェックを入れる必要があります。

エキスパートプログラムの役割は、直接チャートに挿入して自動売買を実行するだけではありません。過去のデータに対して仮想売買を実行し、その結果を表示する「バックテスト」にも利用できます。

バックテストには、メタトレーダーの［表示］→［Strategy Tester］で、ストラテジーテスターという機能を使います。ストラテジーテスターの画面で、**図1.4**のようにエキスパートプログラム名、通貨ペア、時間枠、期間などを指定するだけで、バックテストが可能です。

図1.4 ストラテジーテスターの設定画面

③スクリプトプログラム

　スクリプトプログラム（Script）とは、複数の処理をまとめて行うためのプログラムです。

　トレード関数を記述して実際にトレードをすることもできます。このプログラムのソースファイル（mq4ファイル）と実行ファイル（ex4ファイル）は、メタトレーダーをインストールしたフォルダの下の「experts」→「scripts」サブフォルダの下に保存されます。

　スクリプトプログラムは、チャート画面にドラッグ＆ドロップすることで「1回だけ」実行されます。カスタム指標プログラムのよ

うにチャート上で実行し続けるわけではありません。したがって、チャートから削除するという操作は必要ありません。

④ライブラリープログラム

　ライブラリープログラム（Library）とは、独自に定義した関数などをひとまとめにして、別のプログラムで再利用するためのプログラムです。

　このプログラムのソースファイル（mq4ファイル）と実行ファイル（ex4ファイル）は、メタトレーダーをインストールしたフォルダの下の「experts」→「libraries」サブフォルダの下に保存されます。

　ライブラリープログラムは、通常ヘッダーファイルとセットで使われます。ヘッダーファイルは、mqhという拡張子のテキストファイルで、メタトレーダーをインストールしたフォルダの下の「experts」→「include」サブフォルダの下に保存されます。

　ヘッダーファイルには、関数や記号定数の宣言と、ライブラリープログラムを読み込むための命令が記述されているだけです。単独でコンパイルされないので、対応するex4ファイルはありません。

　ライブラリープログラムは、ヘッダーファイルを介してプログラム中に読み込まれるものなので、それを直接実行するわけではありません。そうした意味では、上記の3つの種類のプログラムとは性質が異なるものです。

　詳しくは第3章および第5章で解説します。

MQL4プログラムのフォルダ構成

　以上のMQL4プログラムに関連するファイルはすべて、メタトレーダーをインストールしたフォルダの下にある「experts」というサブフォルダのさらに下に保存されます。

　「experts」フォルダのなかには、エキスパートプログラムのソースファイル（*.mq4）と実行ファイル（*.ex4）が保存されています。また、その下には、さらに次に挙げるようなサブフォルダが作成されています。

files
　各プログラムを実行したときに作成されるファイルが保存されます。

include
　各プログラムで利用されるヘッダーファイル（*.mqh）が保存されます。

indicators
　カスタム指標プログラムのソースファイル（*.mq4）と実行ファイル（*.ex4）が保存されます。

libraries
　ライブラリープログラムのソースファイル（*.mq4）と実行ファ

イル（*.ex4）、および外部ツールで作成されたDLLファイル（*.dll）が保存されます。

logs

カスタム指標プログラムやエキスパートプログラムなどを実行した結果が1日ごとにログファイル（*.log）として保存されます。

presets

エキスパートプログラムのパラメータを記録した設定ファイル（*.set）が保存されます。

samples

メタトレーダーで利用するための外部プログラム（DLL）を作成するためのサンプルが保存されます。DLLの作成には別途、Visual C++などの外部ツールが必要となるため、本書ではDLLの作成方法については触れていません。

scripts

スクリプトプログラムのソースファイル（*.mq4）と実行ファイル（*.ex4）が保存されます。

templates

Expert Advisor Wizardで利用するテンプレートファイル（*.mqt）が保存されます。

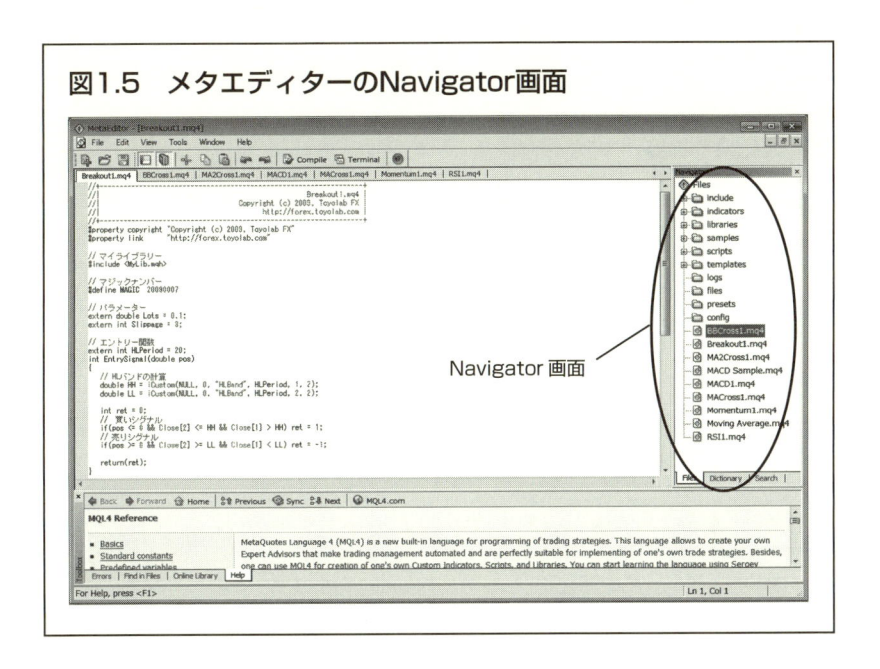

第1章 メタトレーダーの構成を知る

図1.5 メタエディターのNavigator画面

なお「experts」以下のフォルダ構成は、メタエディターのNavigator画面のFilesタブの画面にツリー表示されています（図1.5）。またmq4ファイルやmqhファイルなど、メタエディター上で編集できるファイルは、同じくツリー表示されるので、そのファイル名をダブルクリックすると、プログラムがメタエディター上で開きます。

本書で使用したサンプルプログラムについて

本書で使用したサンプルプログラムは、パンローリングの本書紹

介ページからダウンロードできます。

本書紹介ページ
http://www.panrolling.com/books/gr/gr83.html

　サンプルプログラムのなかには、単独で使用できるものもあります。しかし、多くのプログラムは、ライブラリープログラムと一緒に使用します。したがって、本書で解説したプログラムをメタトレーダー上で試してみる場合、次のようにインストールすることをおすすめします。

　サンプルプログラムは「MT4book2.zip」という圧縮されたファイルでまとめてダウンロードされます。このファイルには、まず「experts」というサブフォルダがあります。

　エキスパートプログラムは、この「experts」フォルダの下に保存されています。そして、さらにその下の「indicators」フォルダの下にカスタム指標プログラムが保存されています。

　ほかにも「scripts」フォルダにスクリプトプログラム、「include」フォルダにヘッダーファイル、「libraries」フォルダにライブラリープログラムがそれぞれ保存されています。

　つまり「experts」フォルダから下は、メタトレーダー上のフォルダと同じ構成となっているわけです。

　したがって「MT4book2.zip」をファイルエクスプローラなどで閲覧してフォルダを開く（Windows XP以降の場合、特に解凍する必要はありません）と、まず「experts」フォルダが現れるので、

図1.6 オプションのExpert Advisors設定画面

```
オプション
[サーバー][チャート][ライン等の設定][取引][Expert Advisors][E-メール][Publisher][音声設定]

☑ Enable Expert Advisors (except for Custom Indicators and Scripts)
    ☑ Disable experts when the account has been changed
    ☑ Disable experts when the profile has been changed
☑ Allow live trading
    ☐ Ask manual confirmation
☐ Allow DLL imports
    ☐ Confirm DLL function calls
☑ Allow external experts imports

             [ OK ]  [ キャンセル ]  [ ヘルプ ]
```

　この「experts」フォルダをお使いのメタトレーダーがインストールされているフォルダにコピー（マウスでドラッグ＆ドロップ）すると、サンプルプログラムをインストールできます。

　ただし、お使いのメタトレーダーをインストールしたフォルダ上に同じファイル名のファイルがある場合、上書きされてしまうことがあります。したがって、あらかじめ「experts」フォルダのバックアップを取ったうえで、サンプルプログラムをインストールすることをおすすめします。

　なお、本書のサンプルプログラムを実行するときには、メニューの［ツール］→［オプション］の「Expert Advisors」タブで**図1.6**のような設定を行っておいてください。特に注意する点は、ライブラリープログラムを利用するので「Allow external experts imports」をチェックしておくということです。

サンプルプログラムから新しいプログラムを作るには

　メタエディターで新しいプログラムを作成する方法はいくつかあります。メタエディターのメニューから [File] → [New] を選択すると「Expert Advisor Wizard」という画面が現れます。

　そこで、プログラムの種類を選択して、プログラム名などを入力することでプログラムの雛形を作ることもできます。

　しかし、この方法ではプログラムの大半を最初から記述していかなくてはなりません。

　全く新しいプログラムを作成する場合は別として、たいていは既存のプログラムを少しずつ変えていって作成する場合が多いと思います。そういう場合、新しくファイルを作成するのではなく、もとになるサンプルプログラムに対して、別の名前をつけて保存することで、新しいプログラムを作成するほうが便利でしょう。

　例えば「Sample1.mq4」というファイルを開いているとします。このファイルを土台に変更を加えたい場合、メタエディターのメニューから [File] → [Save as] を選択して、「Sample2.mq4」という名前を指定して保存します。

　すると「Sample1.mq4」と同じ内容のファイルが「Sample2.mq4」として作成され、メタエディター上に開きます。それを修正していくことで別のプログラムを作成できるというわけです。

第2章

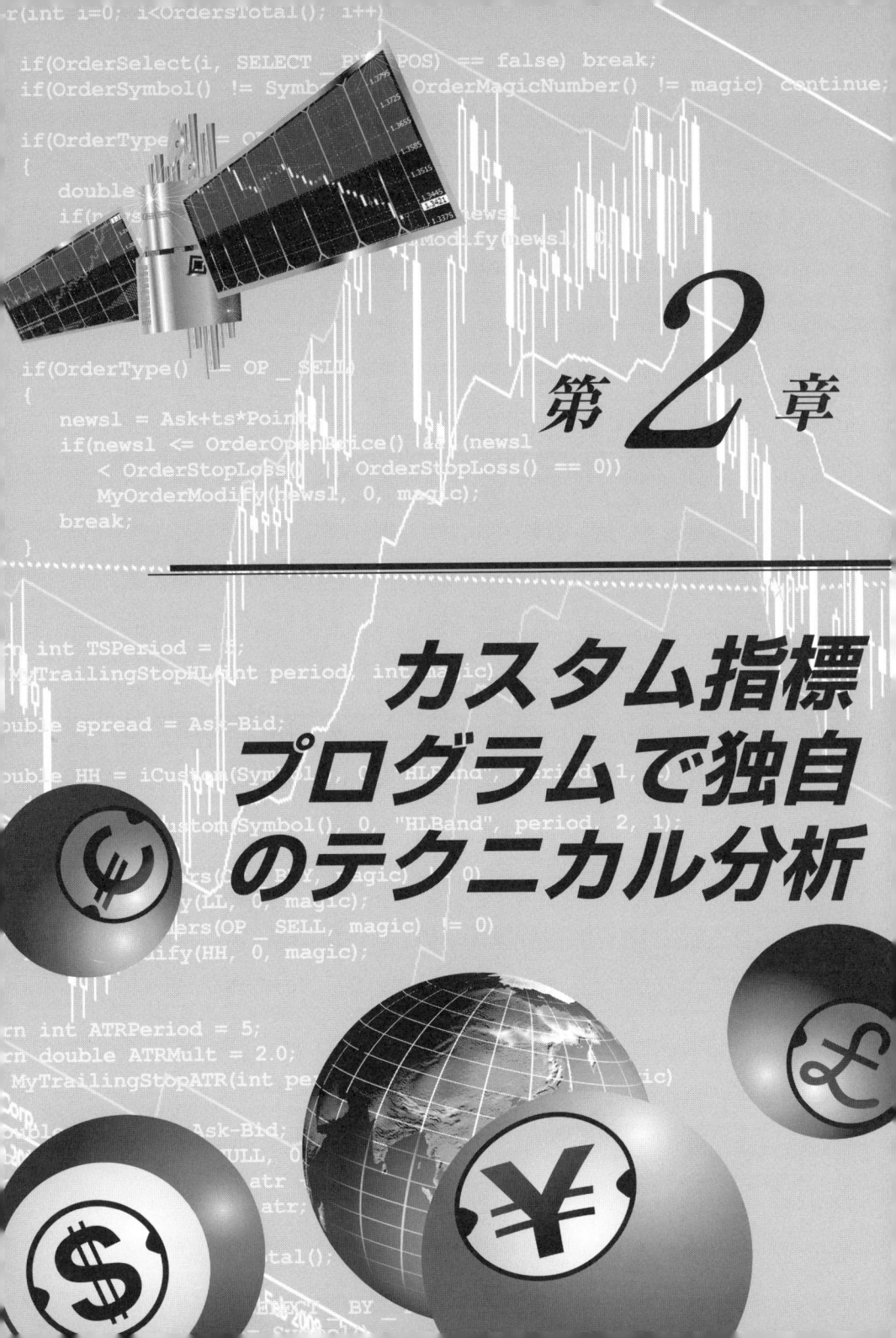

カスタム指標プログラムで独自のテクニカル分析

2-1. カスタム指標プログラムの基本

　メタトレーダーには、チャートでテクニカル分析をするために多くの「テクニカル指標」が組み込まれています。しかし、分析を重ねてくると、既存のテクニカル指標では自分のアイデアを反映した分析ができない場合も出てくるでしょう。

　自作の指標（カスタム指標）をプログラムできるようになれば、より思いどおりの分析ができるはずです。またこのノウハウを覚えることが、エキスパートプログラムとして売買システムを構築するための第一歩にもなります。

　本章では、カスタム指標のプログラミングの基本を復習した後、具体的なテクニカル指標のプログラミングについて説明します。

表示ウィンドウの指定

　カスタム指標の種類は大きく分けて2つあります。ひとつは移動平均線やボリンジャーバンドのように、ローソク足やバーと同じ「チャートウィンドウ」上に重ねて表示するものです。もうひとつは、RSIやMACDのように、チャートウィンドウとは別の「サブウィンドウ」を開いて表示するものです。

　カスタム指標のプログラムでは、まずチャートウィンドウあるい

はサブウィンドウのどちらに表示するか決めなくてはなりません。指標の表示場所を決めるために、次のいずれかの「命令」をプログラムの最初に記述する必要があります。

指標をチャートウィンドウに表示させる場合
```
#property indicator_chart_window
```

指標をサブウィンドウに表示させる場合
```
#property indicator_separate_window
```

このように「`#`」から始まる命令を「プリプロセッサ命令」と呼び、プログラム全体にかかわる設定を表します。

特に「`#property`」で始まるプリプロセッサ命令は、プログラムやチャートの属性を設定し、カスタム指標プログラムに多く出てきます。それぞれの命令の詳しい説明については、第5章をご覧ください。

なお、場合によっては、ひとつのプログラムで移動平均をチャートウィンドウに、RSIをサブウィンドウに、別々に表示させたいという要望もあるかもしれません。しかし、残念ながら、現在のメタトレーダーの仕様では、ひとつのプログラムで指標を表示できるのは、チャートウィンドウあるいはサブウィンドウのどちらかです。

ただし、本章で後ほど紹介する「オブジェクト」と呼ばれる線や記号、文字などは、ひとつのプログラムでチャートウィンドウ、サブウィンドウの両方に表示することができます。

表示させるカスタム指標の数の指定

次に、何個の指標を表示させるか決める必要があります。これを指定する命令は次のとおりです。

```
#property indicator_buffers N
```

「N」は1から8までの整数値を指定します。つまり、ひとつのカスタム指標プログラムで表示できる指標の数は8個までです。

したがって、9個以上の指標を表示させたい場合、複数のカスタム指標プログラムを使用する必要があります。

特別な関数の動作タイミング

MQL4では「init()」「start()」「deinit()」という特別な関数が定義されており、それぞれ動作を開始するタイミングが次のように決まっています。

- カスタム指標プログラムの場合、プログラムをチャートに挿入したときにinit()関数が実行され、次にstart()関数が実行される。
- そして、価格が変更するたびにstart()関数が実行され、カスタム指標が更新されていく。
- 最後に、カスタム指標プログラムをチャートから削除するとき、deinit()関数が実行される。

指標を表示する仕組み

カスタム指標プログラムで実際に指標を表示させる仕組みは、メタトレーダー独自のものです。例えば、2個の指標を表示させるには、次のような骨格でプログラムをします。

```
//プリプロセッサ命令（プログラム全体の設定）
#property indicator_chart_window
#property indicator_buffers 2
    .
    .
    .
    .
    .
```
❶

```
//指標バッファ用の配列の宣言
double Buf0[];
double Buf1[];
```
❷

```
//初期化関数
int init()
{
  //指標バッファの割り当て
  SetIndexBuffer(0, Buf0);
  SetIndexBuffer(1, Buf1);

  return(0);
}
```
❸

```
//スタート関数
int start()
{
 //カスタム指標の計算
   int limit = Bars-IndicatorCounted();

   for(int i=limit-1; i>=0; i--)
   {
      Buf0[i] = ...;
      Buf1[i] = ...;
   }

   return(0);
}
```
❹

❶プリプロセッサ命令

　プリプロセッサ命令で、指標のスタイルや色などプログラム全体の設定をします。

❷指標バッファ用の配列の宣言

　表示させたい指標の値（複数のデータ）を格納しておく場所として「配列」を外部変数として宣言します。「Buf0[]」「Buf1[]」という記号が配列の変数名です。

　「[ ]」内には配列のサイズ（配列のなかの要素数）を指定します。ただし、ここでは何も指定をせずに（何個のデータを保持するか決めずに）宣言します。サイズを指定しないのは、チャート上で過去に何個のデータがあるか分からず、時間が経てばデータが次々と増えてくるためです。

❸初期化関数

`init()`関数のなかで、これらの配列を「`SetIndexBuffer()`」という関数を使って指標表示用バッファに割り当てます。

❹スタート関数

`start()`関数のなかでは、これらの配列の各要素にデータを代入する、という流れになります。

ここで重要となるのが、❸の`SetIndexBuffer()`関数です。ちなみに関数は「戻り値の型 関数名（パラメータ①の型 パラメータ①, パラメータ②の型 パラメータ②, …)」の書式で記述されます。

SetIndexBuffer()
指標インデックスの付いた指標表示用バッファに配列を割り当てる関数

【書式】
  bool SetIndexBuffer(int index, double array[])

【パラメータ】
  ①`index`
    指標インデックス（番号）。「0」〜「7」の範囲の整数値で指定。

  ②`array[]`
    配列名。外部変数として宣言された1次元配列。

【戻り値】
  割り当てが成功すれば「`true`」を、失敗すれば「`false`」を返す。

ここでは「`#property indicator_buffers 2`」によって、2個の指標を表示すると宣言しています。

実際にチャート上に表示される指標バッファには「指標インデックス」と呼ばれる「0」～「7」の番号が付いています。指定した指標インデックスの付いた指標バッファに実際の配列を割り当てる処理をするのが、`SetIndexBuffer()`関数です。例えば、

```
SetIndexBuffer(0, Buf0);
SetIndexBuffer(1, Buf1);
```

とすることで、「`Buf0`」という配列が「0番」の指標インデックスが付いた指標バッファ、「`Buf1`」という配列が「1番」の指標バッファとして割り当てられます。こうして、これらの配列の値が、実際にチャート上に表示されるようになるわけです。

なお、`SetIndexBuffer()`関数で割り当てた指標バッファは、すべてが表示のために利用されるわけではありません。場合によっては指標の計算に一時的に使うだけで、表示させないケースもあります。

例えば「2個の指標バッファをプログラム中で使いたいが、表示させる指標バッファは1個だけ」の場合、まずプリプロセッサ命令で次のように指定します。これによって表示する指標の数は「1」となります。

```
#property indicator_buffers 1
```

そして、それよりも多い2個の指標バッファをプログラム中で使いたい場合は、`init()`関数の最初に、

```
IndicatorBuffers(2);
```

と書いて、使用する指標バッファの数を指定します。

　この「`IndicatorBuffers()`」は、使用する指標バッファの数を指定するための関数です。

配列の要素インデックスとチャート上の位置

　`SetIndexBuffer()`関数で指標バッファに割り当てられた配列は、通常の配列ではなく、時系列配列となります（配列の種類の違いについては第5章を参照のこと）。

　配列は「`Buf[0]`」「`Buf[1]`」のように「`[ ]`」内に「要素インデックス」を指定することで、配列の各要素を読み書きできる仕組みになっています。

　時系列配列では「`Buf[0]`」という要素がチャート上の最新のバーの位置に相当します。そして「`Buf[1]`」が1本前のバーの位置、「`Buf[2]`」が2本前のバーの位置です。

　つまり、チャート上では、時系列配列の要素インデックスは右端から左に向かって「`0`」「`1`」「`2`」…と増えていくわけです。

　次に挙げる予約配列は、指標バッファと同じように時系列配列として使えるものです。

`double Close[]`	バーの終値の配列
`double High[]`	バーの高値の配列
`double Low[]`	バーの安値の配列
`double Open[]`	バーの始値の配列
`datetime Time[]`	バーの開始時刻の配列
`double Volume[]`	バーのティック数の配列

　例えば「`Close[0]`」というのは最新のバーの終値です。「`Close[1]`」というのは1本前のバーの終値を表します。

　これらは、宣言済みの配列なので、プログラム中で別途宣言する必要はありません。また、それらの値も自動的に代入されるので、通常は読み出すだけで、書き込むことはありません。

　チャート上のバーの本数は「`Bars`」という予約変数に格納されています。チャート上の一番左端のバーの位置は、時系列配列の要素インデックスでは「`Bars-1`」となります。

　したがって、チャートの左端から右端までのバーの指標を表したい場合、時系列配列の要素インデックスを「`Bars-1`」から「`0`」まで、ひとつずつ減らしていって、配列に指標値を計算する手順を繰り返すことになります。

　さて、`start()`関数は価格が変わるたびに実行されるため、そのままでは毎回チャート全体を書き直さなければなりません。これを防ぐため「`IndicatorCounted()`」という関数を利用します。この関数は、すでに指標を計算して表示してあるバーの総数を返す関数です（46ページの❹参照）。

プログラムをチャートに挿入したとき、「`IndicatorCounted()`」は「`0`」を返します。しかし、次にプログラムが実行されるときは最新のバーを除く、すでに指標が表示されているバーの数を返します。

そこで「`limit`」という変数を使って、指標を表示させる範囲を「`Bars-IndicatorCounted()`」に指定すると、

```
for(int i = limit-1; i>=0; i--)
```

とすることで、チャートに挿入したときは「`i=Bars-1`」から「`0`」までを表示します。

その後「`IndicatorCounted()`」は「`Bars-1`」を返すので、最新のバー（`i=0`）のみを表示するようになります。ただし、途中でサーバとの通信が途絶えたために表示されていないバーがあれば、それらも含めて最新のバーまでが表示されます。

指標スタイルの指定

指標のスタイルや色などは、プリプロセッサ命令として次のように指定することができます。

```
N番目の指標の色を指定
  #property indicator_colorN
N番目の指標の太さを指定
  #property indicator_widthN
```

N番目の指標のスタイルを指定
```
#property indicator_styleN
```

　ここで、それぞれの命令の最後の「N」という記号は「1」から「8」までの整数値に置き換えて指定します。例えば、1番目の指標の色を「Red」に指定する場合、

```
#property indicator_color1 Red
```

と書きます。2番目の指標の太さを「3」に指定する場合、

```
#property indicator_width2 3
```

と書きます。ただし「1番目」「2番目」という指標の番号は、`SetIndexBuffer()`関数で割り当てた指標インデックスの「0番」「1番」に対応していることに注意してください。
　指標のスタイルは、プリプロセッサ命令だけでなく、「`SetIndexStyle()`」という関数でも指定することができます。

SetIndexStyle()
指標のスタイル、太さ、色を設定する関数

【書式】
```
void SetIndexStyle(int index, int type,
    int style=EMPTY, int width=EMPTY,
    color clr=CLR_NONE)
```

【パラメータ】
①index
指標インデックス。「0」～「7」の範囲の整数値で指定。

②type
指標の種類。次のいずれかの定数を指定。

定数	値	説明
DRAW_LINE	0	ラインの表示
DRAW_SECTION	1	バッファの値のある要素のみをラインで結ぶ
DRAW_HISTOGRAM	2	ヒストグラムの表示
DRAW_ARROW	3	矢印などの記号の表示
DRAW_ZIGZAG	4	2つのバッファの値のある要素のみをラインで結ぶ

③style
ラインのスタイル。ラインの太さが1ピクセルの場合に適用される。以下のいずれかの定数を指定。省略すると、「**EMPTY**」が指定されたことになり、すでに設定済みのスタイルを変更しないことを表す。

定数	値	説明
STYLE_SOLID	0	実線
STYLE_DASH	1	破線
STYLE_DOT	2	点線
STYLE_DASHDOT	3	一点鎖線
STYLE_DASHDOTDOT	4	二点鎖線

④**width**
　指標の太さ。「**1**」～「**5**」の範囲の整数値で指定。省略すると「**EMPTY**」が指定されたことになり、すでに設定済みの太さを変更しないことを表す。

⑤**clr**
　指標の色。省略すると「**CLR_NONE**」が指定されたことになり、色がない（表示しない）ことを表す。

【戻り値】
なし

　書式にある「**EMPTY**」は「**style**」や「**width**」を現在設定されているものから変更しないということです。例えば「**style**」「**width**」はそのままで「**color**」だけ変えたい場合、

```
SetIndexStyle(0, DRAW_LINE, EMPTY, EMPTY, Red);
```

のように書きます。また「**CLR_NONE**」は、色をつけない、つまり表示しないということです。指標を消したい場合に指定します。

　「**#property**」での指定と**SetIndexStyle()**関数での指定では、次に挙げる違いがあります。

#propertyで指定した場合
　挿入時に表示されるプロパティの「色の設定」で、すでに指定が反映されています。またプロパティで色を変更した場合、表示させ

るチャートの時間枠を変えても色は元に戻りません。

SetIndexStyle()で指定した場合
　挿入時に表示されるプロパティの「色の設定」では、まだ指定は反映されていません。指標がチャート上に表示されたときに初めて指定が反映されます。また、プロパティで色を変更してもチャートの時間枠を変更すると色は元に戻ります。

指標値の表示場所とラベル

　カスタム指標の値は、メタトレーダーのデータウィンドウに表示されます。指標値がひとつの場合は、プログラム名がラベル名として表示されます。指標値が2つ以上の場合は、2つ目以降の指標値に「Value2」「Value3」…というラベル名がつきます。
　ここで、ラベル名を指定したい場合「`SetIndexLabel()`」という関数を利用します。

SetIndexLabel()
データウィンドウでの指標ラベルを設定する関数

【書式】
```
void SetIndexLabel(int index, string text)
```

【パラメータ】
　index
　　指標インデックス。「0」～「7」の範囲の整数値で指定。

　text
　　指標ラベル。

【戻り値】
　なし

これを、

```
SetIndexLabel(0, "Indicator1");
SetIndexLabel(1, "Indicator2");
```

のようにして、`init()`関数のなかに記述すると、データウィンドウでのラベルを「Indicator1」「Indicator2」に変えられます。

`SetIndexLabel()`関数の2つ目のパラメータ「`text`」は、文字列ですが、数値を入れることも可能です。このような文字列の処理については、第5章をご参照ください。

サブウィンドウに表示されるカスタム指標の場合、サブウィンドウの左上に、現在のバーにおける指標値がラベルと一緒に表示されます。ここでのラベルも通常はプログラム名になっています。これを別のラベルに変えることが可能です。

そのための関数は「`IndicatorShortName()`」です。

```
IndicatorShortName()
```
サブウィンドウでの指標ラベルを設定する関数

【書式】
```
void IndicatorShortName(string name)
```

【パラメータ】
`name`
　　指標ラベル。

【戻り値】
　なし

`IndicatorShortName()`関数では、指標番号の区別はないので、パラメータにはラベル名を指定するだけです。同じように`init()`関数のなかに記述しておくと、サブウィンドウ上でのラベル名を変えることができます。

関数中で省略できるパラメータについて

　MQL4では、関数を呼び出すときにパラメータを省略することができる場合があります。例えば、`SetIndexStyle()`関数のパラメータ「`style`」「`width`」「`clr`」は省略可能となっています。省略可能かどうかは、関数の書式で判断できます。

　省略可能なパラメータのところには、必ず「`style=EMPTY`」のように初期値が代入してあります。この書き方は、ほかの関数でも共通で、初期値が代入されているパラメータは省略してもその初期値が代入されたと見なされます。

　ただし、省略が可能なパラメータは、パラメータリストの後半に配置されており、**省略したパラメータ以降は、すべて省略しなければなりません。**

　例えば、`SetIndexStyle()`関数では、3つ目の「`style`」以降が省略可能なパラメータとなっています。ただし、3つ目のパラメータだけを省略して、4つ目、5つ目のパラメータを指定することはできません。

　3つ目のパラメータを省略すれば、それ以降のパラメータも省略しなくてはいけませんし、逆に5つ目のパラメータが省略できないのであれば、3つ目、4つ目のパラメータも省略できないことになります。

2-2. 組み込みテクニカル指標関数の使い方

　メタトレーダーでは、メニューの［挿入］→［罫線分析ツール］で、多くのテクニカル指標をチャートに挿入してテクニカル分析に利用できます。そして、ここで利用できる罫線分析ツールのほとんどが、MQL4のプログラム中で関数として利用できるようになっています。

　これらの関数を「組み込みテクニカル指標関数」と呼びます。利用方法は簡単で、各関数の戻り値を指標バッファとして割り当てた配列の各要素に代入するだけです。

　ここでは、システムトレードに利用しやすい組み込みテクニカル指標関数を中心に、利用方法と簡単な応用例について紹介します。

移動平均

　テクニカル指標の基本である移動平均を算出する組み込みテクニカル指標関数は「`iMA()`」です。

　`iMA()`関数では、メニューから挿入できる移動平均線と同じ種類の移動平均線を算出することができます。この関数の定義は次のとおりです。

iMA()
移動平均の組み込みテクニカル指標関数

【書式】
```
double iMA(string symbol, int timeframe, int period,
   int ma_shift, int ma_method, int applied_price,
   int shift)
```

【パラメータ】
①**symbol**
 通貨ペア。「**NULL**」はプログラムを挿入したチャートの通貨ペアを表す。

②**timeframe**
 時間枠。「**0**」を指定すると挿入したチャート上での時間枠を表す。

定数	値	説明
PERIOD_M1	1	1分足
PERIOD_M5	5	5分足
PERIOD_M15	15	15分足
PERIOD_M30	30	30分足
PERIOD_H1	60	1時間足
PERIOD_H4	240	4時間足
PERIOD_D1	1440	日足
PERIOD_W1	10080	週足
PERIOD_MN1	43200	月足

③**period**
 移動平均を算出するバーの数。

④`ma_shift`
移動平均を右方向にシフトするバーの数。

⑤`ma_method`
移動平均の方法。

定数	値	説明
`MODE_SMA`	0	単純移動平均（SMA）
`MODE_EMA`	1	指数移動平均（EMA）
`MODE_SMMA`	2	平滑移動平均（SMMA）
`MODE_LWMA`	3	線形加重移動平均（LWMA）

⑥`applied_price`
適用する価格。

定数	値	説明
`PRICE_CLOSE`	0	終値
`PRICE_OPEN`	1	始値
`PRICE_HIGH`	2	高値
`PRICE_LOW`	3	安値
`PRICE_MEDIAN`	4	（高値+安値）÷2
`PRICE_TYPICAL`	5	（高値+安値+終値）÷3
`PRICE_WEIGHTED`	6	（高値+安値+終値×2）÷4

⑦`shift`
移動平均を算出する位置（最新のバーからのシフト）。

【戻り値】
「`shift`」の位置における移動平均の値。

3〜6つ目のパラメータである「`period`」「`ma_shift`」「`ma_method`」「`applied_price`」は、それぞれ罫線分析ツールのなかの「Moving Average」のパラメータ「期間」「表示移動」「移動平均の種別」「適用価格」に対応します。

　また5つ目のパラメータ「`ma_method`」と6つ目のパラメータ「`applied_price`」では、それぞれ移動平均の種別、適用価格を表す定数（「`MODE_SMA`」や「`PRICE_CLOSE`」など）を指定するか、あるいはそれに対応する値（「`0`」や「`1`」など）を指定できます。

　ひとつ目と2つ目、そして最後のパラメータである「`symbol`」「`timeframe`」「`shift`」は、`iMA()`関数だけでなく、後ほど説明するすべての組み込み指標関数で共通です。通常、プログラムを挿入したチャート上にテクニカル指標を表示させる場合は「`symbol`」に「`NULL`」、「`timeframe`」に「`0`」を代入します。

　また「`shift`」が表すのは、テクニカル指標のチャート上でのバーの位置です。最新のバーの位置が「`0`」で、過去にさかのぼるに従い「`1`」「`2`」…と増えていきます。

　例えば、現在のバーでの移動平均の値を算出する場合、次のように「`shift`」パラメータに「`0`」を代入します。

```
Buf0[0] = iMA(NULL, 0, 10, 0, MODE_SMA, PRICE_CLOSE, 0);
```

　また1本前のバーでの移動平均の値を算出させる場合、次のように「`shift`」パラメータに「`1`」を代入します。

```
Buf0[1] = iMA(NULL, 0, 10, 0, MODE_SMA, PRICE_CLOSE, 1);
```

チャート全体にわたって移動平均を算出し、移動平均線を表示させるためには、

```
for(int i=limit-1; i>=0; i--)
{
   Buf0[i] = iMA(NULL, 0, 10, 0, MODE_SMA, PRICE_CLOSE, i);
}
```

のように「`shift`」パラメータに「`i`」という変数を代入し、その「`i`」を`for`文で「`limit-1`」から「`0`」まで変化させるようにします。

なお、組み込みテクニカル指標関数では、EMAのように指標値そのものを過去から繰り返し計算するものでも、各「`shift`」で指標値を毎回計算し直しています。したがって、計算を行う順序は上記のように過去から現在へ進むやり方だけでなく、下記のように現在から過去にさかのぼっていくやり方でも正しく計算されます。

```
for(int i=0; i<limit; i++)
{
   Buf0[i] = iMA(NULL, 0, 10, 0, MODE_EMA, PRICE_CLOSE, i);
}
```

ここでは、`iMA()`関数を使った簡単な応用例として「期間が少し

ずつずれた移動平均線」をチャート上に複数本表示させるカスタム指標について考えてみましょう。

リスト2.1はプログラム例「8MAs.mq4」です。サンプルをダウンロードされた方は「experts」フォルダ下の「indicators」フォルダのなかをご覧ください。

リスト2.1　8MAs.mq4

```
#property indicator_chart_window
#property indicator_buffers 8
#property indicator_color1 Magenta
#property indicator_color2 Red
#property indicator_color3 Orange
#property indicator_color4 Gold
#property indicator_color5 LimeGreen
#property indicator_color6 Turquoise
#property indicator_color7 Blue
#property indicator_color8 BlueViolet

// 指標バッファ
double Buf0[];
double Buf1[];
double Buf2[];
double Buf3[];
double Buf4[];
double Buf5[];
double Buf6[];
double Buf7[];

// 外部パラメータ
extern int MAPeriod = 10;
extern int Diff = 10;
extern int Num = 8;

// 初期化関数
int init()
{
```

```
    // 指標バッファの割り当て
    SetIndexBuffer(0, Buf0);
    SetIndexBuffer(1, Buf1);
    SetIndexBuffer(2, Buf2);
    SetIndexBuffer(3, Buf3);
    SetIndexBuffer(4, Buf4);
    SetIndexBuffer(5, Buf5);
    SetIndexBuffer(6, Buf6);
    SetIndexBuffer(7, Buf7);

    IndicatorBuffers(Num);

    return(0);
}
// スタート関数
int start()
{
    int limit = Bars-IndicatorCounted();

    for(int i=limit-1; i>=0; i--)
    {
        Buf0[i] = iMA(NULL, 0, MAPeriod, 0,
           MODE_SMA, PRICE_CLOSE, i);
        Buf1[i] = iMA(NULL, 0, MAPeriod+Diff, 0,
           MODE_SMA, PRICE_CLOSE, i);
        Buf2[i] = iMA(NULL, 0, MAPeriod+Diff*2, 0,
           MODE_SMA, PRICE_CLOSE, i);
        Buf3[i] = iMA(NULL, 0, MAPeriod+Diff*3, 0,
           MODE_SMA, PRICE_CLOSE, i);
        Buf4[i] = iMA(NULL, 0, MAPeriod+Diff*4, 0,
           MODE_SMA, PRICE_CLOSE, i);
        Buf5[i] = iMA(NULL, 0, MAPeriod+Diff*5, 0,
           MODE_SMA, PRICE_CLOSE, i);
        Buf6[i] = iMA(NULL, 0, MAPeriod+Diff*6, 0,
           MODE_SMA, PRICE_CLOSE, i);
        Buf7[i] = iMA(NULL, 0, MAPeriod+Diff*7, 0,
           MODE_SMA, PRICE_CLOSE, i);
    }

    return(0);
}
```

図2.1 8MAsのチャートへの挿入例

　このカスタム指標プログラム例「8MAs.mq4」では、指標を8個までチャートに表示できます。したがって、ここでは「`Buf0[]`」から「`Buf7[]`」までの8個の配列を用意し、それぞれ指標バッファとして割り当てます。

　移動平均の期間は、それぞれ別々に指定しても構いません。ただし、ここでは基準となる期間（`MAPeriod`）に対して、その差分（`Diff`）を順次加えていくような形で指定します。こうすれば「`MAPeriod`」と「`Diff`」の2つのパラメータを変えるだけで、8本の移動平均の期間を変更できます。

　さらに外部パラメータに「`Num`」という変数を用意し、

実際に表示させる移動平均線の数を指定します。「`Num`」は「`IndicatorBuffers()`」という関数のパラメータに指定されており、これによって表示される指標の数を変えることができます。

これらの「`MAPeriod`」「`Diff`」「`Num`」という変数は、関数の外部で宣言される外部変数です。宣言の最初に「`extern`」というキーワードをつけることで、プログラム挿入時に表示されるプロパティ画面の「パラメーターの入力」タブで数値を変えることができます。

図2.1はこのプログラムのチャートへの挿入例です。

ボリンジャーバンド

ボリンジャーバンドは、移動平均線とその上下に標準偏差の数倍分ずれたラインから成る指標です。チャートウィンドウ上に表示されます。

ボリンジャーバンドを算出する組み込みテクニカル指標関数は「`iBands()`」です。次のような形式で定義されています。

---

iBands()
ボリンジャーバンドの組み込みテクニカル指標関数

【書式】
```
double iBands(string symbol, int timeframe,
    int period, int deviation, int bands_shift,
    int applied_price, int mode, int shift)
```

【パラメータ】
①**symbol**
　通貨ペア。「**NULL**」を代入するとプログラムを挿入したチャートにおける通貨ペアを表す。

②**timeframe**
　時間枠。**iMA()**関数と同じ。

③**period**
　ボリンジャーバンドを算出するバーの数。

④**deviation**
　移動平均線からずらす標準偏差の倍率。

⑤**bands_shift**
　ボリンジャーバンドを右方向にシフトするバーの数。

⑥**applied_price**
　適用する価格。**iMA()**関数と同じ。

⑦**mode**
　出力するボリンジャーバンドの種類。

定数	値	説明
MODE_MAIN	0	ベースライン（移動平均線）
MODE_UPPER	1	上位ライン
MODE_LOWER	2	下位ライン

⑧**shift**
　ボリンジャーバンドを算出する位置（最新のバーからのシフト）。

【戻り値】
　「**shift**」の位置での「**mode**」で指定したボリンジャーバンドの値。

リスト2.2は、**iBands()**関数のプログラム例「KumikomiBB.mq4」です。

リスト2.2　KumikomiBB.mq4

```
#property indicator_chart_window
#property indicator_buffers 3
#property indicator_color1 LightBlue
#property indicator_color2 Blue
#property indicator_color3 Blue

// 指標バッファ
double BufMain[];
double BufUpper[];
double BufLower[];

// 外部パラメータ
extern int BandsPeriod = 20;
extern int BandsDeviation = 2;

// 初期化関数
int init()
{
   // 指標バッファの割り当て
   SetIndexBuffer(0, BufMain);
   SetIndexBuffer(1, BufUpper);
   SetIndexBuffer(2, BufLower);

   // 指標ラベルの設定
   SetIndexLabel(0, "BB("+BandsPeriod+")");
   SetIndexLabel(1, "Upper("+BandsDeviation+")");
   SetIndexLabel(2, "Lower("+BandsDeviation+")");

   return(0);
}
```

続く→

```
// スタート関数
int start()
{
   int limit = Bars-IndicatorCounted();

   for(int i=limit-1; i>=0; i--)
   {
      BufMain[i] = iBands(NULL, 0, BandsPeriod,
         BandsDeviation, 0, PRICE_CLOSE, MODE_MAIN, i);
      BufUpper[i] = iBands(NULL, 0, BandsPeriod,
         BandsDeviation, 0, PRICE_CLOSE, MODE_UPPER, i);
      BufLower[i] = iBands(NULL, 0, BandsPeriod,
         BandsDeviation, 0, PRICE_CLOSE, MODE_LOWER, i);
   }

   return(0);
}
```

　ボリンジャーバンドでは、移動平均の指標と、その上下に標準偏差分ずらした指標の、あわせて3本の指標が必要です。ここでは、

```
BufMain[i] = iBands(NULL, 0, BandsPeriod,
    BandsDeviation, 0, PRICE_CLOSE, MODE_MAIN, i);

BufUpper[i] = iBands(NULL, 0, BandsPeriod,
    BandsDeviation, 0, PRICE_CLOSE, MODE_UPPER, i);

BufLower[i] = iBands(NULL, 0, BandsPeriod,
    BandsDeviation, 0, PRICE_CLOSE, MODE_LOWER, i);
```

のように「`BufMain[]`」「`BufUpper[]`」「`BufLower[]`」の3つの指標

バッファに**iBands()**関数の値を代入しています。それぞれ7つ目のパラメータ「`mode`」が「`MODE_MAIN`」「`MODE_UPPER`」「`MODE_LOWER`」と異なっているところに注意してください。

　移動平均線（ベースライン）および標準偏差を求める期間は、外部変数の「`BandsPeriod`」で設定し、**iBands()**関数の3つ目のパラメータ「`period`」に代入します。また上位ラインと下位ラインを何倍の標準偏差でずらすかの倍率は、外部変数の「`BandsDeviation`」で設定し、**iBands()**関数の4つ目のパラメータ「`deviation`」に代入しています。

　ただし、この「`deviation`」のパラメータには整数値しか代入できません。つまり「1.5」や「2.5」などの実数値を外部から入力しても「1」や「2」となってしまい、小数部は切り捨てられてしまうのです。そのため「`deviation`」に代入する変数「`BandsDeviation`」は、**`int`**（整数）型で宣言しています。

　偏差の倍率に実数値を指定するためには、少しプログラムを工夫する必要があります。**リスト2.3**は、修正したプログラム「KumikomiBB2.mq4」です。

リスト2.3　KumikomiBB2.mq4

```
#property indicator_chart_window
#property indicator_buffers 3
#property indicator_color1 LightBlue
#property indicator_color2 Blue
#property indicator_color3 Blue
```

続く→

```
// 指標バッファ
double BufMain[];
double BufUpper[];
double BufLower[];

// 外部パラメータ
extern int BandsPeriod = 20;
extern double BandsDeviation = 2.0;

// 初期化関数
int init()
{
    // 指標バッファの割り当て
    SetIndexBuffer(0, BufMain);
    SetIndexBuffer(1, BufUpper);
    SetIndexBuffer(2, BufLower);

    // 指標ラベルの設定
    SetIndexLabel(0, "BB("+BandsPeriod+")");
    SetIndexLabel(1,
        "Upper("+DoubleToStr(BandsDeviation,1)+")");
    SetIndexLabel(2,
        "Lower("+DoubleToStr(BandsDeviation,1)+")");

    return(0);
}

// スタート関数
int start()
{
    int limit = Bars-IndicatorCounted();

    for(int i=limit-1; i>=0; i--)
    {
        BufMain[i] = iBands(NULL, 0, BandsPeriod, 1, 0,
            PRICE_CLOSE, MODE_MAIN, i);
        double dev = iBands(NULL, 0, BandsPeriod, 1, 0,
            PRICE_CLOSE, MODE_UPPER, i) - BufMain[i];
        BufUpper[i] = BufMain[i] + BandsDeviation * dev;
        BufLower[i] = BufMain[i] - BandsDeviation * dev;
    }

    return(0);
}
```

この例では変数「BandsDeviation」を「int（整数）」の代わりに「double（実数）」で宣言しています。これをiBands()関数の4つ目のパラメータ「deviation」に直接代入するのではなく、「deviation」には「1」に固定した値を代入し、標準偏差1倍の上位ライン（と移動平均線）を出すのです。
　そして、標準偏差1倍の上位ラインと移動平均線の差をとれば、1倍の偏差分を出すことができます。これを「dev」という変数に算出します。
　こうすれば、実際に表示させる上位ラインと下位ラインはiBands()関数を使わずに済みます。移動平均線に1倍の偏差分

図2.2　KumikomiBB2のチャートへの挿入例

「dev」を「BandsDeviation」倍したものを加減すれば上位ラインと下位ラインの数値が出るというわけです。

図2.2は標準偏差を実数値の倍率でずらしたボリンジャーバンドをチャートに挿入した例です。

パラボリックSAR

パラボリックSARはチャートウィンドウ上で、価格の上昇、下降に合わせて放物線状に表示される指標です。トレンドの転換や損切りレベルなどで利用されます。

SARとは「Stop and Reverse」の略で、相場の転換点（天底）という意味です。ここを始点に、上昇トレンドであれば、そこからの最高値と現在のSARの差を求め、それと加速係数（AF）の積に現在SARを足して「次のSAR」を算出します。

なお、AFは新高値を付けるたびに、そのステップ幅分が加算され、最大値まで増えていきます。SARについての詳細と具体的利用法については、開発者であるJ・ウエルズ・ワイルダー・ジュニア著『ワイルダーのテクニカル分析入門』（パンローリング）をご覧ください。

パラボリックSARの算出には「iSAR()」という組み込みテクニカル指標関数を利用します。この関数の仕様は次のとおりです。

iSAR()
パラボリックSARの組み込みテクニカル指標関数

【書式】
```
double iSAR(string symbol, int timeframe,
    double step, double maximum, int shift)
```

【パラメータ】
①`symbol`
通貨ペア。「`NULL`」はプログラムを挿入したチャートの通貨ペアを表す。

②`timeframe`
時間枠。`iMA()`関数と同じ。

③`step`
更新パラメータのステップ幅。加速係数（AF）。

④`maximum`
更新パラメータの最大値。加速係数の最大値。

⑤`shift`
パラボリックSARを算出する位置（最新のバーからのシフト）。

【戻り値】
「`shift`」の位置におけるパラボリックSARの値。

　リスト2.4「KumikomiSAR.mq4」は、`iSAR()`関数を利用したプログラム例です。

リスト2.4　KumikomiSAR.mq4

```
#property indicator_chart_window
#property indicator_buffers 1
#property indicator_color1 Blue

// 指標バッファ
double BufSAR[];

// 外部パラメータ
extern double Step = 0.02;
extern double Maximum = 0.2;

// 初期化関数
int init()
{
   // 指標バッファの割り当て
   SetIndexBuffer(0,BufSAR);

   // 指標ラベルの設定
   SetIndexLabel(0, "SAR("+DoubleToStr(Step,2)+","
      +DoubleToStr(Maximum,1)+")");
   // 指標スタイルの設定
   SetIndexStyle(0, DRAW_ARROW, STYLE_SOLID, 1, Blue);
   SetIndexArrow(0, 159);

   return(0);
}

// スタート関数
int start()
{
   int limit = Bars-IndicatorCounted();

   for(int i=limit-1; i>=0; i--)
   {
      BufSAR[i] = iSAR(NULL, 0, Step, Maximum, i);
   }

   return(0);
}
```

パラボリックSARの指標は、上昇モードと下降モードに区別されます。ただし、指標バッファ自体はひとつです。

表示には通常の実線ではなく、ドットを用いることが多いので、**SetIndexStyle()** 関数では、指標のスタイルに「DRAW_ARROW」を指定します（52ページ参照）。そしてさらに「SetIndexArrow()」という関数で、Wingdingsフォントの159番の記号を指定しました。

```
SetIndexStyle(0, DRAW_ARROW, STYLE_SOLID, 1, Blue);
SetIndexArrow(0, 159);
```

SetIndexArrow() 関数の仕様は次のとおりです。

SetIndexArrow()
矢印記号の設定をする関数

【書式】
　void SetIndexArrow(int index, int code)

【パラメータ】
　①index
　　指標インデックス。0～7の整数値で指定。

　②code
　　Wingdingsフォントの記号コード。

【戻り値】
　なし

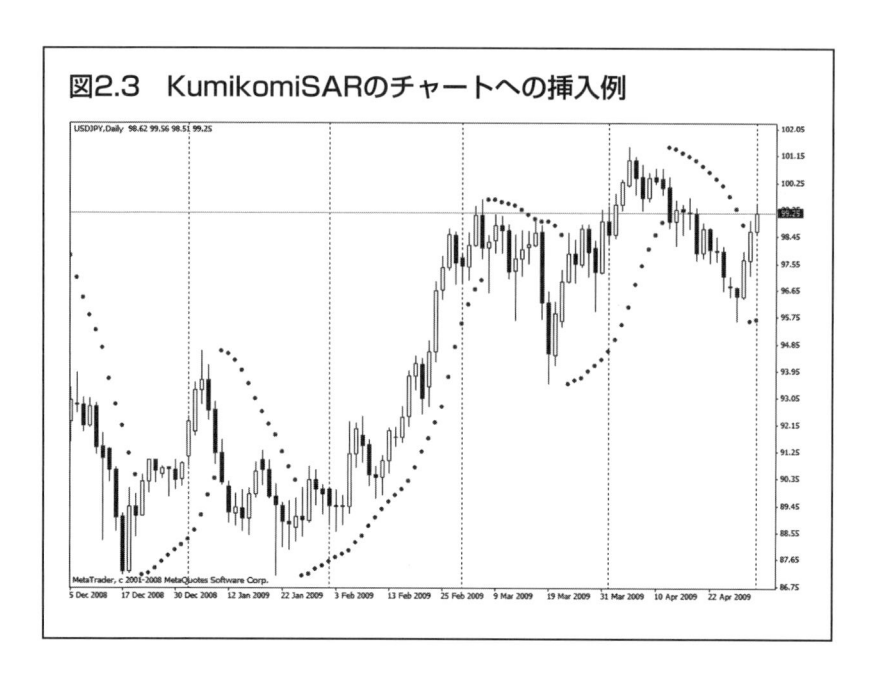

図2.3 KumikomiSARのチャートへの挿入例

　Wingdingsフォントは記号を集めたものです。第5章の398ページに一覧を掲載しました。
　図2.3は、このプログラムをチャートに挿入した例です。

モメンタム

　モメンタムは、一定期間前の価格からの差を表し、相場の方向性の度合いを表す指標として使われます。サブウィンドウ上に表示されます。モメンタムを算出する組み込みテクニカル指標関数として「`iMomentum()`」が利用できます。関数の仕様は次のとおりです。

`iMomentum()`
モメンタムの組み込みテクニカル指標関数

【書式】
```
double iMomentum(string symbol, int timeframe,
    int period, int applied_price, int shift)
```

【パラメータ】
①`symbol`
通貨ペア。「`NULL`」はプログラムを挿入したチャートの通貨ペアを表す。

②`timeframe`
時間枠。`iMA()`関数と同じ。

③`period`
モメンタムを算出する過去のバーの数。

④`applied_price`
適用する価格。`iMA()`関数と同じ。

⑤`shift`
モメンタムを算出する位置（最新のバーからのシフト）。

【戻り値】
「`shift`」の位置におけるモメンタムの値。

ただし、`iMomentum()`関数は、一定期間前の価格からの「差」ではなく、「比」をパーセントで返します。このようなテクニカル指標を変化率（ROC＝Rate of Change）と呼ぶこともあります。

したがって、この関数は「period」だけ過去のバーの価格と同じであれば「100」という値を返します。大きくなると100よりも大きな値、逆に小さくなれば100よりも小さい値を返します。

　プログラム例として**リスト2.5**「KumikomiMom.mq4」をご覧ください。

リスト2.5　KumikomiMom.mq4

```
#property indicator_separate_window
#property indicator_buffers 1
#property indicator_color1 DodgerBlue
#property indicator_level1 100

// 指標バッファ
double BufMom[];

// 外部パラメータ
extern int MomPeriod = 20;

// 初期化関数
int init()
{
    // 指標バッファの割り当て
    SetIndexBuffer(0,BufMom);

    // 指標ラベルの設定
    string label = "Momentum("+MomPeriod+")";
    IndicatorShortName(label);
    SetIndexLabel(0,label);

    return(0);
}
```

```
// スタート関数
int start()
{
   int limit = Bars-IndicatorCounted();

   for(int i=limit-1; i>=0; i--)
   {
      BufMom[i] = iMomentum(NULL, 0, MomPeriod,
         PRICE_CLOSE, i);
   }

   return(0);
}
```

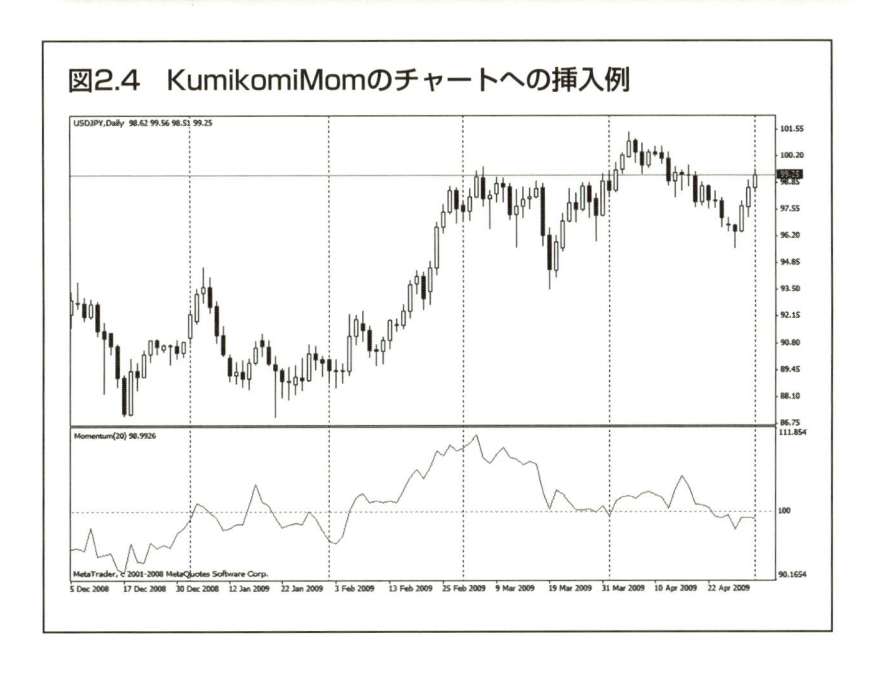

図2.4　KumikomiMomのチャートへの挿入例

この指標はサブウィンドウに表示されます。「100」という値を基準にするので、次のようなプリプロセッサ命令を挿入して、「100」の水準に線を引くようにしています。

```
#property indicator_level1 100
```

　図2.4は、このプログラムのチャート挿入例です。

RSI

　RSIは「Relative Strength Index」の略で、相対力指数とも呼ばれます。ある期間における各バーの"上昇した値幅"と"下降した値幅"の平滑移動平均を取り、その合計に対する上昇した値幅の平均の比を0～100の数値で表したものです。前述のJ・ウエルズ・ワイルダーによって開発されました。

　上昇幅に比べて下降幅が大きければ0に近づき、下降幅に比べて上昇幅が大きければ100に近づきます。

　いわゆる「買われ過ぎ」「売られ過ぎ」を表す指標で、振動を繰り返すオシレーター系指標の代表格です。モメンタム同様、サブウィンドウに表示されます。

　RSIの算出には「`iRSI()`」という組み込みテクニカル指標関数を利用できます。次のような形式で定義されています。

iRSI()
RSIの組み込みテクニカル指標関数

【書式】
```
double iRSI(string symbol, int timeframe,
   int period, int applied_price, int shift)
```

【パラメータ】
①`symbol`
通貨ペア。「`NULL`」はプログラムを挿入したチャートにおける通貨ペアを表す。

②`timeframe`
時間枠。`iMA()`関数と同じ。

③`period`
RSIを算出するバーの数。

④`applied_price`
適用する価格。`iMA()`関数と同じ。

⑤`shift`
RSIを算出する位置（最新のバーからのシフト）。

【戻り値】
「`shift`」の位置におけるRSIの値。

リスト2.6「KumikomiRSI.mq4」は、`iRSI()`関数を利用したプログラム例です。

リスト2.6 KumikomiRSI.mq4

```
#property indicator_separate_window
#property indicator_buffers 1
#property indicator_color1 DodgerBlue
#property indicator_minimum 0
#property indicator_maximum 100
#property indicator_level1 30
#property indicator_level2 70

// 指標バッファ
double BufRSI[];

// 外部パラメータ
extern int RSI_Period = 14;

// 初期化関数
int init()
{
   // 指標バッファの割り当て
   SetIndexBuffer(0, BufRSI);

   // 指標ラベルの設定
   string label = "RSI("+RSI_Period+")";
   IndicatorShortName(label);
   SetIndexLabel(0, label);

   return(0);
}

// スタート関数
int start()
{
   int limit = Bars-IndicatorCounted();

   for(int i=limit-1; i>=0; i--)
   {
      BufRSI[i] = iRSI(NULL, 0, RSI_Period,
         PRICE_CLOSE, i);
   }

   return(0);
}
```

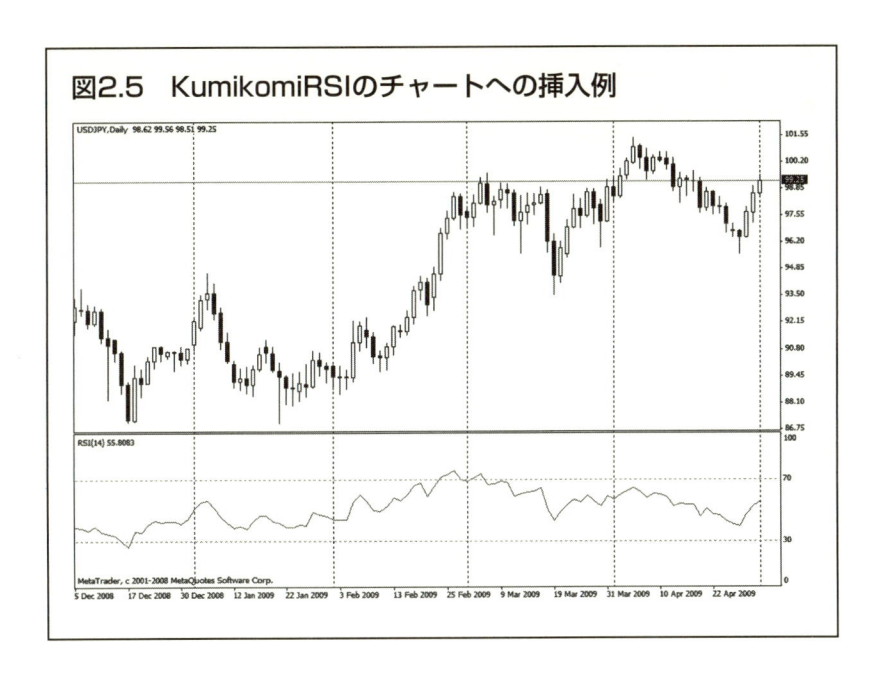

図2.5 KumikomiRSIのチャートへの挿入例

　RSIは一般的に、相場の過熱度合いを30や70などの一定の水準で判断するのに使われます。この例では、サブウィンドウの30と70の水準に線を引く設定をしました。

```
#property indicator_level1 30
#property indicator_level2 70
```

　さらにRSIでは０が最小で、100が最大と決まっています。そこで、サブウィンドウの下端と上端がそれぞれ０と100で表示されるように、次のプロプロセッサ命令を挿入しました。

```
#property indicator_minimum 0
#property indicator_maximum 100
```

図2.5はこのプログラムのチャートへの挿入例です。

MACD

MACDは「Moving Average Convergence/Divergence」の略で、2つの移動平均の差を取ったものです。サブウィンドウ上に表示します。

MACD算出のために「`iMACD()`」という組み込みテクニカル指標関数が用意されています。この関数の仕様は、次のとおりです。

---

iMACD()

MACDとMACDシグナルラインの組み込みテクニカル指標関数

【書式】
```
double iMACD(string symbol, int timeframe,
    int fast_ema_period, int slow_ema_period,
    int signal_period, int applied_price,
    int mode, int shift)
```

【パラメータ】
①`symbol`
通貨ペア。「`NULL`」はプログラムを挿入したチャートの通貨ペアを表す。

②`timeframe`
　時間枠。`iMA()`と同じ。

③`fast_ema_period`
　短期指数移動平均（EMA）の期間。

④`slow_ema_period`
　長期指数移動平均（EMA）の期間。

⑤`signal_period`
　シグナルを算出する単純移動平均（SMA）の期間。

⑥`applied_price`
　適用する価格。`iMA()`と同じ。

⑦`mode`
　出力するMACDの種類。

定数	値	説明
`MODE_MAIN`	0	MACD
`MODE_SIGNAL`	1	シグナル（MACDの移動平均）

⑧`shift`
　MACDを算出する位置（最新のバーからのシフト）。

【戻り値】
　「`shift`」の位置における「`mode`」で指定したMACDの値。

`iMACD()`関数を利用したプログラム例を**リスト2.7**に示します。

リスト2.7　KumikomiMACD.mq4

```mq4
#property indicator_separate_window
#property indicator_buffers 2
#property indicator_color1 Silver
#property indicator_color2 Red

// 指標バッファ
double BufMACD[];
double BufSignal[];

// 外部パラメータ
extern int FastEMA = 12;
extern int SlowEMA = 26;
extern int SignalSMA = 9;

// 初期化関数
int init()
{
   // 指標バッファの割り当て
   SetIndexBuffer(0, BufMACD);
   SetIndexBuffer(1, BufSignal);

   // 指標スタイルの設定
   SetIndexStyle(0, DRAW_HISTOGRAM);
   SetIndexStyle(1, DRAW_LINE, STYLE_DOT);

   // 指標ラベルの設定
   SetIndexLabel(0, "MACD("+FastEMA+","+SlowEMA+")");
   SetIndexLabel(1, "Signal("+SignalSMA+")");
   IndicatorShortName("MACD("+FastEMA+","+SlowEMA+","
      +SignalSMA+")");

   return(0);
}
```

```
// スタート関数
int start()
{
   int limit = Bars-IndicatorCounted();

   for(int i=limit-1; i>=0; i--)
   {
      BufMACD[i] = iMACD(NULL, 0, FastEMA, SlowEMA,
         SignalSMA, PRICE_CLOSE, MODE_MAIN, i);
      BufSignal[i] = iMACD(NULL, 0, FastEMA, SlowEMA,
         SignalSMA, PRICE_CLOSE, MODE_SIGNAL, i);
   }

   return(0);
}
```

　iMACD() 関数では、移動平均の差を取った値"MACD"と、さらにそのMACDの移動平均を取った値「シグナル」の2種類が算出できます。

　まずMACDを出す移動平均は、2本の指数移動平均（EMA）です。その期間を3つ目と4つ目のパラメータ「**fast_ema_period**」「**slow_ema_period**」で指定します。

　またシグナルを出すために、MACDの単純移動平均（SMA）を取ります。その期間を指定するのが、5つ目のパラメータ「**signal_period**」です。

　先ほど述べたように、MACDとシグナルの値は、同じ**iMACD()**関数で算出されます。その種類を決めるのが7つ目のパラメータ

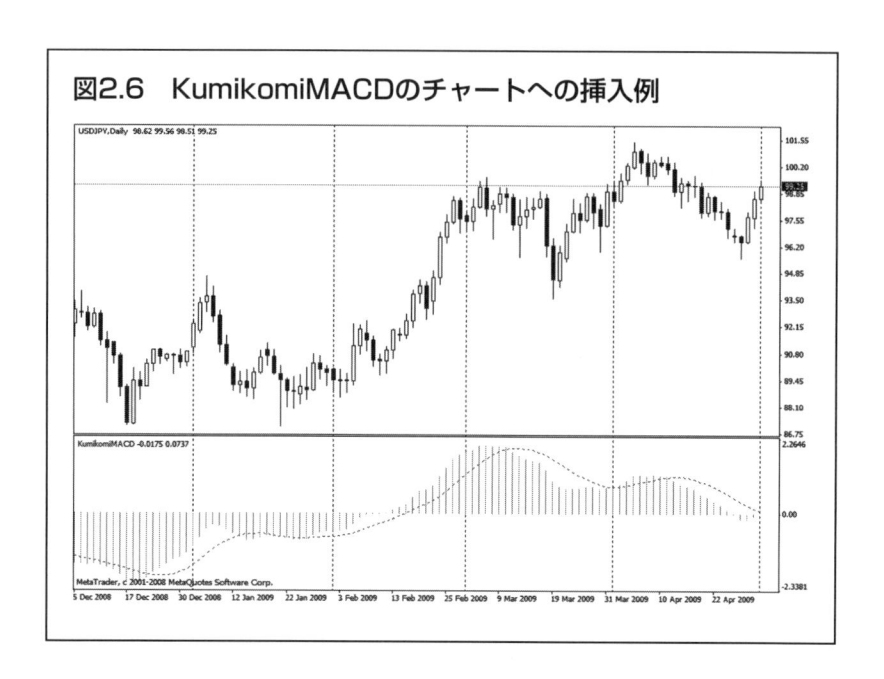

図2.6 KumikomiMACDのチャートへの挿入例

「mode」です。「MODE_MAIN」を指定するとMACDの値が、また「MODE_SIGNAL」を指定するとシグナルの値が算出されるようになっています。

この例では、MACDをヒストグラム（棒グラフのような形状）で、またシグナルを点線で表示するように設定しました。

```
SetIndexStyle(0, DRAW_HISTOGRAM);
SetIndexStyle(1, DRAW_LINE, STYLE_DOT);
```

図2.6はこのプログラムのチャートへの挿入例です。

ストキャスティックス

ストキャスティックスは、一定期間の"高値"と"安値"で描くバンド（HLバンド）のなかで、終値の相対的な位置を示したものです。オシレーター系指標のひとつで、サブウィンドウに表示されます。HLバンドの描画方法については後ほど紹介しましょう。

ストキャスティックスを算出するための関数「iStochastic()」は、次のような形式で定義されています。

---

iStochastic()
ストキャスティックスの組み込みテクニカル指標関数

【書式】
```
double iStochastic(string symbol, int timeframe,
    int %Kperiod, int %Dperiod, int slowing,
    int method, int price_field, int mode, int shift)
```

【パラメータ】
①**symbol**
　通貨ペア。「NULL」はプログラムを挿入したチャートの通貨ペアを表す。

②**timeframe**
　時間枠。**iMA()** 関数と同じ。

③**%Kperiod**
　HLバンドを決める期間。

④ **%Dperiod**
ストキャスティックスの移動平均を取る期間。

⑤ **slowing**
ストキャスティックスを求める期間。

⑥ **method**
移動平均の方法。**iMA()** 関数の「**ma_method**」と同じ。

⑦ **price_field**
HLバンドの決め方(「**0**」なら高値・安値ベースで決定、「**1**」なら終値ベースで決定)。

⑧ **mode**
出力するストキャスティックスの種類。

定数	値	説明
MODE_MAIN	0	ストキャスティックス
MODE_SIGNAL	1	シグナル(ストキャスティックスの移動平均)

⑨ **shift**
ストキャスティックスを算出する位置(最新のバーからのシフト)。

【戻り値】
「**shift**」の位置における「**mode**」で指定したストキャスティックスの値。

　リスト2.8「KumikomiSto.mq4」は **iStochastic()** 関数を利用したプログラム例です。**iStochastic()** 関数では、MACDと同じ様に、"ストキャスティックス"自体の値だけでなく、その移動平均を取った「シグナル」の値もあわせて算出します。

リスト2.8　KumikomiSto.mq4

```mq4
#property indicator_separate_window
#property indicator_buffers 2
#property indicator_color1 Blue
#property indicator_color2 Red
#property indicator_minimum 0
#property indicator_maximum 100
#property indicator_level1 20
#property indicator_level2 80

// 指標バッファ
double BufSto[];
double BufSignal[];

// 外部パラメータ
extern int KPeriod = 10;
extern int DPeriod = 3;
extern int Slowing = 3;

// 初期化関数
int init()
{
   // 指標バッファの割り当て
   SetIndexBuffer(0, BufSto);
   SetIndexBuffer(1, BufSignal);

   // 指標スタイルの設定
   SetIndexStyle(1, DRAW_LINE, STYLE_DOT);

   // 指標ラベルの設定
   SetIndexLabel(0, "Stoch("+KPeriod+","+Slowing+")");
   SetIndexLabel(1, "Signal("+DPeriod+")");
   IndicatorShortName("Stoch("+KPeriod+","+DPeriod+","
      +Slowing+")");

   return(0);
}
```

続く→

```
// スタート関数
int start()
{
   int limit = Bars-IndicatorCounted();

   for(int i=limit-1; i>=0; i--)
   {
      BufSto[i] = iStochastic(NULL, 0, KPeriod,
         DPeriod, Slowing, MODE_SMA, 0, MODE_MAIN, i);
      BufSignal[i] = iStochastic(NULL, 0, KPeriod,
         DPeriod, Slowing, MODE_SMA, 0, MODE_SIGNAL, i);
   }

   return(0);
}
```

　ストキャスティックスの値は、基準となるHLバンドの期間「%Kperiod」と、ストキャスティックスを求める期間「slowing」で決定されます。「slowing」は何個のバーの終値を使ってストキャスティックスを算出するかを表すパラメータです。

　例えば「slowing」が1の場合、最新の終値のみを使ってストキャスティックスを算出します。これを「ファストストキャスティックス」と呼ぶ場合もあります。

　「slowing」が2以上の場合、最新のバーから過去にさかのぼって「slowing」個のバーの終値で、ストキャスティックスを算出します。つまり、この場合は「slowing」個のバーで終値とHLバンドとの"差の平均"を取った形になるわけです。

　「slowing」が1の場合に比べて、平滑化されていますので、こ

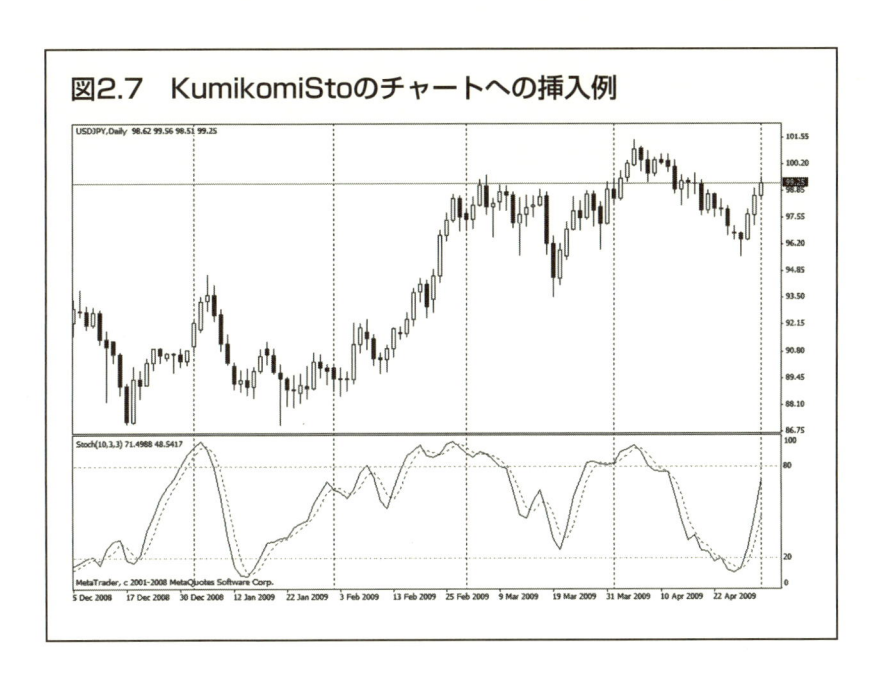

図2.7　KumikomiStoのチャートへの挿入例

れを「スローストキャスティックス」と呼ぶ場合もあります。

4つ目のパラメータ「`%Dperiod`」は、こうして算出されたストキャスティックスの値の移動平均（つまりシグナル）を算出するための期間です。

ストキャスティックス自体とシグナル、どちらの値を出力させるかは、8つ目のパラメータ「`mode`」で区別します。

またHLバンドを決めるとき、バーの高値・安値を使うか、バーの終値（のなかの高値・安値）を使うかも7つ目のパラメータ「`price_field`」で選択可能です。

図2.7にこのプログラムのチャートへの挿入例を示します。

HLバンド

　一定期間の高値・安値を結んだ指標を「HLバンド」と呼びます。ストキャスティックスの算出や、ブレイクアウトシステムの売買ルールなどでもよく利用されるものです。

　HLバンドそのものは組み込みテクニカル指標関数としては用意されていません。しかし、組み込み関数の「`iHighest()`」「`iLowest()`」を利用して、指定期間に最高値あるいは最安値を付けているバーの位置を出すことで、簡単に作成できます。

　この`iHighest()`関数と`iLowest()`関数は、テクニカル指標関数という分類ではなく、時系列アクセス関数に分類されています。これらの関数の定義は、次のとおりです。

---

iHighest(), iLowest()
指定期間で最高値・最安値のあるバーの位置を出す関数

【書式】
```
int iHighest(string symbol, int timeframe, int type,
    int count=WHOLE_ARRAY, int start=0)

int iLowest(string symbol, int timeframe, int type,
    int count=WHOLE_ARRAY, int start=0)
```

【パラメータ】
　①`symbol`
　　通貨ペア。「`NULL`」はプログラムを挿入したチャートの通貨ペアを表す。

②`timeframe`
　時間枠。`iMA()`関数と同じ。

③`type`
　バーの価格の種類。

定数	値	説明
`MODE_OPEN`	0	始値
`MODE_LOW`	1	安値
`MODE_HIGH`	2	高値
`MODE_CLOSE`	3	終値
`MODE_VOLUME`	4	出来高（ティック数）

④`count`
　最高値、最安値を求めるバーの数。省略時には、チャート上のすべてのバーの個数を指定。

⑤`start`
　最高値、最安値を求める最初のバーの位置。省略時には、最新のバーの位置を指定。

【戻り値】
　「`start`」の位置から「`count`」個のバーでの最高値、最安値の位置。

　これらの関数は、4つ目のパラメータ「`count`」で指定した期間での最高値もしくは最安値のある「バーの位置」を返します。最高値や最安値そのものを返すのではないことに注意してください。
　リスト2.9「HLBand.mq4」は、これらの関数を使ってHLバンドの指標を表示するプログラムです。

リスト2.9　HLBand.mq4

```mq4
#property indicator_chart_window
#property indicator_buffers 3
#property indicator_color1 Purple
#property indicator_color2 LightBlue
#property indicator_color3 Pink

// 指標バッファ
double BufMed[];
double BufHigh[];
double BufLow[];

// 外部パラメータ
extern int BandPeriod = 20;
extern int PriceField = 0;   // 0:High/Low 1:Close/Close

// 初期化関数
int init()
{
   // 指標バッファの割り当て
   SetIndexBuffer(0, BufMed);
   SetIndexBuffer(1, BufHigh);
   SetIndexBuffer(2, BufLow);

   // 指標ラベルの設定
   SetIndexLabel(0, "HLmed("+BandPeriod+")");
   SetIndexLabel(1, "High("+BandPeriod+")");
   SetIndexLabel(2, "Low("+BandPeriod+")");

   return(0);
}
```

```
// スタート関数
int start()
{
   int limit = Bars-IndicatorCounted();

   for(int i=limit-1; i>=0; i--)
   {
      if(PriceField == 0)
      {
         BufHigh[i] = High[iHighest(NULL, 0,
            MODE_HIGH, BandPeriod, i)];
         BufLow[i] = Low[iLowest(NULL, 0,
            MODE_LOW, BandPeriod, i)];
      }
      else
      {
         BufHigh[i] = Close[iHighest(NULL, 0,
            MODE_CLOSE, BandPeriod, i)];
         BufLow[i] = Close[iLowest(NULL, 0,
            MODE_CLOSE, BandPeriod, i)];
      }
      BufMed[i] = (BufHigh[i] + BufLow[i])/2;
   }

   return(0);
}
```

外部パラメータとして「`BandPeriod`」「`PriceField`」の2つを用意します。

「`BandPeriod`」は、HLバンドを算出する期間です。`iHighest()`

関数と`iLowest()`関数の4つ目のパラメータ「`count`」に代入されます。

「`PriceField`」は、`iStochastic()`関数のパラメータ「`price_field`」と同じく、「`0`」ならば高値・安値から、「`1`」ならば終値（のなかの高値・安値）から、HLバンドを算出します。

この例では、指標バッファに上位ラインと下位ラインのほか、HLバンドの中間値を示すラインを加え、計3つのラインを用意しました。

上位ラインと下位ラインの算出方法は、パラメータ「`PriceField`」が「`0`」か「`1`」かによって異なります。したがって、場合分けをして記述します。

「`PriceField == 0`」の場合、高値のなかの最高値、安値のなかの最安値を算出するので、

```
BufHigh[i] = High[iHighest(NULL, 0, MODE_HIGH,
    BandPeriod, i)];

BufLow[i] = Low[iLowest(NULL, 0, MODE_LOW,
    BandPeriod, i)];
```

のように「`High[]`」「`Low[]`」という高値・安値を表す予約配列の要素インデックス部分に、`iHighest()`関数と`iLowest()`関数を挿入します。

またパラメータ「`type`」に、それぞれ「`MODE_HIGH`」「`MODE_LOW`」を代入し、高値と安値を基準にしたHLバンドを算出します。

一方「`PriceField`」が「`1`」の場合、終値を基準にしたHLバンドを算出するため、

```
BufHigh[i] = Close[iHighest(NULL, 0, MODE_CLOSE,
    BandPeriod, i)];

BufLow[i] = Close[iLowest(NULL, 0, MODE_CLOSE,
    BandPeriod, i)];
```

のように「`Close[]`」という終値を表す予約配列の要素インデックスの部分に、`iHighest()`関数と`iLowest()`関数を挿入します。

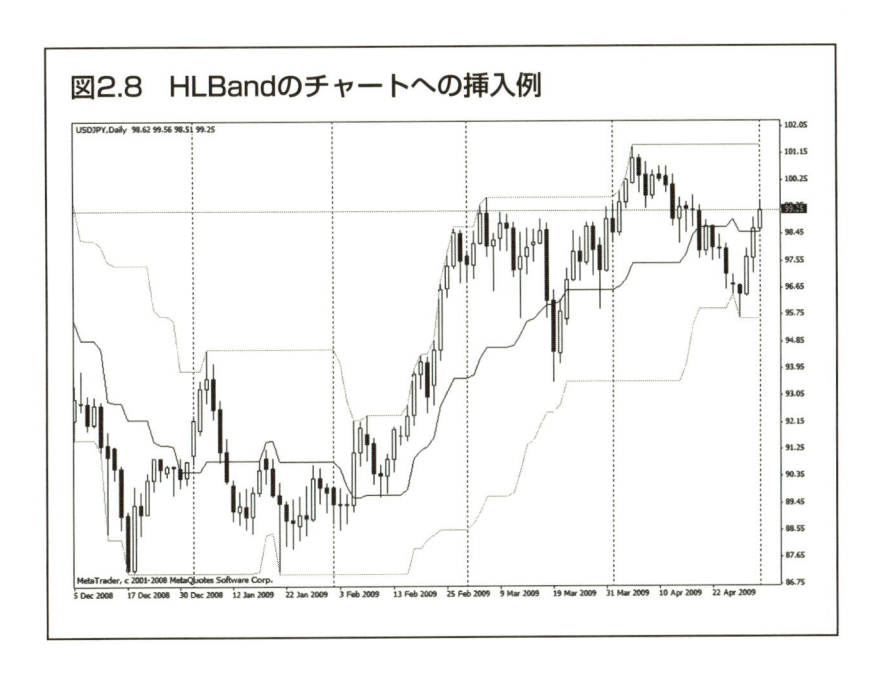

図2.8　HLBandのチャートへの挿入例

また、パラメータ「type」の部分は、終値を表す「MODE_CLOSE」を代入します。

最後に中間値を、次のようにHラインとLラインの平均値から求めます。

```
BufMed[i] = (BufHigh[i] + BufLow[i])/2;
```

図2.8は、このプログラムをチャートに挿入した例です。

ATR

ATRとは「Average True Range」の略で、ある期間の「真の値幅の平均値」を表します。

真の値幅とは「高値－安値」「高値－その前のバーの終値」「その前のバーの終値－安値」のなかで最大の値です。1本前のバーの終値を勘案することで、次のバーの始値が前のバーの終値から飛んでしまったときも、その間の値動きを考慮しようというわけです。

ATRはメタトレーダーのテクニカル指標として組み込まれており、ATR自体をサブウィンドウに表示できます（図2.9）。

図2.9を見ると分かるように、ATRが大きい場合、ATRを算出した期間で各バーの高値と安値の差が大きくなっています。つまり、値動きの大きな状態が続いている局面です。よく「相場の変動率（ボラティリティ）が高い」という言い方もします。

ATRはこのように単独で使われるだけでなく、ATRを利用して

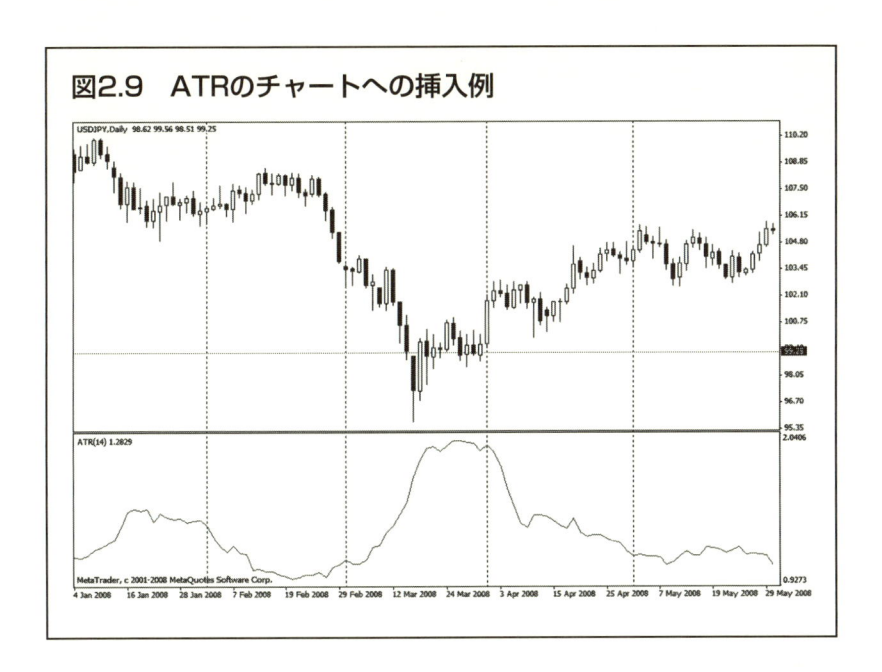

図2.9 ATRのチャートへの挿入例

別の指標を作成することもよくあります。そのため、次のような仕様の組み込みテクニカル指標関数「iATR()」が用意されています。

---

iATR()
ATRを出す組み込みテクニカル指標関数

【書式】
```
double iATR(string symbol, int timeframe,
    int period, int shift)
```

【パラメータ】
①**symbol**
通貨ペア。「**NULL**」はプログラムを挿入したチャートの通貨ペアを表す。

②**timeframe**
時間枠。**iMA()**関数と同じ。

③**period**
ATRを算出する期間。

④**shift**
ATRの値を出力する位置（最新のバーからのシフト）。

【戻り値】
「**shift**」の位置でのATRの値。

ここでは、ATRを応用したカスタム指標として「ATRバンド」について考えてみましょう。

これは、ボリンジャーバンドが移動平均線から上下に標準偏差分ずらしてバンドを形成したように、移動平均線から上下にATR幅だけずらして形成したバンドです。相場の変動率が高くなるとATRが大きくなるので、ボリンジャーバンドと同じような動きをします。

リスト2.10「ATRBand.mq4」は、ATRバンドのプログラム例です。このプログラムでは、ボリンジャーバンドと同じように、3本の指標バッファを利用します。

リスト2.10　ATRBand.mq4

```mq4
#property indicator_chart_window
#property indicator_buffers 3
#property indicator_color1 LightBlue
#property indicator_color2 Blue
#property indicator_color3 Blue

// 指標バッファ
double BufMain[];
double BufUpper[];
double BufLower[];

// 外部パラメータ
extern int ATRPeriod = 20;
extern double ATRMult = 2.0;

// 初期化関数
int init()
{
    // 指標バッファの割り当て
    SetIndexBuffer(0, BufMain);
    SetIndexBuffer(1, BufUpper);
    SetIndexBuffer(2, BufLower);

    // 指標ラベルの設定
    SetIndexLabel(0, "Main("+ATRPeriod+")");
    SetIndexLabel(1, "Upper("+DoubleToStr(ATRMult,1)+")");
    SetIndexLabel(2, "Lower("+DoubleToStr(ATRMult,1)+")");

    return(0);
}
```

続く→

```
// スタート関数
int start()
{
   int limit = Bars-IndicatorCounted();

   for(int i=limit-1; i>=0; i--)
   {
      BufMain[i] = iBands(NULL, 0, ATRPeriod, 1, 0,
         PRICE_CLOSE, MODE_MAIN, i);
      double atr = iATR(NULL, 0, ATRPeriod, i)
         * ATRMult;
      BufUpper[i] = BufMain[i] + atr;
      BufLower[i] = BufMain[i] - atr;
   }

   return(0);
}
```

外部パラメータとして、ATRを算出する期間を表す「`ATRPeriod`」と、ATR幅の何倍分を上下にずらすかという倍率を表す「`ATRMult`」を設定します。

「`BufMain[]`」には、先ほど述べたように、`iBands()`関数を使ってボリンジャーバンドのベースライン（SMA）を算出します。

そして、

```
double atr = iATR(NULL, 0, ATRPeriod, i) * ATRMult;
```

図2.10　ATRBandのチャートへの挿入例

として「`atr`」という変数に「`ATRPeriod`」期間のATRを求め、それを「`ATRMult`」倍するわけです。

あとは「`BufUpper[]`」に「`BufMain[]`」から「`atr`」足した値、「`BufLower[]`」に「`BufMain[]`」から「`atr`」引いた値をそれぞれ代入します。

図2.10は、このプログラムをチャートに挿入した例です。ボリンジャーバンドとは違った形で変動幅に応じたバンドが形成されていることが分かります。

カスタム指標の平滑化

平滑化を目的とした移動平均はもとより、さまざまなテクニカル指標の計算過程で、デコボコした指標の結果を視覚的に分かりやすくするため、平滑化を行っています。ここでは平滑化する指標の一例として「移動平均乖離率の平滑化」を挙げておきましょう。

移動平均乖離率は、適当な移動平均に対して各終値が何%ずれているかを示すテクニカル指標です。**リスト2.11**のプログラム例「MAKairi.mq4」をご覧ください。

リスト2.11　MAKairi.mq4

```
#property indicator_separate_window
#property indicator_buffers 1
#property indicator_color1 Red
#property indicator_level1 0

// 指標バッファ
double BufKairi[];

// 外部パラメータ
extern int MAPeriod = 13;

// 初期化関数
int init()
{
    // 指標バッファの割り当て
    SetIndexBuffer(0, BufKairi);

    // 指標ラベルの設定
    string label = "MAKairi("+MAPeriod+")";
    IndicatorShortName(label);
    SetIndexLabel(0, label);
```

```
    return(0);
}

// スタート関数
int start()
{
    int limit = Bars-IndicatorCounted();

    for(int i=limit-1; i>=0; i--)
    {
        double ma = iMA(NULL, 0, MAPeriod, 0, MODE_SMA,
            PRICE_CLOSE, i);
        if(ma != 0) BufKairi[i] = (Close[i]-ma)/ma*100;
    }

    return(0);
}
```

このプログラムでは、まず **iMA()** 関数を利用し、「**MAPeriod**」期間の単純移動平均を「**ma**」という変数に求めます。そして、終値が「**ma**」から何%ずれているか、次のように算出します。

```
if(ma != 0) BufKairi[i] = (Close[i]-ma)/ma*100;
```

ここで「**ma**」が「**0**」でないという条件を付けました。これは「**ma**」で割り算をするときに「**ma=0**」だと、「オーバーフロー」というエラーが発生して値が正しく求められないためです。

このプログラムをチャートに挿入すると**図2.11**のようになります。見てのとおり、各終値に対しての乖離率を求めるため、このま

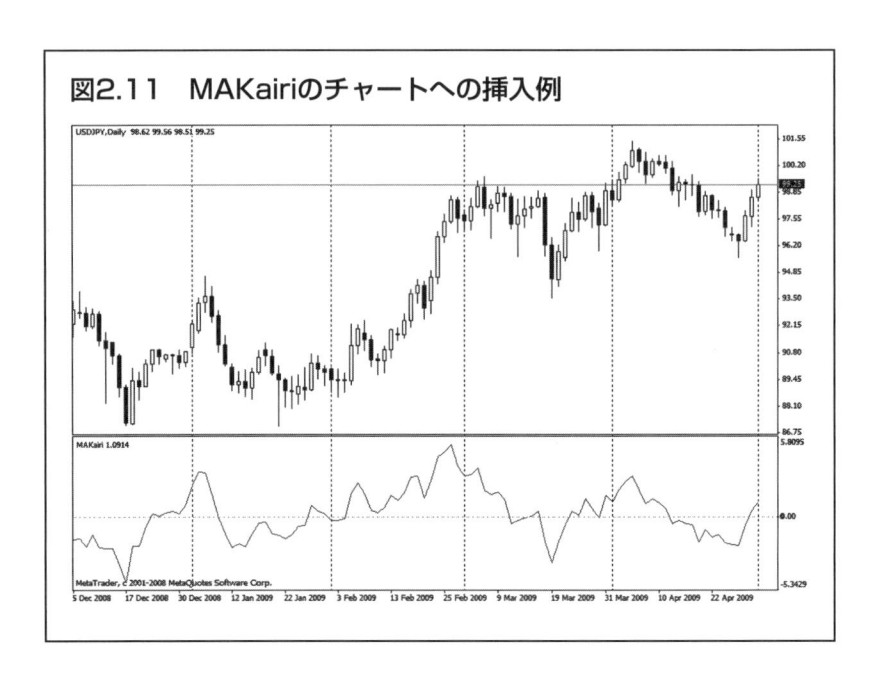

図2.11　MAKairiのチャートへの挿入例

までは終値のバラツキが直接指標に現れてしまい、ラインはデコボコです。そこで、この指標の移動平均を取って、さらに平滑化してみましょう。

　移動平均というと**iMA()**関数を利用すればよいと思うかもしれません。しかし、こうした組み込みテクニカル指標関数が処理の対象とするのは、バーを形成する4本値のみです。いったん指標バッファなどに算出されたものに対しては直接適用できません。

　そこでMQL4では、任意の配列に対して移動平均などテクニカル分析を適用するための関数がいくつか用意されています。そのひとつが「**iMAOnArray()**」です。次のような形式で定義されています。

iMAOnArray()
移動平均を配列に適用する関数

【書式】
```
double iMAOnArray(double array[], int total,
    int period, int ma_shift, int ma_method, int shift)
```

【パラメータ】
①`array[]`
　処理対象の配列名。

②`total`
　配列中で計算するバーの数。「0」を指定すると配列全体を計算。

③`period`
　移動平均を計算する期間。

④`ma_shift`
　移動平均をシフトする（右方向へずらす）バーの数。

⑤`ma_method`
　移動平均の方法。`iMA()`関数と同じ。

⑥`shift`
　移動平均を算出する位置（最新のバーからのシフト）。

【戻り値】
　配列「`array[]`」の「`shift`」の位置での移動平均の値。

　リスト2.12は、先ほどの「MAKairi.mq4」に`iMAOnArray()`関数を加えたプログラム例です。

リスト2.12　MAKairiSM.mq4

```
#property indicator_separate_window
#property indicator_buffers 1
#property indicator_color1 Red
#property indicator_level1 0

//指標バッファ
double BufKairiSM[];
double BufKairi[];

//外部パラメータ
extern int MAPeriod = 13;
extern int Smooth = 5;

//初期化関数
int init()
{
   IndicatorBuffers(2);

   //指標バッファの割り当て
   SetIndexBuffer(0, BufKairiSM);
   SetIndexBuffer(1, BufKairi);

   //指標ラベルの設定
   string label = "MAKairiSM("+MAPeriod+","+Smooth+")";
   IndicatorShortName(label);
   SetIndexLabel(0, label);

   return(0);
}
//スタート関数
int start()
{
   int limit = Bars-IndicatorCounted();

   for(int i=limit-1; i>=0; i--)
   {
      double ma = iMA(NULL, 0, MAPeriod, 0, MODE_SMA,
         PRICE_CLOSE, i);
```

```
        if(ma != 0) BufKairi[i] = (Close[i]-ma)/ma*100;
    }
    // BufKairi[]の平滑化
    for(i=limit-1; i>=0; i--)
    {
        BufKairiSM[i] = iMAOnArray(BufKairi, 0, Smooth,
            0, MODE_EMA, i);
    }
    return(0);
}
```

このプログラムでは、移動平均乖離率を求める「`MAKairi[]`」と、その移動平均を求める「`MAKairiSM[]`」の2つの指標バッファを用意しました。ただし、実際に表示される指標は「`BufKairiSM[]`」だけです。

このように表示する指標バッファ数と利用する指標バッファ数が違う場合は、表示する指標バッファ数を、

```
#property indicator_buffers 1
```

で指定したうえで、利用する指標バッファ数を、

```
IndicatorBuffers(2);
```

とそれぞれ指定する必要があります。

`start()`関数では、まず先ほどと同様、移動平均乖離率を

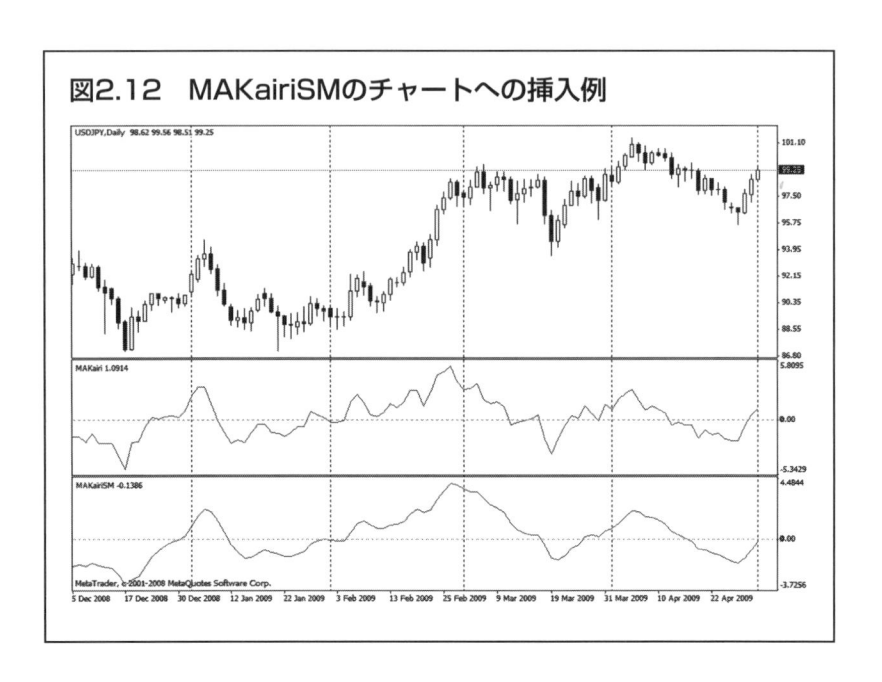

図2.12　MAKairiSMのチャートへの挿入例

「BufKairi[]」に求めます。そして、別の**for**文で「BufKairi[]」の配列に対して**iMAOnArray()**関数を適用させます。

　使い方は**iMA()**関数と同じです。ただし、処理対象の配列名「array[]」は「BufKairi」を指定し、配列全体を計算するのでパラメータ「total」は「0」を指定します。

　また、この関数では移動平均の方法として、外部変数「Smooth」で指定した期間のEMAで平滑化しています。

　図2.12の下側のサブウィンドウが、このプログラムのチャートへの挿入例です。移動平均を取ることで、最初の乖離率に比べて滑らかに変化するようになりました。

カスタム指標を組み込み関数として使う

　ここまで、移動平均やRSIなど、MQL4ですでに用意されている組み込みテクニカル指標関数の利用方法について説明しました。

　組み込み関数を組み合わせることで独自指標（カスタム指標）を作成することができます。しかし、そのカスタム指標を使って、さらに別のカスタム指標を作成したいとすれば、どうすればよいでしょうか？

　新しいカスタム指標プログラムのなかに、すでに作成されたカスタム指標プログラムをコピーするのもひとつの方法です。しかし、それを毎回行うのは面倒です。また、もとのカスタム指標を修正した場合、そのカスタム指標を使った別のカスタム指標のプログラムもすべて手作業で修正しなければなりません。

　そのような煩わしさを防ぐため、MQL4ではユーザーが独自に作成したカスタム指標プログラムそのものを別のカスタム指標プログラムのなかで組み込み関数のように使える機能があります。

　それが「`iCustom()`」という関数です。カスタム指標を組み合わせて新しいカスタム指標を作る場合などに重宝します。`iCustom()`関数は次のように定義されています。

`iCustom()`
カスタム指標を組み込み関数のように使う関数

【書式】
```
double iCustom(string symbol, int timeframe,
    string name, ..., int mode, int shift)
```

【パラメータ】
①**symbol**
通貨ペア。「**NULL**」はプログラムを挿入したチャートの通貨ペアを表す。

②**timeframe**
時間枠。**iMA()**関数と同じ。

③**name**
カスタム指標の名前（カスタム指標プログラムファイル名から拡張子「.mq4」を除いた部分）。

④**...**
カスタム指標のパラメータ（省略可）。

⑤**mode**
カスタム指標の指標バッファのインデックス。

⑥**shift**
カスタム指標を算出する位置（最新のバーからのシフト）。

【戻り値】
「**shift**」の位置における「**mode**」で指定したカスタム指標の値。

　使い方は、ほかの組み込みテクニカル指標関数と同じです。パラメータ「**symbol**」と「**timeframe**」で指定されたチャート上の「**shift**」の位置で、カスタム指標の値を返します。

　どのカスタム指標プログラムを使うか指定するのが、3つ目のパ

ラメータ「`name`」です。

　ここにカスタム指標の名前を代入します。カスタム指標の名前とは、カスタム指標プログラムファイルの名前の主部、つまりファイル名から拡張子「.mq4」を除いたものです。例えば、先ほど作成したカスタム指標プログラム「HLBand.mq4」を組み込む場合、その拡張子「.mq4」を除いた「HLBand」がカスタム指標の名前となります。

　`iCustom()`関数もほかのテクニカル指標関数と同様、指標の値を返すのはひとつだけです。したがって、カスタム指標プログラム中に複数の指標がある場合は、出力させる指標を選択する必要があります。

　それを指定するのが5つ目のパラメータ「`mode`」です。ここで何番目の指標バッファを出力させるか指定します。例えば、0番目の指標バッファを出力させたいのであれば「`0`」を、1番目の指標バッファを出力させたいのであれば「`1`」を指定します。

　さらに、カスタム指標プログラムのなかで、パラメータが`extern`付きの外部変数として宣言されている場合、関数呼び出しのときにこの値を変更することもできます。

　「`name`」と「`mode`」のパラメータの間に「`...`」というパラメータがあります。この場所に、カスタム指標のパラメータを指定することが可能です。

　このパラメータは、カスタム指標で定義した初期値のまま変更がない場合、記入する必要がありません。複数のパラメータがある場合は、全部を記入してもいいですし、変更があるパラメータまでを

記入して、残りを省略することもできます。つまり、このパラメータは省略可能で、場合によって数が違うので「...」と定義されているわけです。

具体例として、先ほど作成した「HLBand」を使って新しいカスタム指標を作成してみましょう。ここでは期間の異なる2組のHLバンドをラインの太さを変えて表示することにしてみます。

リスト2.13のプログラム例「HLBand2.mq4」をご覧ください。

リスト2.13　HLBand2.mq4

```
#property indicator_chart_window
#property indicator_buffers 4
#property indicator_color1 LightBlue
#property indicator_color2 Pink
#property indicator_color3 Blue
#property indicator_color4 Red
#property indicator_width3 2
#property indicator_width4 2

// 指標バッファ
double BufHigh1[];
double BufLow1[];
double BufHigh2[];
double BufLow2[];

// 外部パラメータ
extern int BandPeriod1 = 5;
extern int BandPeriod2 = 20;

// 初期化関数
int init()
```

```
{
   //指標バッファの割り当て
   SetIndexBuffer(0, BufHigh1);
   SetIndexBuffer(1, BufLow1);
   SetIndexBuffer(2, BufHigh2);
   SetIndexBuffer(3, BufLow2);

   //指標ラベルの設定
   SetIndexLabel(0, "High("+BandPeriod1+")");
   SetIndexLabel(1, "Low("+BandPeriod1+")");
   SetIndexLabel(2, "High("+BandPeriod2+")");
   SetIndexLabel(3, "Low("+BandPeriod2+")");

   return(0);
}

// スタート関数
int start()
{
   int limit = Bars-IndicatorCounted();

   for(int i=limit-1; i>=0; i--)
   {
      BufHigh1[i] = iCustom(NULL, 0, "HLBand",
         BandPeriod1, 1, i);
      BufLow1[i] = iCustom(NULL, 0, "HLBand",
         BandPeriod1, 2, i);
      BufHigh2[i] = iCustom(NULL, 0, "HLBand",
         BandPeriod2, 1, i);
      BufLow2[i] = iCustom(NULL, 0, "HLBand",
         BandPeriod2, 2, i);
   }

   return(0);
}
```

このプログラムでは、2組のHLバンドを表示させるので、指標バッファは「`BufHigh1[]`」「`BufLow1[]`」「`BufHigh2[]`」「`BufLow2[]`」の4種類を用意しておきます。

　指標バッファの宣言、割り当てなどは、これまでと同じです。HLバンドを算出する部分では、すでに作成してある「HLBand」を使うので、次のように**`iCustom()`**関数を使って簡単に書くことができます。

```
BufHigh1[i] = iCustom(NULL, 0, "HLBand", BandPeriod1, 1, i);
BufLow1[i]  = iCustom(NULL, 0, "HLBand", BandPeriod1, 2, i);
```

　ここでは、3つ目のパラメータに「`"HLBand"`」を指定しています。これは「HLBand.mq4」のプログラムを呼び出すという意味です（正確には、実行ファイルである「HLBand.ex4」を呼び出します）。

　5つ目のパラメータに指定した「`1`」または「`2`」は、「`mode`」つまりHLBandの何番目の指標を表示させるかのインデックスを表します。ここではHLBand中の1番の指標「`BufHigh[]`」と、2番の指標「`BufLow[]`」をそれぞれ求めるようにしています。

　そして6つ目のパラメータ「`i`」は、ほかの指標同様、指標の位置を表します。

　4つ目のパラメータに指定した「`BandPeriod1`」は「HLBand.mq4」で**`extern`**宣言されている「`BandPeriod`」のパラメータへと渡されます。これで期間「`BandPeriod1`」のHLバンドが表示されます。

図2.13　HLBand2のチャートへの挿入例

なお「HLBand.mq4」のもうひとつのパラメータ「`PriceField`」は、初期値「`0`」のままとするので、指定は省略しています。

同様に、次のようにして期間を「`BandPeriod2`」に変えたHLバンドを表示させることができます。

```
BufHigh2[i] = iCustom(NULL, 0, "HLBand", BandPeriod2, 1, i);
BufLow2[i] = iCustom(NULL, 0, "HLBand", BandPeriod2, 2, i);
```

図2.13はこのプログラムをチャートに挿入したものです。

このように`iCustom()`関数では、すでに作成されたカスタム指

標プログラムを簡単に再利用できると同時に、複数のカスタム指標のうち、必要な指標だけを表示できます。

`iCustom()`関数は本書のサンプルプログラムで頻繁に出てきます。ぜひ使い方をマスターしておいてください。

ヒストグラムを利用したカスタム指標（平均足）

メタトレーダーの指標スタイルのひとつに「ヒストグラム」があります。これは指標の値を棒グラフのような形状で表すものです。通常は、サブウィンドウで表示されるMACDのようなオシレーター系の指標で利用されます。

このヒストグラムのスタイルをチャートウィンドウ上のカスタム指標に適用することで、ローソク足を描くことができます。その一例として「平均足」と呼ばれるテクニカル指標を取り上げましょう。

平均足とは、通常のローソク足の4本値の平均を取って"別の4本値"を計算し、別のローソク足として表示するものです。通常のローソク足を平滑化するので、陰線と陽線が連続しやすくなるという特徴があります。そのため、相場のトレンドを探るのによく利用されます。

「i」番目のバーでの平均足の始値、終値、高値、安値をそれぞれ「haOpen」「haClose」「haHigh」「haLow」とすると、それぞれ次のように計算されます。

> haOpen ＝ 1本前のバーの「haOpen」と「haClose」の平均値

> haClose = 「Open[i]」「High[i]」「Low[i]」「Close[i]」の平均値
> haHigh = 「High[i]」「haOpen」「haClose」の最大値
> haLow = 「Low[i]」「haOpen」「haClose」の最小値

　ただし、ここでは話を単純にして、平均足高値と平均足安値を通常のローソク足の高値と安値と同じにしました。つまり「haHigh = High[i]」「haLow = Low[i]」です。したがって、カスタム指標として表示させる部分は、平均足始値「haOpen」と平均足終値「haClose」の間で形成されるローソク足の実体（本体部分）だけとなります。
　リスト2.14は平均足のプログラム例「HeikinAshi.mq4」です。

リスト2.14　HeikinAshi.mq4

```
#property indicator_chart_window
#property indicator_buffers 2
#property indicator_color1 Red
#property indicator_color2 Blue
#property indicator_width1 3
#property indicator_width2 3

// 指標バッファ
double BufOpen[];
double BufClose[];

// 初期化関数
int init()
{
    // 指標バッファの割り当て
    SetIndexBuffer(0, BufOpen);
    SetIndexBuffer(1, BufClose);
```

続く→

```
   // 指標ラベルの設定
   SetIndexLabel(0,"haOpen");
   SetIndexLabel(1,"haClose");

   // 指標スタイルの設定
   SetIndexStyle(0, DRAW_HISTOGRAM);
   SetIndexStyle(1, DRAW_HISTOGRAM);

   return(0);
}

// スタート関数
int start()
{
   int limit=Bars-IndicatorCounted();

   for(int i=limit-1; i>=0; i--)
   {
      if(i == Bars-1) BufOpen[i] = (Open[i]+High[i]
         +Low[i]+Close[i])/4;
      else BufOpen[i] = (BufOpen[i+1]+BufClose[i+1])/2;
      BufClose[i] = (Open[i]+High[i]+Low[i]+Close[i])/4;
   }

   return(0);
}
```

用意する指標バッファは「`BufOpen[]`」と「`BufClose[]`」の2つです。それぞれ、

```
SetIndexStyle(0, DRAW_HISTOGRAM);
SetIndexStyle(1, DRAW_HISTOGRAM);
```

として、スタイルをヒストグラムに指定します。

　ヒストグラムの色と太さは、**#property**命令で指定します。ひとつ目（0番のインデックスが付いた）の指標「`BufOpen[]`」は、赤色のヒストグラムを描くため「`#property indicator_color1`」に「`Red`」を指定し、また2つ目（1番のインデックスが付いた）の指標「`BufClose[]`」は、青色で描くために「`Blue`」を指定しました。ヒストグラムの太さはいずれも「`3`」にしてあります。

　「`BufOpen[i]`」と「`BufClose[i]`」は、**for**文の繰り返しのなかで前述の計算方法に従って求めています。

　1本前のバーの「haOpen」と「haClose」は、それぞれ「`BufOpen[i+1]`」と「`BufClose[i+1]`」で表現しています。ただし「`BufOpen[i]`」の計算で「`i=Bars-1`」の場合、1本前のバーの値がありません。そこで、この場合は「`BufClose[i]`」と同じ計算をしています。

　さて、メタトレーダーのヒストグラムは、チャートの底からその値までの棒を描くので、チャートの底から始値までを赤色、チャートの底から終値までを青色の棒で描くことになります。

　2つの指標バッファに値を入れているだけなので、このままでは2本の棒が表示されると思われるかもしれません。ところが、同じバーの位置に色を変えた2本のヒストグラムを表示させると、重なった部分は消えてしまい、重なっていない部分だけ、その色で表示されるのです。

　例えば「平均足始値＜平均足終値」の場合、チャートの底から始値までが重なっているので、赤色部分は消えてしまい、始値から終値までが青色のバーとして残ります。一方「平均足始値＞平均足終

図2.14　HeikinAshiのチャートへの挿入例

　値」の場合、チャートの底から終値までが重なっているので、青色部分は消えてしまい、終値から始値までが赤色のバーとして残るのです。これによって、ローソク足の実体を表現できます。

　図2.14は、このプログラムのチャートへの挿入例です。平均足とローソク足が重なると見づらいので、もとのチャートのスタイルはバーチャートにしました。

　なお、この平均足は擬似的なものです。チャートのスケールを変えても平均足の太さなどは変わりません。このカスタム指標を挿入するチャートのスケールに合わせて、ヒストグラムの棒の太さを調整してみてください。

トレンドの方向をヒストグラムで表示

次にヒストグラムを、サブウィンドウ上で表す例を紹介します。ここでは簡単な例として、先ほど作成した平均足が陽線（終値＞始値）か、陰線（終値＜始値）かをヒストグラムのバーの色で区別するカスタム指標を作成してみます。

リスト2.15のプログラム例「HeikinAshiDirection.mq4」をご覧ください。

リスト2.15　HeikinAshiDirection.mq4

```
#property indicator_separate_window
#property indicator_buffers 2
#property indicator_color1 Blue
#property indicator_color2 Red
#property indicator_width1 3
#property indicator_width2 3
#property indicator_minimum 0
#property indicator_maximum 1

// 指標バッファ
double BufUp[];
double BufDown[];

// 初期化関数
int init()
{
    // 指標バッファの割り当て
    SetIndexBuffer(0, BufUp);
    SetIndexBuffer(1, BufDown);
```

続く→

```
    // 指標ラベルの設定
    SetIndexLabel(0, "Up");
    SetIndexLabel(1, "Down");

    // 指標スタイルの設定
    SetIndexStyle(0, DRAW_HISTOGRAM);
    SetIndexStyle(1, DRAW_HISTOGRAM);

    return(0);
}

// スタート関数
int start()
{
    int limit = Bars-IndicatorCounted();

    for(int i=limit-1; i>=0; i--)
    {
        double valOpen = iCustom(NULL, 0, "HeikinAshi", 0, i);
        double valClose = iCustom(NULL, 0, "HeikinAshi", 1, i);

        BufUp[i] = 0; BufDown[i] = 0;
        if(valClose > valOpen) BufUp[i] = 1;   // 陽線の場合
        else if(valClose < valOpen) BufDown[i] = 1; // 陰線の場合
    }

    return(0);
}
```

平均足の2つの状態（陽線か陰線か）を区別するために、2つの指標バッファ「`BufUp[]`」「`BufDown[]`」を用意して、平均足の場合と同様、ヒストグラムのスタイルに設定します。ヒストグラムの色

図2.15　HeikinAshiDirectionのチャートへの挿入例

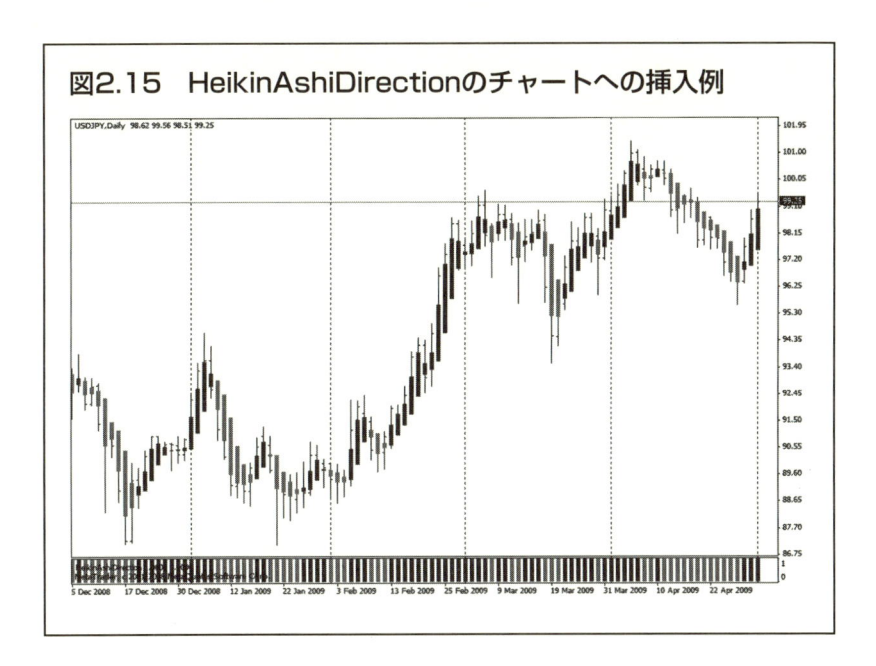

は「`BufUp[]`」を「`Blue`」、「`BufDown[]`」を「`Red`」と指定します。

先ほど作成した平均足のカスタム指標「`HeikinAshi`」を`iCustom()`関数で呼び出し、「`valOpen`」に平均足の始値、「`valClose`」に平均足の終値を代入します。

そして「`valClose > valOpen`」の場合は陽線なので「`BufUp[i]=1`」となるようにします。一方「`valCLose < valOpen`」の場合は陰線なので「`BufDown[i]=1`」になるようにします。

したがって「`BufUp[]`」「`BufDown[]`」は「`0`」か「`1`」の値のみを取ります。両者が同時に「`1`」になることはないので、陽線の場合は青いヒストグラムの棒が、陰線の場合は赤いヒストグラムの棒が

表示され、平均足の状態をヒストグラムの色で区別できるというわけです。

図2.15の下側のサブウィンドウが、このプログラムのチャートへの挿入例です。

時系列アクセス関数を利用したカスタム指標

チャート上のバーの始値、高値、安値、終値は、それぞれ「`Open[]`」「`High[]`」「`Low[]`」「`Close[]`」という予約配列で簡単に参照できます。しかし、別の時間枠のデータを直接参照することはできません。例えば、15分足チャートを開いているとき、これらの予約配列では、日足チャートの4本値を直接には参照できません。

そこで、チャート上の時間枠とは別の時間枠のデータを使ったカスタム指標について考えてみましょう。例として「PIVOT(ピボット)」と呼ばれるレンジ分析の指標を取り上げます。

PIVOTとは、前日の高値、安値、終値を平均して算出される一定の水準です。前日の高値、安値、終値をそれぞれ「H」「L」「C」、PIVOTを「P」とすると、次のように計算されます。

$$P = (H+L+C) \div 3$$

このPとHとLから、抵抗線「R1」「R2」「R3」と、支持線「S1」「S2」「S3」をそれぞれ次のように求めます。

```
R3 = H+2×(P-L)
R2 = P+(H-L)
R1 = P+(P-L)
S1 = P-(H-P)
S2 = P-(H-L)
S3 = L-2×(H-P)
```

　R3とS3は、それぞれ「HBOP（High Breakout Point）」と「LBOP（Low Breakout Point）」と呼ばれることもあります。これらの水準を目安として、日中足チャートでの逆張りや順張りのトレードに利用します（PIVOTを使った具体的な売買システムについては、第4章で紹介します）。

　さて、PIVOTをカスタム指標として作成するときに問題になるのは、時間枠が異なる点です。PIVOTを算出する高値、安値、終値は、日足の4本値から求めます。しかし、実際にPIVOTラインを表示させるのは、1時間足や15分足などの日中足チャートです。

　日足のチャート画面であれば、前日の高値、安値、終値は、それぞれ「`High[1]`」「`Low[1]`」「`Close[1]`」で表せます。しかし、1時間足のチャート画面であれば、それらは1時間前のデータです。1日前のデータではありません。

　そこで、日中足の画面上で日足のデータを参照する方法を紹介しましょう。ここでは「`iOpen()`」「`iHigh()`」「`iLow()`」「`iClose()`」という時系列アクセス関数を利用します。

　それぞれの関数の定義は次のとおりです。

iOpen(), iHigh(), iLow(), iClose()

任意の通貨ペア・時間枠の始値、高値、安値、終値を返す関数

【書式】
```
double iOpen(string symbol, int timeframe, int shift)
double iHigh(string symbol, int timeframe, int shift)
double iLow(string symbol, int timeframe, int shift)
double iClose(string symbol, int timeframe, int shift)
```

【パラメータ】

①`symbol`

通貨ペア。「`NULL`」はプログラムを挿入したチャートにおける通貨ペアを表す。

②`timeframe`

時間枠。「0」を指定すると挿入したチャート上での時間枠を表す。

定数	値	説明
`PERIOD_M1`	1	1分足
`PERIOD_M5`	5	5分足
`PERIOD_M15`	15	15分足
`PERIOD_M30`	30	30分足
`PERIOD_H1`	60	1時間足
`PERIOD_H4`	240	4時間足
`PERIOD_D1`	1440	日足
`PERIOD_W1`	10080	週足
`PERIOD_MN1`	43200	月足

③`shift`

出力する始値、高値、安値、終値のバーの位置（最新のバーからのシフト）。

> 【戻り値】
>   指定した通貨ペア、時間枠のチャートにおける「`shift`」の位置の始値、高値、安値、終値。

　これらの関数を使うことで、別の時間枠でのバーの値を参照できます。例えば「`iClose(NULL, PERIOD_D1, 1)`」とすれば、表すのは日足チャートの1日前のバーの終値です。

　ただし、もうひとつ問題点があります。チャート全体でPIVOTの計算をするには、1日前だけでなく、2日前、3日前のように、過去の日足データを参照しなければなりません。そのためには、日中足の任意のバーが日足のどのバーに対応するか、はっきりさせておく必要があります。

　そこで、さらに「`iBarShift()`」という時系列アクセス関数を利用します。`iBarShift()`関数の定義は次のとおりです。

> ## iBarShift()
> バーの形成開始時刻を指定して、そのバーの位置を返す関数
>
> 【書式】
> ```
> int iBarShift(string symbol, int timeframe,
>     datetime time, bool exact=false)
> ```

> 【パラメータ】
> ①**symbol**
> 　通貨ペア。「**NULL**」はプログラムを挿入したチャートの通貨ペアを表す。
>
> ②**timeframe**
> 　時間枠。「**0**」を指定すると挿入したチャート上での時間枠を表す。定数は先ほどの**iOpen()**関数などと同じ。
>
> ③**time**
> 　探すべきバーの開始時刻。
>
> ④**exact**
> 　バーが見つからなかった場合のリターンモード（**false**＝最も近いバーの位置、**true**＝**-1**）。
>
> 【戻り値】
> 　指定した時刻を開始時刻とするバーの位置を返す。指定した時刻のバーが存在しない場合には「**exact**」のパラメータによって最も近いバーの位置、あるいは「**-1**」を返す。

　この関数は、指定した通貨ペアと時間枠のチャート上で、さらに時刻も指定して、その時刻に該当するバーの位置を返すというものです。ただし、最後のパラメータ「**exact**」が「**true**」の場合は、指定した時刻がバーの形成開始時刻に正確に一致しないとエラーとみなし、「-1」という値しか返しません。「**exact**」が「**false**」の場合は、指定した時刻以前で最も近いバーの位置を返します。

　リスト2.16に、これらの時系列アクセス関数を利用してPIVOTを表示させるプログラム例「Pivot.mq4」を掲載しました。

リスト2.16　Pivot.mq4

```
#property indicator_chart_window
#property indicator_buffers 7
#property indicator_color1 Red

// 指標バッファ
double PBuf[];
double R1Buf[];
double S1Buf[];
double R2Buf[];
double S2Buf[];
double R3Buf[];
double S3Buf[];

// 初期化関数
int init()
{
    // 指標バッファの割り当て
    SetIndexBuffer(0, PBuf);
    SetIndexBuffer(1, R1Buf);
    SetIndexBuffer(2, S1Buf);
    SetIndexBuffer(3, R2Buf);
    SetIndexBuffer(4, S2Buf);
    SetIndexBuffer(5, R3Buf);
    SetIndexBuffer(6, S3Buf);

    // 指標ラベルの設定
    SetIndexLabel(0, "PIVOT");
    SetIndexLabel(1, "R1");
    SetIndexLabel(2, "S1");
    SetIndexLabel(3, "R2");
    SetIndexLabel(4, "S2");
    SetIndexLabel(5, "HBOP");
    SetIndexLabel(6, "LBOP");

    return(0);
}
```

続く→

```
// スタート関数
int start()
{
   int limit = Bars-IndicatorCounted();

   for(int i=limit-1; i>=0; i--)
   {
      int shift = iBarShift(NULL, PERIOD_D1, Time[i])+1;
      double lastH = iHigh(NULL, PERIOD_D1, shift);
      double lastL = iLow(NULL, PERIOD_D1, shift);
      double lastC = iClose(NULL, PERIOD_D1, shift);

      double P = (lastH + lastL + lastC)/3;
      PBuf[i] = P;
      R1Buf[i] = P + (P - lastL);
      S1Buf[i] = P - (lastH - P);
      R2Buf[i] = P + (lastH - lastL);
      S2Buf[i] = P - (lastH - lastL);
      R3Buf[i] = lastH + 2*(P - lastL);
      S3Buf[i] = lastL - 2*(lastH - P);
   }

   return(0);
}
```

このプログラムでは次の7つの指標バッファを用意しています。

Pivot(P) → PBuf[]	S1 → S1Buf[]	R1 → R1Buf[]
	S2 → S2Buf[]	R2 → R2Buf[]
	S3 → S3Buf[]	R3 → R3Buf[]

各指標値の計算は、`for`文中でまず次のように、

```
int shift = iBarShift(NULL, PERIOD_D1, Time[i])+1;
```

として、挿入したチャート上の「`i`」番目のバーの開始時刻「`Time[i]`」が、日足ではどのバーに相当するのか、「`shift`」という変数に求めます。最後に「`+1`」としたのは、そのひとつ前（1営業日前）の日足の位置を求めるためです。

次にその「`shift`」を使って、日足の「`shift`」の位置での高値、安値、終値をそれぞれ「`lastH`」「`lastL`」「`lastC`」に求めます。

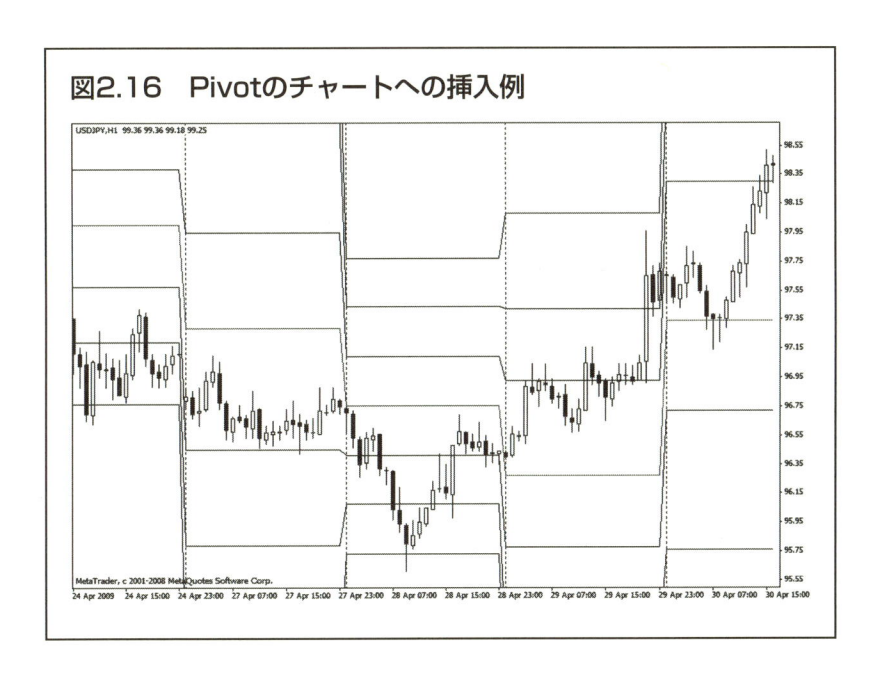

図2.16　Pivotのチャートへの挿入例

```
double lastH = iHigh(NULL, PERIOD_D1, shift);
double lastL = iLow(NULL, PERIOD_D1, shift);
double lastC = iClose(NULL, PERIOD_D1, shift);
```

　あとは、先ほど示した計算式に従ってP、S1、S2、S3、R1、R2、R3の値をそれぞれの指標バッファに代入します。

　図2.16はこのプログラムを1時間足チャートに挿入した例です。この図のように、日が変わるたびにPIVOTのレベルが変化していることが分かります。

2-3. オブジェクトを利用したカスタム指標

　メタトレーダーのチャート上に表示できるのは、テクニカル指標だけではありません。メニューの「挿入」から選択することで、トレンドラインやフィボナッチリトレースメント（押し・戻り）、テキストや図形なども表示できます。これらは「オブジェクト」と呼ばれ、メニューから手動で挿入するだけでなく、プログラム中からも自動的に挿入・削除が可能です。

　オブジェクトの表示方法は、これまで説明してきたカスタム指標を表示させる場合と比べて、使う関数や表示の構造がかなり違っています。オブジェクトに関する関数の仕様については第5章に詳しく解説しました。

　ここでは、オブジェクトを使ったいくつかの具体例について説明をします。

価格の目安ラインの表示

　オブジェクトの最も簡単な使い方として、ある価格に水平ラインを引く方法について紹介しましょう。これは、これまでのプログラムのように指標バッファを使って作成することも可能です。しかし、指標バッファの場合、8本までという制約があります。

一方、オブジェクトには、そういう制約がありません。かなり自由な表示が可能です。

　ただ、決まった価格に水平ラインを引くだけだと単純すぎるので、ここでは100.00、100.25、100.50、100.75など、価格の目安となる小数部のキリの良い価格に４本の水平線を引くプログラムを作成してみましょう。ただし、ラインの値は固定ではなく、現在値から上下に２本ずつ引いたものを考えてみます。

　リスト2.17のプログラム例「HLines.mq4」をご覧ください。

リスト2.17　HLines.mq4

```
#property indicator_chart_window

// 外部パラメータ
extern int PipsWidth = 25;

// 初期化関数
int init()
{
   ObjectCreate("Line1", OBJ_HLINE, 0, 0, 0);
   ObjectCreate("Line2", OBJ_HLINE, 0, 0, 0);
   ObjectCreate("Line3", OBJ_HLINE, 0, 0, 0);
   ObjectCreate("Line4", OBJ_HLINE, 0, 0, 0);

   return(0);
}

// 終了関数
int deinit()
{
   ObjectDelete("Line1");
   ObjectDelete("Line2");
   ObjectDelete("Line3");
   ObjectDelete("Line4");
```

```
    return(0);
}
// スタート関数
int start()
{
    double diff = PipsWidth*Point;
    int upper = MathCeil(Close[0]/diff);
    int lower = MathFloor(Close[0]/diff);

    ObjectSet("Line1", OBJPROP_PRICE1, upper*diff);
    ObjectSet("Line2", OBJPROP_PRICE1, lower*diff);
    ObjectSet("Line3", OBJPROP_PRICE1, (upper+1)*diff);
    ObjectSet("Line4", OBJPROP_PRICE1, (lower-1)*diff);

    return(0);
}
```

このプログラムは、これまでのカスタム指標プログラムと異なり、指標バッファなどの設定命令がありません。ただ、

```
#property indicator_chart_window
```

という命令だけが入っています。これはオブジェクトをチャートウィンドウに表示するという意味ではなく、サブウィンドウを新たに作成しないという意味です。

操作方法は、次のような典型的な流れとなっています。

```
ObjectCreate()     オブジェクトを作成する関数
     ↓
```

`ObjectSet()`	オブジェクトを設定する関数
↓	
`ObjectDelete()`	オブジェクトを削除する関数

　オブジェクトを表示するウィンドウは、オブジェクトを作成する`ObjectCreate()`関数の3つ目のパラメータで直接指定します。

　ラインの値は現在値によって変化するので、オブジェクトを設定する`ObjectSet()`関数は、`start()`関数のなかに記述して、ティック単位で動作させます。

　一方、オブジェクトを作成する`ObjectCreate()`関数は最初に一度だけ、またオブジェクトを削除する`ObjectDelete()`関数は最後に一度だけ実行すればよいので、それぞれ、`init()`関数、`deinit()`関数のなかに記述します。

　オブジェクトは、上記3つの関数の最初のパラメータで指定されている「オブジェクト名」で区別されます。

```
ObjectCreate("Line1",OBJ_HLINE,0,0,0);
ObjectSet("Line1", OBJPROP_PRICE1, upper*diff);
ObjectDelete("Line1");
```

　このように同じオブジェクト名（この例では「`"Line1"`」）の付いているものが、それぞれ対応しているわけです。

　それぞれのオブジェクトの操作を順にみていきましょう。

　まず、`ObjectCreate()`関数で、水平ラインのオブジェクトを

作成します。オブジェクトの種類を指定するのは２つ目のパラメータです。定数「`OBJ_HLINE`」で水平ラインを表します。

３つ目のパラメータは、表示するウィンドウの番号です。チャートウィンドウの場合は常に０番なので「`0`」と指定します。

４つ目以降のパラメータは、オブジェクトの種類によって役割が変わってきます。水平ラインの場合、時刻と価格の座標を表しますが、ここでは両方とも「`0`」にしておきます。

次に、`start()`関数のなかで、実際のラインの価格の設定のために、`ObjectSet()`関数の２つ目のパラメータに「`OBJPROP_PRICE1`」を指定します。

３つ目のパラメータが水平ラインの価格の設定になります。このプログラムでは、現在値の上下に自動的に引けるよう、ちょっとした工夫を加えました。

```
double diff = PipsWidth * Point;
int upper = MathCeil(Close[0]/diff);
int lower = MathFloor(Close[0]/diff);
```

ラインを「何pips間隔」にするかを指定した「`PipsWidth`」という外部変数に、１pipの値（最小値幅）を表す予約変数「`Point`」を乗じて、実際の間隔を「`diff`」として計算します。例えば「`PipsWidth`」が25で、「`Point`」が0.01だと、「`diff`」は0.25です。

「`Close[0]`」は現在値です。ただし、チャートに表示される価格やテクニカル指標の値はBid（売値）を基準に算出されています。

したがって「`Bid`」と書いても同じです。

ここで「`MathCeil()`」「`MathFloor()`」という数学関数を使っています。`MathCeil()`関数は入力値よりも大きくて一番近い整数値を返し、`MathFloor()`関数は入力値よりも小さくて一番近い整数値を返します。

例えば、現在値（`Close[0]`）が100.10とすると、

```
Close[0] / diff = 100.10 ÷ 0.25 = 400.4
```

となり、`MathCeil()`関数と`MathFloor()`関数は400.4に一番近い整数を返すので、「`upper`」は401、「`lower`」は400となります。

4本のラインの価格は、それぞれ次のように関数の3つ目のパラメータで指定します。

```
ObjectSet("Line1", OBJPROP_PRICE1, upper * diff);
ObjectSet("Line2", OBJPROP_PRICE1, lower * diff);
ObjectSet("Line3", OBJPROP_PRICE1, (upper+1) * diff);
ObjectSet("Line4", OBJPROP_PRICE1, (lower-1) * diff);
```

例えば、価格が100.10とすれば、実際に表示される水平ラインの価格は、それぞれ次のようになります。

```
401 × 0.25 = 100.25
400 × 0.25 = 100.00
```

(401+1) × 0.25 = 100.50
(400−1) × 0.25 = 99.75

こうして100.10の上下に各2本の水平ラインが表示されます。最後に`deinit()`関数中で実行される

```
ObjectDelete("Line1");
```

は、オブジェクトを削除する関数です。これによって、プログラムをチャートから削除すると同時に、水平ラインもチャートから消す

図2.17 HLinesのチャートへの挿入例

ことができます。この関数を入れないと、プログラムをチャートから削除しても水平ラインが残ってしまいます。ただし、その場合はメニューの［チャート］→［ライン等の設定］で該当するラインを削除することが可能です。

　図2.17は、このプログラムのチャートへの挿入例です。

　現在値に近い、キリのよい価格は、人間の心理的な特徴から指値・逆指値、損切り値、利食い値などに設定されていることが多いため、トレーダーに注目されている価格です。実際にラインが引かれていると、それを中心に値動きの特徴を見極めやすくなるでしょう。

複数のチャート情報を同時に表示

　次にオブジェクトを使って複数のチャート情報をひとつのウィンドウにまとめて表示してみましょう。例題として、15分足、1時間足、日足で、MACDの値が0よりも大きいか小さいかを矢印記号で表示させるプログラムを作成してみます。

　オブジェクトはチャートウィンドウだけではなく、サブウィンドウにも表示可能です。指定するウィンドウ番号によって、どのウィンドウに表示させるかを決めることができます。例えば、ウィンドウ番号を0番にしておけば、チャートウィンドウに表示されます。

　ただし、チャートウィンドウとサブウィンドウではプログラムが若干異なりますので、別々に紹介します。まずはチャートウィンドウに表示させるケースについてみてみましょう。

　リスト2.18はプログラム例「ShowMTF0.mq4」です。

リスト2.18 ShowMTF0.mq4

```
#property indicator_chart_window

// 初期化関数
int init()
{
    int win_idx = 0;    // ウィンドウ番号

    // ラベル用オブジェクトの生成
    ObjectCreate("Label0", OBJ_LABEL, win_idx, 0, 0);
    ObjectSet("Label0", OBJPROP_CORNER, 3);
    ObjectSet("Label0", OBJPROP_XDISTANCE, 1);
    ObjectSet("Label0", OBJPROP_YDISTANCE, 18);
    ObjectSetText("Label0", "MACD M15 H1 D1", 8,
        "Arial", White);

    // 日足チャート用オブジェクトの生成
    ObjectCreate("Label1", OBJ_LABEL, win_idx, 0, 0);
    ObjectSet("Label1", OBJPROP_CORNER, 3);
    ObjectSet("Label1", OBJPROP_XDISTANCE, 1);
    ObjectSet("Label1", OBJPROP_YDISTANCE, 1);

    // 1時間足チャート用オブジェクトの生成
    ObjectCreate("Label2", OBJ_LABEL, win_idx, 0, 0);
    ObjectSet("Label2", OBJPROP_CORNER, 3);
    ObjectSet("Label2", OBJPROP_XDISTANCE, 17);
    ObjectSet("Label2", OBJPROP_YDISTANCE, 1);

    // 15分足チャート用オブジェクトの生成
    ObjectCreate("Label3", OBJ_LABEL, win_idx, 0, 0);
    ObjectSet("Label3", OBJPROP_CORNER, 3);
    ObjectSet("Label3", OBJPROP_XDISTANCE, 33);
    ObjectSet("Label3", OBJPROP_YDISTANCE, 1);

    return(0);
}
```

続く→

```
// 終了関数
int deinit()
{
   ObjectDelete("Label0");
   ObjectDelete("Label1");
   ObjectDelete("Label2");
   ObjectDelete("Label3");

   return(0);
}

// スタート関数
int start()
{
   // 日足チャート MACD
   double macd_d1 = iMACD(NULL, PERIOD_D1, 12, 26, 9,
      PRICE_CLOSE, MODE_MAIN, 0);
   if(macd_d1 > 0) ObjectSetText("Label1",
      CharToStr(221), 16, "Wingdings", Blue);
      else ObjectSetText("Label1", CharToStr(222), 16,
         "Wingdings", Red);

   // 1時間足チャート MACD
   double macd_h1 = iMACD(NULL, PERIOD_H1, 12, 26, 9,
      PRICE_CLOSE, MODE_MAIN, 0);
   if(macd_h1 > 0) ObjectSetText("Label2",
      CharToStr(221), 16, "Wingdings", Blue);
      else ObjectSetText("Label2", CharToStr(222), 16,
         "Wingdings", Red);

   // 15分足チャート MACD
   double macd_m15 = iMACD(NULL, PERIOD_M15, 12, 26, 9,
      PRICE_CLOSE, MODE_MAIN, 0);
   if(macd_m15 > 0) ObjectSetText("Label3",
      CharToStr(221), 16, "Wingdings", Blue);
      else ObjectSetText("Label3", CharToStr(222), 16,
         "Wingdings", Red);

   return(0);
}
```

このプログラムでは、まず**init()**関数で「"Label0"」「"Label1"」「"Label2"」「"Label3"」というオブジェクト名で区別された4つのオブジェクトを生成します。

ObjectCreate()関数の2つ目のパラメータであるオブジェクトの種類は「**OBJ_LABEL**」で、これはテキストラベルを表す定数です。

チャートウィンドウのウィンドウ番号は常に0番なので、**ObjectCreate()**関数の3つ目のパラメータにはウィンドウ番号「**wnd_idx=0**」を代入して、オブジェクトを作成します。

テキストラベルでは、ほかのオブジェクトと異なり、表示させる位置に「ピクセル座標」を指定します。これは、時間や価格の変化に関係なく、常にウィンドウの決まった位置にオブジェクトを表示させる場合に使います。

座標を指定する関数は「**ObjectSet()**」です。

```
ObjectSet("Label0", OBJPROP_CORNER, 3);
ObjectSet("Label0", OBJPROP_XDISTANCE, 1);
ObjectSet("Label0", OBJPROP_YDISTANCE, 18);
```

このように、それぞれのオブジェクトで**ObjectSet()**関数を3回実行します。これは、座標の原点、X座標、Y座標を別々に指定するためです。この関数の詳しい仕様については第5章を参照してください。

この例では、ウィンドウの右下を原点に、そこから左に1ピクセル、上に18ピクセル離れた位置にテキストの右下が表示されるよう

な配置となります。

「`"Label0"`」のラベルが付いたオブジェクトは「`"MACD M15 H1 D1"`」というテキストを表示させるためのものです。したがって、`ObjectSetText()`関数でフォントの種類、サイズ、色を合わせて指定します。

```
ObjectSetText("Label0","MACD M15 H1 D1",8,"Arial",Black);
```

この例では「`8`」ポイントの「`"Arial"`」というフォントを黒色（`Black`）で表示するよう指定しています。

「`"Label1"`」「`"Label2"`」「`"Label3"`」のラベルが付いたオブジェクトは、それぞれ日足、1時間足、15分足のMACDの符号によって矢印の記号を表示させるものです。実際に表示させるオブジェクトの設定は、`start()`関数中で行います。

挿入したチャートの時間枠と異なる時間枠のテクニカル指標を算出する場合には、`iMACD()`関数の2つ目のパラメータに「`0`」ではなく「`PERIOD_D1`」「`PERIOD_H1`」「`PERIOD_M15`」などの時間枠の定数を代入します。

表示させる記号の指定も同じく`ObjectSetText()`関数を使います。記号はWingdingsフォントから選ぶため、それぞれの文字コードをテキストに変換する関数「`CharToStr()`」を使って指定します。

Wingdingsフォントの一覧は398ページにあるとおりで、ここでは上矢印として221番のコード、下矢印としてと222番のコードを採用してみました。

```
if(macd_d1 > 0) ObjectSetText("Label1", CharToStr(221),
    16, "Wingdings", Blue);
else ObjectSetText("Label1", CharToStr(222), 16,
    "Wingdings", Red);
```

「`macd_d1`」がプラスの場合は青色の上矢印の記号を、マイナスの場合は赤色の下矢印の記号を表示させるようにしています。**図2.18**は、このプログラムをチャートに挿入した例です。

チャートの右下に3つの矢印記号が表示されており、各時間枠でのMACDの状態がひと目で分かるようになっています。

図2.18 ShowMTFOのチャートへの挿入例

次に、同じ情報をサブウィンドウに表示させる場合をみてみましょう。すでにチャート上で開いているサブウィンドウに表示させる場合には、チャートウィンドウの場合に指定したウィンドウ番号を変えるだけでいいのですが、新規にサブウィンドウを開いて表示させる場合には少し注意する必要があります。

リスト2.19のプログラム例「ShowMTF.mq4」をご覧ください。

リスト2.19　ShowMTF.mq4

```
#property indicator_separate_window
#property indicator_minimum 0
#property indicator_maximum 1

// スタート関数
int start()
{
   // ウィンドウ番号の取得
   int win_idx = WindowFind("ShowMTF");
   if(win_idx < 0) return(-1);

   // ラベル用オブジェクトの生成
   ObjectCreate("Label0", OBJ_LABEL, win_idx, 0, 0);
   ObjectSet("Label0", OBJPROP_CORNER, 3);
   ObjectSet("Label0", OBJPROP_XDISTANCE, 1);
   ObjectSet("Label0", OBJPROP_YDISTANCE, 18);
   ObjectSetText("Label0", "MACD M15 H1 D1", 8,
       "Arial", Black);

   // 日足チャート用オブジェクトの生成
   ObjectCreate("Label1", OBJ_LABEL, win_idx, 0, 0);
   ObjectSet("Label1", OBJPROP_CORNER, 3);
   ObjectSet("Label1", OBJPROP_XDISTANCE, 1);
   ObjectSet("Label1", OBJPROP_YDISTANCE, 1);
```

```
// 1時間足チャート用オブジェクトの生成
ObjectCreate("Label2",OBJ_LABEL, win_idx, 0, 0);
ObjectSet("Label2", OBJPROP_CORNER, 3);
ObjectSet("Label2", OBJPROP_XDISTANCE, 17);
ObjectSet("Label2", OBJPROP_YDISTANCE, 1);

// 15分足チャート用オブジェクトの生成
ObjectCreate("Label3", OBJ_LABEL, win_idx, 0, 0);
ObjectSet("Label3", OBJPROP_CORNER, 3);
ObjectSet("Label3", OBJPROP_XDISTANCE, 33);
ObjectSet("Label3", OBJPROP_YDISTANCE, 1);

// 日足チャート MACD
double macd_d1 = iMACD(NULL, PERIOD_D1, 12, 26, 9,
    PRICE_CLOSE, MODE_MAIN, 0);
if(macd_d1 > 0) ObjectSetText("Label1",
    CharToStr(221), 16, "Wingdings", Blue);
else ObjectSetText("Label1", CharToStr(222), 16,
    "Wingdings", Red);

// 1時間足チャート MACD
double macd_h1 = iMACD(NULL, PERIOD_H1, 12, 26, 9,
    PRICE_CLOSE, MODE_MAIN, 0);
if(macd_h1 > 0) ObjectSetText("Label2",
    CharToStr(221), 16, "Wingdings", Blue);
else ObjectSetText("Label2", CharToStr(222), 16,
    "Wingdings", Red);

// 15分足チャート MACD
double macd_m15 = iMACD(NULL, PERIOD_M15, 12, 26, 9,
    PRICE_CLOSE, MODE_MAIN, 0);
if(macd_m15 > 0) ObjectSetText("Label3",
    CharToStr(221), 16, "Wingdings", Blue);
else ObjectSetText("Label3", CharToStr(222), 16,
    "Wingdings", Red);

    return(0);
}
```

まず、このプログラムをチャートに挿入した時点で、まだウィンドウ番号が決まっていません。ですから、**init()**関数ではオブジェクトの作成ができないので、オブジェクトの生成と設定を**start()**関数で行う必要があります。

　ウィンドウ番号の取得には「**WindowFind()**」という関数を使います。

```
int win_idx = WindowFind("ShowMTF");
```

　このプログラムは「ShowMTF.mq4」なので「`"ShowMTF"`」と指

図2.19　ShowMTFのチャートへの挿入例

定することで、このプログラムを挿入したウィンドウ番号を取得できます。そのほかの部分は「ShowMTF0.mq4」の場合と同じです。

なお、このプログラムでは、**deinit()**関数でオブジェクトを削除する部分を省略しています。これは、このカスタム指標プログラムをチャートから削除すると、サブウィンドウも消えるので、オブジェクトも自動的に削除されるためです。

図2.19はこのプログラムのチャートへの挿入例です。このように記号がサブウィンドウ上に表示されると、チャートウィンドウのローソク足が右下に来たとしても邪魔になりません。

オブジェクトの機能は、まだまだたくさんあります。第5章を参考に、いろいろと試してみてください。

2-4. テクニカル指標のデータをファイルに出力

　メタトレーダーでは、チャート上の過去データをメニューの［ツール］→［History Center］から選んで、エクスポートをすることで、エクセルなど表計算ソフトで表示できるCSVファイルとして出力できます。ただし、この操作で出力されるデータは、各バーの開始日時と、始値・高値・安値・終値の4本値、出来高として表されるティック回数だけです。テクニカル指標の値を出力させることはできません。

　また、この方法では、出力したい期間の指定もできません。ヒストリーファイルとして保存してあるすべてのデータが出力されてしまいます。

　そこで「テクニカル指標のデータも合わせて出力する」「一定期間のデータのみを出力する」「リアルタイムで出力する」など、過去データのファイル出力をカスタマイズする方法について紹介したいと思います。

過去の一定期間のデータを出力する

　まずは、過去の一定期間のデータを出力させるプログラムについて考えてみましょう。この場合、すでにチャートに読み込まれてい

る過去データは1回の処理で出力できるので、これまで本章で解説してきたカスタム指標プログラムではなく、一度だけ実行する「スクリプトプログラム」として作成できます。

リスト2.20はプログラム例「OutputIndicators.mq4」です。このプログラムは、サンプルでは「indicators」でなく、「scripts」のフォルダに入っています。

リスト2.20　OutputIndicators.mq4

```
#property show_inputs

// 外部パラメータ
extern datetime StartTime;  // 開始日時
extern datetime EndTime;    // 終了日時

// スタート関数
int start()
{
    // ファイルオープン
    int handle = FileOpen(Symbol()+Period()+".csv",
        FILE_CSV|FILE_WRITE, ',');
    if(handle < 0) return(-1);

    // 出力範囲の指定
    int iStart = iBarShift(NULL, 0, StartTime);
    if(EndTime == 0) EndTime = TimeCurrent();
    int iEnd = iBarShift(NULL, 0, EndTime);

    // ファイル出力
    FileWrite(handle, "Date", "Time", "Open", "High",
        "Low", "Close", "MA200");
```

続く→

```
    for(int i=iStart; i>=iEnd; i--)
    {
        string sDate = TimeYear(Time[i]) + "/"
            + TimeMonth(Time[i]) + "/" + TimeDay(Time[i]);

        string sTime = TimeHour(Time[i]) + ":"
            + TimeMinute(Time[i]);
        double ma200 = iMA(NULL, 0, 200, 0, MODE_SMA,
            PRICE_CLOSE, i);
        FileWrite(handle, sDate, sTime, Open[i],
            High[i], Low[i], Close[i], ma200);
    }

    // ファイルクローズ
    FileClose(handle);

    MessageBox("End of OutputIndicators");

    return(0);
}
```

　MQL4にはデータをファイルに入出力するための関数が用意されています。それぞれの関数の仕様については、第5章にまとめましたので、そちらをご参照ください。ここでは、具体的な使い方を中心に説明します。

　データをファイルに出力させるためには、次の手続きを取らなくてはなりません。

ファイルオープン
　↓

```
ファイルへ出力
    ↓
ファイルクローズ
```

まずは「`FileOpen()`」という関数を使ってファイルをオープンするという処理を行います。

```
int handle = FileOpen(Symbol()+Period()+".csv",
    FILE_CSV|FILE_WRITE, ',');
if(handle < 0) return(-1);
```

`FileOpen()`関数の最初のパラメータは、出力するファイルの名前です。ここでは「`Symbol()+Period()+".csv"`」と指定しました。

「`Symbol()`」は通貨ペア名に、「`Period()`」は時間枠を「分」に換算した値に置き換えられます。また拡張子（`.csv`）を加えているのは、エクセルなどで読み込めるようにするためです。例えば、USDJPYの1時間足チャートの場合、「USDJPY60.csv」というファイル名になります。

出力されたファイルは、メタトレーダーをインストールしたフォルダの下にある「experts」フォルダのサブフォルダ「files」のなかに置かれます。

`FileOpen()`関数の2つ目のパラメータは、ファイルオープンのモードです。ここでは「テキストファイルとして書き込む」という意味で「`FILE_CSV|FILE_WRITE`」を指定しています。

FileOpen()関数の3つ目のパラメータは、データを区切る文字です。ここではCSVファイルの区切り文字として一般的な「,」を指定しました。

　FileOpen()関数が戻す数値を「ファイルハンドル」といい、この数値で入出力するファイルを識別します。ファイルハンドルがマイナスであればエラーです。ファイルが正しくオープンできていないと、その後の読み書きは正常に行えないため、マイナスでないか確認します。

　次に、データを書き出すバーの位置の最初と最後をそれぞれ「**iStart**」「**iEnd**」という変数に求めます。

　バーの位置はチャート上で時間が経過するたびに変わってしまいます。そこでこのプログラムでは、プロパティから変更可能な外部変数として

```
extern datetime StartTime;  // 開始日時
extern datetime EndTime;    // 終了日時
```

のように**datetime**形式で宣言します。

　そして、このデータをもとに前述の**iBarShift()**関数で、それぞれの時刻に対応するバーの位置を求めます。

　「**StartTime**」「**EndTime**」はともに初期値が「**0**」です。したがって、このままでは「**iStart**」も「**iEnd**」も過去データの最初の位置になってしまいます。

　そこで「**EndTime**」を指定しない場合は、**TimeCurrent()**関数

を使って現在のサーバ時刻に対応するバーの位置を取得できるようにしてあります。

`for`文では「`i`」を「`iStart`」から「`iEnd`」まで1刻みで繰り返します。繰り返す内容は、次のように出力するデータを作成して、実際にファイルに書き込むという処理です。

```
string sDate = TimeYear(Time[i]) + "/"
    + TimeMonth(Time[i]) + "/" + TimeDay(Time[i]);
string sTime = TimeHour(Time[i]) + ":"
    + TimeMinute(Time[i]);
double ma200 = iMA(NULL, 0, 200, 0, MODE_SMA,
    PRICE_CLOSE, i);
FileWrite(handle, sDate, sTime, Open[i], High[i],
    Low[i], Close[i], ma200);
```

このプログラムでは、バーの4本値とは別に200バーの移動平均の値を「`ma200`」として算出しています。

また「`sDate`」と「`sTime`」という文字列変数では、バーの形成開始時刻「`Time[i]`」から日付データと時刻データをそれぞれ作成しました。

ここで利用した「`TimeYear()`」「`TimeMonth()`」「`TimeDay()`」「`TimeHour()`」「`TimeMinute()`」は、それぞれ**datetime**型のパラメータに対して、その日時の「年」「月」「日」「時」「分」をそれぞれ整数値として返す関数です。これらの値を使って日付の区切り文

字を「/」、時刻の区切り文字を「:」とした文字列にすることで、エクセルに読み込んだとき、日時データとして認識できる出力形式にすることができます。

「`FileWrite()`」はテキストファイルとしてデータをファイルに書き込む関数です。最初のパラメータにすでにオープンしてあるファイルのファイルハンドルを代入します。その後のパラメータは、実際に書き込むデータです。

パラメータとして区切られたデータは、実際には`FileOpen()`関数で指定した区切り文字（ここでは「,」）で区切られてファイル出力されます。

例えば、次のような行が並んだデータが出力されます。

```
2009/4/13,21:0,100.13,100.15,100.06,100.07,100.05
```

なお、`FileWrite()`関数は実行するたびに改行コードも出力するので、改行コードを別途出力する必要はありません。

そしてファイル出力が終了した後、`FileClose()`関数でファイルクローズという処理を行います。これは「`FileClose(handle)`」のようにファイルハンドルを指定するだけです。これによって、ファイルへの入出力処理は完了したことになります。

スクリプトプログラムに関する注意点

スクリプトプログラムは、チャートに挿入すると1回だけ実行し

て終了します。そのため、いつプログラムが開始して、終了したか分からない場合があります。

そこでプログラム最初のプリプロセッサ命令で、

```
#property show_confirm
```

と書いておくと、プログラムを実行する前に確認の画面が表示されます。また、

```
#property show_inputs
```

と書いておくと、プログラムを実行する前にパラメータの入力画面を含むプロパティの画面が表示されます。

ただし、

```
#property show_confirm
#property show_inputs
```

と両方を指定しても「`#property show_confirm`」は無効となり、「`#property show_inputs`」を指定しただけの動作となります。

一方、スクリプトプログラムが終了したときの確認ができるようなプリプロセッサ命令はありません。プログラムが終了したタイミングを知らせるには、プログラムの最後に**MessageBox()**関数などポップアップ画面の現れる関数を記述しておくとよいでしょう。

不要なデータをスキップして出力する

　FXは24時間市場といっても、さすがに週末には取引はできません。メタトレーダーでは、取引ができない時間帯にチャート上のデータ更新はありません。

　ただし、メタトレーダーが接続する業者サーバの時間は、業者によって異なるため、1週間の始まりの時刻と終わりの時刻も業者によって異なります。その関係で、週の始まりが、サーバ時間で日曜日の深夜になる業者もいくつかあります。

　そのため、分足や時間足など、日中足では問題ありませんが、最もよく使われる日足では、月曜日から金曜日までの5本のバーとは別に、日曜日深夜の数時間のデータだけからなるバーがもう1本追加されるという問題が出てきます（**図2.20**の矢印のバー）。

　このように数時間分のバーでは、どうしても値動きが小さくなるため、ほかの24時間分のバーとは対等に比べられません。テクニカル指標を算出するときにも、6本に1本の割合で値幅が必ず小さくなるのでは、正確に算出できない場合もあります。

　メタトレーダーの［ツール］→［History Center］から不要なバーを選択して削除することもできないわけではありません。しかし、これを手作業で行うのは大変です。そこで、データのファイル出力の応用として、不要なデータをスキップしてファイルに出力させる方法について紹介します。

　まず、不要なデータがどの曜日として表わされているかを確認します。**図2.20**の例では、週の始めに日曜日として数時間分のバー

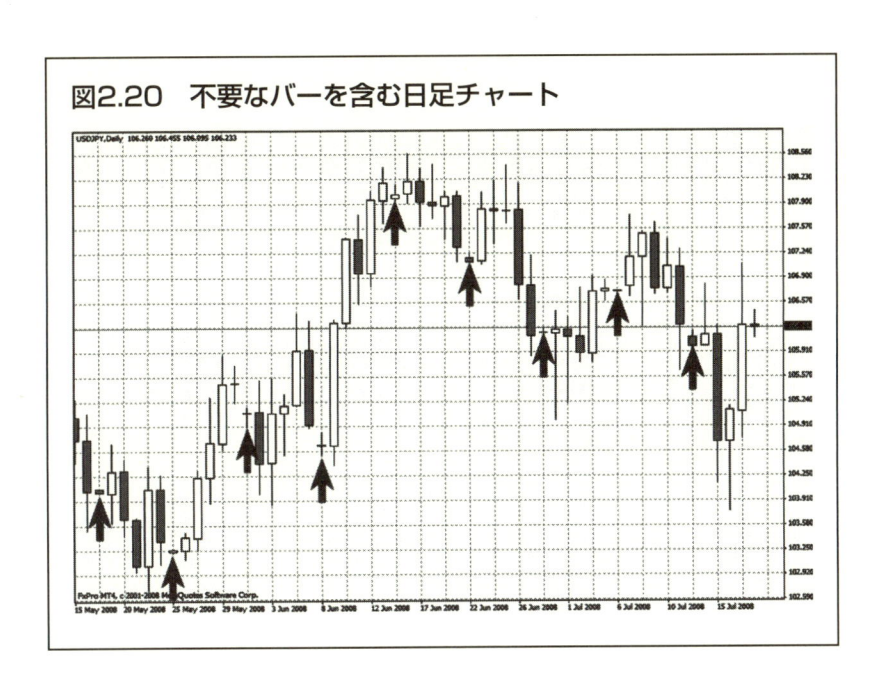

図2.20 不要なバーを含む日足チャート

が追加されていました。ただし、別のサーバでは、週の終わりに土曜日のバーが数時間分追加されるケースもあります。各自確認してください。

そこで、ファイルを出力するときに土曜日もしくは日曜日のバーをスキップするプログラムを追加してみましょう。

各バーの開始時刻の情報は「`Time[]`」という配列に格納されているので「i」番目の要素から曜日の情報を取り出すために「`TimeDayOfWeek()`」という関数を利用します。

`TimeDayOfWeek()`関数は、パラメータとして入力した日時が何曜日かを日曜日から順に「0」「1」「2」…「6」という数値の形で

返します。つまり、0（日曜日）あるいは6（土曜日）で返してきたら、出力の処理を行わないようプログラムすればよいわけです。

そのために、**for**文中に次の行を追加します。

```
if(TimeDayOfWeek(Time[i])
    == 0 || TimeDayOfWeek(Time[i]) == 6) continue;
```

これで、土日の不要なバーをスキップして週5本の4本値のデータがファイルに出力されるようになります。

リスト2.21は全体のプログラム「OutputDataD1.mq4」です。

リスト2.21　OutputDataD1.mq4

```
#property show_inputs

// 外部パラメータ
extern datetime StartTime;   // 開始日時
extern datetime EndTime;     // 終了日時

// スタート関数
int start()
{
    // ファイルオープン
    int handle = FileOpen(Symbol()+Period()+".csv",
        FILE_CSV|FILE_WRITE, ',');
    if(handle < 0) return(-1);

    // 出力範囲の指定
    int iStart = iBarShift(NULL, 0, StartTime);
    if(EndTime == 0) EndTime = TimeCurrent();
    int iEnd = iBarShift(NULL, 0, EndTime);
```

```
// ファイル出力
FileWrite(handle, "Date", "Open", "High", "Low",
   "Close", "MA200");
for(int i=iStart; i>=iEnd; i--)
{
   // 不要なバーのスキップ
   if(TimeDayOfWeek(Time[i])
      == 0 || TimeDayOfWeek(Time[i]) == 6) continue;

   string sDate = TimeYear(Time[i]) + "/"
      + TimeMonth(Time[i]) + "/" + TimeDay(Time[i]);
   double ma200 = iMA(NULL, 0, 200, 0, MODE_SMA,
      PRICE_CLOSE, i);
   FileWrite(handle, sDate, Open[i], High[i],
      Low[i], Close[i], ma200);
}

// ファイルクローズ
FileClose(handle);

MessageBox("End of OutputDataD1");

return(0);
}
```

　このプログラムも先ほどと同様、スクリプトプログラムとして実行します。「experts」→「scripts」サブフォルダに入っています。
　なお、このプログラムは日足専用です。したがって、時刻データの出力は省略しました。説明どおりの結果を得るためには日足チャートで実行してください（ナビゲーター画面からチャートにドラッグ＆ドロップ）。

リアルタイムにデータを出力する

　ここまでは、過去のデータを1回の操作でファイルに出力する方法について説明してきました。今度は、チャート上でデータが更新されるたびにデータをファイルに出力させる方法について紹介します。

　この場合、チャート上でデータの更新を監視する必要があるため、カスタム指標プログラムとして作成する必要があります。ただし、実際に指標を表示する必要がなければ、指標バッファの宣言など通常のカスタム指標プログラム中で行う処理は必要ありません。

　また、指標を出力するのはバーが確定したときだけでよい点も、ほかのカスタム指標プログラムと違います。

　バーを確定するタイミングは「Volume[0]」で判断します。新しいバーの形成が始まったときに「Volume[0]」は「1」となり、それから価格が更新されるたびに「Volume[0]」の値は「2」「3」…と増えていきます。

　そこで「Volume[0]」が「1」のときだけ処理を実行するため、プログラムの最初に、

```
if(Volume[0] > 1) return(0);
```

と書いておきます。これは「Volume[0]」が「1」以外の場合に処理を行わずプログラムを終了する、という意味の文です。結果的に「Volume[0]」が「1」の場合のみ、後の処理を行うことになります。

次にファイル出力に関して注意する点は、スクリプトプログラムのようにファイルに一定期間のデータを一度に書き込むのではなく、1回の実行で1本分のバーのデータを書き込み、それをバーが新しくできるたびに繰り返すということです。

前回のスクリプトプログラムと同じ方法では、ファイルをオープンすると、ファイルの最初から出力し始めてしまうので、毎回最新のデータだけを上書きする形になります。これでは過去のデータを保存できません。そこで、ファイル出力のときには「上書き」でなく、「追加」して書き込むようにする必要があります。

MQL4の`FileOpen()`関数には、追加書き込みを行うモードは用意されていません。そこで「`FileSeek()`」というファイルに書き込む位置を変更する関数を利用します。

```
FileSeek(handle, 0, SEEK_END);
```

このように`FileSeek()`関数を設定すると、ファイルに書き込む位置をファイルの最後に変更できます。これを実行してからデータを書き込む処理を行うことで、追加の書き込みが可能です。

なお、`FileSeek()`関数はファイルを読み出す処理を行っているので、`FileOpen()`関数の3つ目のパラメータでは「`FILE_WRITE`」だけでなくファイルを読み出す「`FILE_READ`」もつけておく必要があります。詳しい仕様については、第5章をご参照ください。

実際にファイル出力するのは、これから形成するバーの値ではなく、すでに確定したバーの値なので、

```
FileWrite(handle, sDate, sTime, Open[1], High[1],
    Low[1], Close[1]);
```

のように、それぞれ配列の１番目の要素になっていることに注意してください。

　ただし、このままだと、チャートに挿入した後のデータしか書き込みを行いません。そこで、いったん過去のデータを書き込んでから、リアルタイムにデータを追加する方法として、**init()**関数のなかで、前述のスクリプトプログラムのように過去データを出力させるようなプログラムが考えられます。

　リスト2.22のプログラム例「OutputIndicators2.mq4」をご覧ください。

リスト2.22　OutputIndicators2.mq4

```
#property indicator_chart_window

// 外部パラメータ
extern datetime StartTime;  // 開始日時

// ファイル出力関数
void WriteIndicators(int handle, int i)
{
    string sDate = TimeYear(Time[i]) + "/"
        + TimeMonth(Time[i]) + "/" + TimeDay(Time[i]);
    string sTime = TimeHour(Time[i]) + ":"
        + TimeMinute(Time[i]);
```

```
   double ma200 = iMA(NULL, 0, 200, 0, MODE_SMA,
      PRICE_CLOSE, i);
   FileWrite(handle, sDate, sTime, Open[i], High[i],
      Low[i], Close[i], ma200);
}

// 初期化関数
int init()
{
   // ファイルオープン
   int handle = FileOpen(Symbol()+Period()+".csv",
      FILE_CSV|FILE_WRITE, ',');
   if(handle < 0) return(-1);

   // ファイル出力
   FileWrite(handle, "Date", "Time", "Open", "High",
      "Low", "Close", "MA200");
   int iStart = iBarShift(NULL, 0, StartTime);
   for(int i=iStart; i>=1; i--) WriteIndicators(handle, i);

   // ファイルクローズ
   FileClose(handle);

   return(0);
}

// スタート関数
int start()
{
   if(Volume[0]>1) return(0);

   // ファイルオープン
   int handle = FileOpen(Symbol()+Period()+".csv",
      FILE_CSV|FILE_READ|FILE_WRITE, ',');
```

続く→

```
    if(handle < 0) return(-1);

    // 追加書き込みのための処理
    FileSeek(handle, 0, SEEK_END);

    // ファイル出力
    WriteIndicators(handle, 1);

    // ファイルクローズ
    FileClose(handle);

    return(0);
}
```

　出力するデータは「OutputIndicators.mq4」と同様、4本値と200バー移動平均とします。

　このプログラムでは、**init()**関数で過去データの出力を行い、**start()**関数でリアルタイムにデータを追加していく処理を行っています。なお、データを書き込む部分は共通なので、それを別の関数「**WriteIndicators()**」として宣言しています。

```
void WriteIndicators(int handle, int i)
```

　この関数では、ファイルのハンドル「**handle**」と、出力させたいバーの位置「**i**」をパラメータとして渡し、実際のファイル出力を行います。

init()関数では、

```
int iStart = iBarShift(NULL, 0, StartTime);
for(int i=iStart; i>=1; i--) WriteIndicators(handle, i);
```

のように外部変数で指定した出力開始日時「StartTime」に対応したバーの位置から1本前のバーまでを一度に出力します。

また、start()関数では、

```
WriteIndicators(handle, 1);
```

のように、新しいバーの形成が始まるたびに1本前の確定したバーのデータを出力します。

このプログラムをチャートに挿入しても何も表示されません。しかし、チャートでバーが更新されるたびに、データがファイルに出力されているはずです。ファイルが正しく作成されているかどうか「experts」→「files」サブフォルダのファイルを閲覧して、確認してください。

変数、関数の名前のつけ方

　MQL4プログラムでは、変数や関数の名前をユーザーが勝手に付けることができます。ただし、いくつか注意する点があります。

　変数名、関数名として使える文字は、半角で「0」～「9」の数字、「a」～「z」、「A」～「Z」のアルファベット（大文字・小文字は別の文字として区別されます）とアンダースコア「 _ 」だけです。

　また、最初の文字に数字は使えません。

　長さは31文字までです。

　さらに、もうひとつの注意点は、変数名や関数名に以下の予約語は使えないということです。

```
bool        break       case        color       continue
datetime    default     double      else        extern
false       for         if          int         return      static
string      switch      true        void        while
```

　これらはデータの型、繰り返しや条件分岐などの制御命令として使うものです。同じ名前の変数名や関数名を付けることはできません。

　ただし、これらの予約語はすべて小文字です。1文字でも大文字に変えれば、予約語とはみなされません。例えば、変数や関数に「For」や「INT」という名前をつけることは可能です。

　とはいえ、`for`文のなかで「For」という変数を使うのは紛らわしいので、予約語に似た変数名や関数名を使うのは好ましくありません。

　プログラムを見やすくするという意味でも、変数や関数の名前の付け方は重要です。本書では、関数内部での変数には小文字から始まる名前、関数や外部変数には大文字から始まる名前を付けて区別しています。

　コンパイルしてエラーが出る場合、変数や関数の名前の付け方に問題がある場合が多々あります。どうやってもエラーが消えない場合、名前を変えることで解決することもよくあるので、試してみてください。

第3章

トレード関数で柔軟な注文を実現

3-1. トレード関数を使いこなす

　メタトレーダーには、手動でトレードをするための最低限の機能が備わっています。成行注文、指値注文、逆指値注文をはじめ、損切り（ストップロス）や利食い（テイクプロフィット）などの決済注文は、プログラミングをすることなく、メニューから選択し、画面の指示に従うだけで簡単に発注できます。

　しかし、メタトレーダーではプログラムを作成することで、さらに柔軟で多彩な注文が可能です。一般的な売買ソフトでは最初から対応していなくては使えないところが、ユーザーがプログラムするだけで自由に発注機能を増やすことができるのです。

　本章では、MQL4で用意されているトレードに関する関数の基本的な機能と、それを使った発注機能のプログラムについて説明します。

　メタトレーダーには、スクリプトプログラムやエキスパートプログラムから発注、決済、注文内容の変更、キャンセルなどを行うために、トレードに関するさまざま関数が用意されています。これらの関数は、メタトレーダー独自のもので、少し特殊な使い方をするものもあります。その点に注意しながら、関数の使い方を順番にみていきましょう。

注文を送信する

トレードに関する関数で最も重要なものが、注文を送信するための関数「`OrderSend()`」です。これは、次のような形式で定義されています。

OrderSend()
注文を送信する関数

【書式】
```
int OrderSend(string symbol, int cmd, double volume,
    double price, int slippage, double stoploss,
    double takeprofit, string comment=NULL,
    int magic=0, datetime expiration=0,
    color arrow_color=CLR_NONE)
```

【パラメータ】

①`symbol`
売買する通貨ペア名。チャート上の通貨ペアの場合「`Symbol()`」を指定する。

②`cmd`
売買注文の種類。以下の定数から選択。

定数	値	説明
OP_BUY	0	成行買い
OP_SELL	1	成行売り
OP_BUYLIMIT	2	指値買い
OP_SELLLIMIT	3	指値売り
OP_BUYSTOP	4	逆指値買い
OP_SELLSTOP	5	逆指値売り

③`volume`
売買ロット数。

④`price`
売買したい価格。

⑤`slippage`
最大許容スリッページ（pips）。

⑥`stoploss`
損切り値。

⑦`takeprofit`
利食い値。

⑧`comment`
コメント。省略した場合は「`NULL`」を指定し、コメントがないことを表す。

⑨`magic`
マジックナンバー。省略した場合は「`0`」を指定。

⑩`expiration`
待機注文の有効期限。省略した場合は「`0`」を指定し、期限がないことを表す。

⑪`arrow_color`
注文位置の矢印の色。省略した場合は「`CLR_NONE`」を指定し、矢印を表示しないことを表す。

【戻り値】
正常に実行されればチケット番号を返す。失敗した場合は「`-1`」を返す。

この関数は成行、指値、逆指値注文といった基本的な注文処理に加えて、損切りや利食いなどの決済価格まで指定できます。簡単な注文であれば、この関数ひとつで済みます。

　ただし、この関数は注文をFX業者のサーバに送信するという通信作業が伴います。この関数を実行すれば必ず注文が執行されるわけではない点に注意してください。

　売買注文の種類ごとに注意点をみていきましょう。注文の種類は2つ目のパラメータ「`cmd`」で指定します。

　「`cmd`」が「`OP_BUY`（成行買い）」または「`OP_SELL`（成行売り）」であれば、成行売買が実行されます。

　一般的な成行注文では、売買したい価格を指定しません。しかし、`OrderSend()`関数を使う場合、売買したい価格を4つ目のパラメータ「`price`」で指定する必要があります。

　通常、成行買い注文（`cmd=OP_BUY`）であれば、「`price`」に指定するのは「`Ask`（買値）」、成行売り注文（`cmd=OP_SELL`）であれば「`price`」に指定するのは「`Bid`（売値）」です。しかし、この関数を実行した直後にレートが変動し、「`price`」と実際の気配値がずれてしまった場合は、売買が成立しません。

　そのため、価格のズレ（スリッページ）を許容するパラメータ「`slippage`」が用意されています。ここに許容できる価格のズレをpips単位で指定します。こうすれば「`price`」と実際の気配値のずれが「`slippage`」の範囲内であれば、売買が成立するわけです。

　また、損切り値を指定するパラメータ「`stoploss`」や、利食い値を指定するパラメータ「`takeprofit`」があります。指定するのは

売買価格からの値幅ではなく、決済したい価格そのものです。これらのパラメータは指定しない場合でも省略できません。指定しないのであれば、それぞれ「0」を代入しておきます。

例えば、売買サイズを0.1ロット（1ロットの単位は業者によって異なります。ここでは1ロット＝10万通貨単位とします）、スリッページを3pipsとしたとき、最も簡単な成行注文の書き方は、次のとおりです。

成行買い
```
OrderSend(Symbol(), OP_BUY, 0.1, Ask, 3, 0, 0);
```

成行売り
```
OrderSend(Symbol(), OP_SELL, 0.1, Bid, 3, 0, 0);
```

売買に成功すると、**OrderSend()**関数は「チケット番号（注文番号）」という各注文に固有の番号（プラスの整数）を返します。逆に売買が正常に行われなかった場合、**OrderSend()**関数は「-1」という値を返します。

成行売買の場合、売買が成立すれば、すぐに「オープンポジション」となり、その情報は「トレーディングプール」に保持されます。

トレーディングプールとは、メタトレーダーのターミナル画面で「取引」タブをクリックしたときに表示される情報のことです。なお、同じくターミナル画面で「口座履歴」タブをクリックしたときに表示される情報を「ヒストリープール」と呼びます。

次に、パラメータ「`cmd`」が「`OP_BUYLIMIT`（指値買い）」「`OP_SELLLIMIT`（指値売り）」「`OP_BUYSTOP`（逆指値買い）」「`OP_SELLSTOP`（逆指値売り）」の場合、売買はすぐに行われず、「待機注文（ペンディングオーダー）」として、FX業者のサーバに送信されます。

この種の注文では、4つ目のパラメータ「`price`」で希望価格を指定します。例えば、0.1ロットの待機注文を送信する最も簡単な書き方は、次のとおりです。

指値買い
```
OrderSend(Symbol(), OP_BUYLIMIT, 0.1, price, 0, 0, 0);
```

指値売り
```
OrderSend(Symbol(), OP_SELLLIMIT, 0.1, price, 0, 0, 0);
```

逆指値買い
```
OrderSend(Symbol(), OP_BUYSTOP, 0.1, price, 0, 0, 0);
```

逆指値売り
```
OrderSend(Symbol(), OP_SELLSTOP, 0.1, price, 0, 0, 0);
```

損切り値や利食い値を指定しない場合、成行注文と同じく「`stoploss`」「`takeprofit`」のパラメータに「`0`」を代入します。

なお、待機注文の場合、「`price`」が現在値から十分に離れていれば、価格変動によって注文が失敗することはないので「`slippage`」

は「0」として問題ありません。指値もしくは逆指値注文が失敗することがあるのは、次のような場合です。

指値買い・逆指値売りの場合
　指した価格「price」が気配値よりも高いか、安いとしてもわずかな差の場合、注文は送信されず、失敗として「-1」を返します。

指値売り・逆指値買いの場合
　指した価格「price」が気配値よりも安いか、高いとしてもわずかな差の場合、注文は送信されず、失敗として「-1」を返します。

　この「わずかな差」はFX業者によって異なります。これはメニューから実行する取引画面（**図3.1**）のなかで、

「現在値から4ポイント圏内の注文は発注できません」

と表示されている「4ポイント」の部分で確認できます。また、プログラム中からもこの差を確認する関数があります。使用方法については後ほど紹介しましょう。
　同様に、損切り値や利食い値が、指した価格「price」に近い場合にも注文は失敗します。
　待機注文の送信に成功した場合、オープンポジションと同じく、注文情報がトレーディングプールに保持されます。
　待機注文は指値もしくは逆指値の条件に合致すると、約定して

図3.1　取引画面

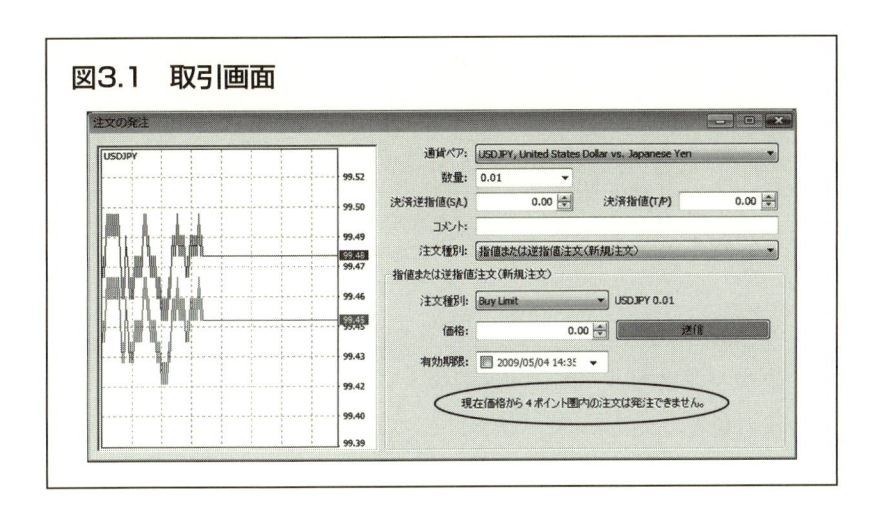

オープンポジションとなります。約定はサーバのほうで自動的に執行されるので、メタトレーダーを起動しておく必要はありません。

　`OrderSend()`関数の8つ目のパラメータ「`comment`」と9つ目のパラメータ「`magic`」は、どのエキスパートプログラム（売買システム）から注文を送信したか区別するために利用します。

　プログラム中では「`magic`」という数値「マジックナンバー」で注文を送信したエキスパートプログラムの種類を区別します。したがって、エキスパートプログラムのマジックナンバーは、それぞれ違った値になるよう設定する必要があります。

　ただし、マジックナンバーはターミナル画面のトレーディングプールや、ヒストリープールでは表示されません。どのエキスパートプログラムからの注文かをターミナル画面上で確認したい場合は「`comment`」に適当な文字列を指定しておくとよいでしょう。

また10個目のパラメータ「`expiration`」では、待機注文の有効期限を`datetime`型で指定します。`datetime`型の詳細については、第5章をご参照ください。
　なお、この有効期限はあくまで待機注文のものです。期限内に待機注文が約定しない場合、自動的に注文がキャンセルされます。いったん約定してオープンポジションとなれば、この有効期限が来ても自動的に決済されるわけではありません。
　最後のパラメータ「`arrow_color`」は、注文した位置に表示される矢印の色を指定します。なお、この矢印は第2章で紹介したオブジェクトとして表示されるので、これを削除したい場合は、メタトレーダーのメニューの［チャート］→［ライン等の設定］から操作してください。

注文の状態を調べる

　注文が正常に執行された後は、待機注文であれば約定したかどうか、オープンポジションであれば約定価格、約定時刻などの情報をもとに、決済や損切り値、利食い値の変更など、さまざまな処理が必要となります。MQL4では、発注後の各注文の状態をきめ細かく調べるため、次のような関数が用意されています。

double OrderClosePrice( )
　決済された注文に対しては、実際の決済価格を返します。それ以外の注文に対しては、現在の決済価格（買い注文なら「`Bid`」、売り

注文なら「`Ask`」)を返します。

datetime OrderCloseTime( )

　決済された注文に対しては、実際の決済時刻を返します。それ以外の注文に対しては「0」を返します。

string OrderComment( )

　注文に付加したコメントを返します。

double OrderCommission( )

　注文手数料を返します。

datetime OrderExpiration( )

　待機注文に対しては、有効期限を返します。それ以外の注文に対しては「0」を返します。

double OrderLots( )

　注文のロット数を返します。

int OrderMagicNumber( )

　注文に付加したマジックナンバーを返します。

double OrderOpenPrice( )

　待機注文に対しては、指値・逆指値を返します。それ以外の注文

に対しては、約定した注文の価格を返します。

datetime OrderOpenTime( )

　待機注文に対しては、注文を送信した時刻を返します。それ以外の注文に対しては、注文が約定した時刻を返します。

double OrderProfit( )

　注文の損益を証拠金と同じ通貨単位で返します。

double OrderStopLoss( )

　注文に付加した損切り値を返します。

double OrderSwap( )

　注文のスワップ値を返します。

string OrderSymbol( )

　注文の通貨ペア名を返します。

double OrderTakeProfit( )

　注文に付加した利食い値を返します。

int OrderTicket( )

　注文のチケット番号を返します。

int OrderType( )

注文の種類を次の数値で返します。

0(OP_BUY)	買いポジション
1(OP_SELL)	売りポジション
2(OP_BUYLIMIT)	指値買い注文
3(OP_BUYSTOP)	逆指値買い注文
4(OP_SELLLIMIT)	指値売り注文
5(OP_SELLSTOP)	逆指値売り注文

ただし、これらの関数は、いずれもパラメータを取りません。つまり、特定の注文の状態を調べるのに単独では使えません。これら注文の状態を調べる関数を使う前に「OrderSelect()」という関数を使って、対象となる注文を選択する必要があります。

OrderSelect()
注文を選択する関数

【書式】
　bool OrderSelect(int index, int select,
　　　int pool=MODE_TRADES)

【パラメータ】
　①index
　　注文のインデックス（パラメータ②「select」が「SELECT_BY_POS」の場合）または注文のチケット番号（パラメータ②「select」が「SELECT_BY_TICKET」の場合）。

②**select**
　注文の選択方法

定数	説明
SELECT_BY_POS	注文のインデックスによる選択
SELECT_BY_TICKET	注文のチケット番号による選択

③**pool**
　注文のプールされている場所の指定（省略可）

定数	説明
MODE_TRADES	現在のトレーディングプール（オープンポジション、待機注文）
MODE_HISTORY	ヒストリープール（決済ポジション、キャンセルオーダー）

【戻り値】
注文の選択が成功すれば「**true**」を、失敗すれば「**false**」を返す。

　OrderSelect() 関数は3つのパラメータを取ります。

　3つ目のパラメータ「**pool**」は、トレーディングプールあるいはヒストリープールを選択するものです。通常は、オープンポジションあるいは待機注文に対して処理をするので、対象はトレーディングプールです。

　このパラメータを省略すると、トレーディングプールを示す「**MODE_TRADES**」が指定されるので、特別にヒストリープールを参照したい場合を除いて、省略して構いません。

　チケット番号は、注文送信時に **OrderSend()** 関数から返される

各注文に固有の番号です。注文のチケット番号が分かっていれば、`OrderSelect()`関数で、次のように最初のパラメータに「チケット番号」、2つ目のパラメータに「`SELECT_BY_TICKET`」を指定することで、注文を選択することができます。

```
int ticket = 61251811;
OrderSelect(ticket, SELECT_BY_TICKET);
```

しかし、各注文に対してチケット番号を記憶しておいても、プログラムを再起動したときにチケット番号を取得し直さなければならないなど、プログラムが複雑になってしまいます。そこで通常は、チケット番号から注文を選択するのではなく、通貨ペアやマジックナンバーの情報から、それに一致する注文を順番に探していく方法を取ります。

トレーディングプールに格納されている注文のなかには、通貨ペアの異なる注文や異なるエキスパートプログラム（マジックナンバー）から実行された注文など、さまざまなものが混在している場合があります。

そこで、すべての注文から、通貨ペア「`Symbol()`」とマジックナンバー「`magic`」が一致するものを探します。注文の総数は「`OrdersTotal()`」という関数で取得できます。

具体的には`OrderSelect()`関数の2つ目のパラメータ「`select`」に「`SELECT_BY_POS`」を指定して、注文のインデックスから選択する方法を取ります。

「注文のインデックス」とは、それぞれの注文に対して「0」から「OrdersTotal()-1」まで順に割り当てられた数です。これはチケット番号とは異なります。各注文固有の数値ではなく、既存の注文が決済されたり、新規の注文が追加されたりするたびに振り直される数字です。

注文のインデックスで特定の注文を選択するロジックは、基本的に次のように書けます。

```
for(int i=0; i<OrdersTotal(); i++)
{
   if(OrderSelect(i, SELECT_BY_POS) == false) break;
   if(OrderSymbol() != Symbol() || OrderMagicNumber()
      != magic) continue;

   //該当する注文
   break;
}
```

まず**for**文による繰り返しで「i」を「0」から「OrdersTotal()-1」まで変化させて、対象となる注文を探します。

「OrderSelect(i, SELECT_BY_POS)」でインデックス「i」番目の注文を選択したことになります。

ここで、この関数が「**false**」を返すと、選択が失敗したことを意味します。この選択に失敗した場合、**OrdersTotal()**関数が返す注文の総数と実際の注文数が合っていないなど、サーバとの通信が正常でないことが考えられます。したがって、これ以上の選択は

続けずに「break」でfor文を抜け、探索を終了します。

　この関数が「true」を返せば選択に成功したことを意味します。これ以降の処理は「i」番目の注文が対象です。つまり、いったんOrderSelect()関数を実行して「i」番目の注文が選択されれば、次にOrderSelect()関数で別の注文が選択されるまで、続くOrderSymbol()関数やOrderMagicNumber()関数は、同じく「i」番目の注文の通貨ペア名とマジックナンバーを返します。

　そこで、「i」番目の注文の通貨ペア名が「Symbol()」と一致しないか、あるいはそのマジックナンバーが「magic」と一致しなければ「continue」でfor文の残りの処理を飛ばす、というif文を入れることで、次の注文を探すようにします。そうすれば通貨ペアとマジックナンバーが一致した場合のみ、その後の処理を行うことができるというわけです。

　注文を選択して処理を行う例として、買いポジション（OP_BUY）があれば、その注文のロット数を返す関数を作成してみましょう。

```
double LotsBuyOrder(int magic)
{
    double lots = 0.0;

    for(int i=0; i<OrdersTotal(); i++)
    {
        if(OrderSelect(i, SELECT_BY_POS) == false) break;
        if(OrderSymbol() != Symbol() || OrderMagicNumber()
            != magic) continue;
        if(OrderType()== OP_BUY)
        {
            lots = OrderLots();
```

```
            break;
        }
    }
    return(lots);
}
```

このプログラムでは、マジックナンバー「`magic`」をパラメータとして、通貨ペアとマジックナンバーが一致する注文に対して、さらに注文の種類が「`OP_BUY`」かチェックします。

そして、注文の種類が「`OP_BUY`」であれば、「`lots`」という変数に**OrderLots()**関数で取得したロット数を代入して、**for**文を抜けます。最後に「`lots`」を**return**文で返しますが、買いポジションがなければ「0」を返します。

注文を変更する

次に、すでにトレーディングプールに保持されているオープンポジションあるいは待機注文の損切り値・利食い値など注文の設定を変更する方法について説明します。注文の変更は「`OrderModify()`」という関数を使います。この関数の仕様は、次のとおりです。

OrderModify()
注文を変更する関数

【書式】
```
bool OrderModify(int ticket, double price,
    double stoploss, double takeprofit,
    datetime expiration, color arrow_color=CLR_NONE)
```

【パラメータ】
①**ticket**
　注文のチケット番号。

②**price**
　変更したい指値・逆指値（待機注文の場合のみ）。

③**stoploss**
　変更したい損切り値。

④**takeprofit**
　変更したい利食い値。

⑤**expiration**
　変更したい有効期限（待機注文の場合のみ）。

⑥**arrow_color**
　損切り値・利食い値の変更個所を示す矢印の色。省略した場合は矢印の表示はなし。

【戻り値】
　変更が成功した場合は「**true**」、失敗した場合は「**false**」を返す。

　オープンポジションも待機注文も、**OrderModify()**関数を使って注文情報の変更が可能です。ただし、変更できる情報は次のように異なります。

オープンポジションの場合

③損切り値と④利食い値だけ変更可能です。

待機注文の場合

③損切り値と④利食い値に加えて、②指値・逆指値、および⑤有効期限が変更可能です。

この関数では、最初のパラメータに注文のチケット番号が必要となります。チケット番号は`OrderSelect()`関数で注文を選択した後、「`OrderTicket()`」という関数で取得できます。

次に挙げるプログラムは、買いポジションの損切り値と利食い値をそれぞれ「`newsl`」「`newtp`」に変更する例です。注文の種類が「`OP_BUY`」の場合に`OrderModify()`関数を実行します。

```
for(int i=0; i<OrdersTotal(); i++)
{
   if(OrderSelect(i, SELECT_BY_POS) == false) break;
   if(OrderSymbol() != Symbol() || OrderMagicNumber()
      != magic) continue;
   if(OrderType() == OP_BUY)
   {
      OrderModify(OrderTicket(), 0, newsl, newtp, 0);
      break;
   }
}
```

変更できないパラメータ「`price`」「`expiration`」には「0」を入

れておきます。また矢印の色を表す「`arrow_color`」は省略可能なので、省略しました。

一方、変更したい注文が待機注文の場合、「`price`」「`stoploss`」「`takeprofit`」「`expiration`」の４つのパラメータで変更可能です。この場合、変更可能なパラメータをすべて指定しなければなりません。変更しないのであれば、現在設定している値と同じ値を設定する必要があります。

一例として、指値買い注文の指値を「`newprice`」に、損切り値を「`newsl`」に変更する場合を考えてみましょう。利食い値と有効期限は変更しません。注文のタイプが指値買い注文「`OP_BUYLIMIT`」の場合に`OrderModify()`関数を実行します。

```
for(int i=0; i<OrdersTotal(); i++)
{
   if(OrderSelect(i, SELECT_BY_POS) == false) break;
   if(OrderSymbol() != Symbol() || OrderMagicNumber()
      != magic) continue;
   if(OrderType() == OP_BUYLIMIT)
   {
      OrderModify(OrderTicket(), newprice, newsl,
         OrderTakeProfit(), OrderExpiration());
      break;
   }
}
```

利食い値と有効期限は変更しないので、これらのパラメータについては「`OrderTakeProfit()`」「`OrderExpiration()`」で現在の設定を取得し、それをそのまま指定します。

`OrderModify()`関数は、注文の変更が成功すれば「`true`」、失敗すれば「`false`」という**bool**型の値を返します。

　このプログラム例では、特にエラーチェックはせずに終わるようになっています。しかし、指値・逆指値注文を送信するときのエラーと同様、注文の変更に失敗することがあります。

　例えば、買いポジションを修正しようとして、変更した損切り値が現在値よりも高いか、安いとしても業者の定めたポイント数以下であった場合（あるいは変更した利食い値が現在値よりも安いか、高いとしても業者の定めたポイント数以下の場合）、注文変更は失敗し、「`false`」を返します。

　また指定した損切り値や利食い値が、すでに注文に設定されているものと同じであった場合、何も変化は起こりませんが、変更できないという意味で「`false`」を返します。

オープンポジションを決済する

　オープンポジションを決済する場合、「`OrderClose()`」という関数が利用できます。この関数の仕様は次のとおりです。

```
OrderClose()
オープンポジションを決済する関数
```

【書式】
```
bool OrderClose(int ticket, double lots,
    double price, int slippage,
    color arrow_color=CLR_NONE)
```

【パラメータ】
①ticket
　注文のチケット番号。

②lots
　決済するロット数。

③price
　決済価格。

④slippage
　スリッページ。

⑤arrow_color
　決済の場所を示す矢印の色。省略した場合は矢印の表示はなし。

【戻り値】
　決済が成功した場合は「true」、失敗した場合は「false」を返す。

`OrderClose()`関数は成行決済です。したがって、決済価格のパラメータ「`price`」は、買いポジションなら「`Bid`」、売りポジションなら「`Ask`」を指定します。

「`Bid`」「`Ask`」の代わりに「`OrderClosePrice()`」を指定することもできます。この場合、売り買いどちらの場合でも成行決済として適当な価格が返されます。したがって、売りポジションか買いポジ

ションか区別して決済価格を指定する必要はありません。

　`OrderClose()`関数は、成行注文の場合と同様、スリッページ「`slippage`」で指定したポイント以上に決済価格が離れてしまった場合、失敗して「`false`」という値を返します。

　次に挙げるプログラムは「`magic`」というマジックナンバーの付いたオープンポジションを決済する例です。スリッページは3 pipsとします。買いポジションと売りポジションの両方に対応するため、注文の種類が買いポジション「`OP_BUY`」の場合か売りポジション「`OP_SELL`」の場合に`OrderClose()`関数を実行します。

```
for(int i=0; i<OrdersTotal(); i++)
{
   if(OrderSelect(i, SELECT_BY_POS) == false) break;
   if(OrderSymbol() != Symbol() || OrderMagicNumber()
      != magic) continue;
   if(OrderType() == OP_BUY || OrderType() == OP_SELL)
   {
      OrderClose(OrderTicket(), OrderLots(),
         OrderClosePrice(), 3);
      break;
   }
}
```

　この例では、オープンポジションを完全に決済するという意味で、決済するロット数のパラメータ「`lots`」に、現在のオープンポジションのロット数「`OrderLots()`」を指定しています。「`lots`」をオープンポジションのロット数以下に指定すれば、オープンポジションを一部だけ決済することも可能です。

待機注文をキャンセルする

指値や逆指値注文は、有効期限を指定した場合、その期限までに指した価格にならなければ自動的にキャンセルされます。しかし、有効期限を指定しない場合や、有効期限前にキャンセルしたい場合は「`OrderDelete()`」という関数を使います。オープンポジションを決済する`OrderClose()`関数ではないので注意してください。

`OrderDelete()`関数の仕様は次のとおりです。

OrderDelete()
待機注文をキャンセルする関数

【書式】
```
bool OrderDelete(int ticket,
    color arrow_color=CLR_NONE)
```

【パラメータ】
①`ticket`
　注文のチケット番号。

②`arrow_color`
　キャンセルした場所を示す矢印の色。省略した場合は矢印の表示はなし。

【戻り値】
　キャンセルが成功した場合は「`true`」、失敗した場合は「`false`」を返す。

注文のキャンセルは、価格の変動と関係ないので、スリッページなどのパラメータはありません。

「`magic`」というマジックナンバーの付いた待機注文をキャンセルするプログラム例を示しましょう。これは4種類の待機注文に対応させるプログラムです。注文のタイプが「`OP_BUYLIMIT`」「`OP_BUYSTOP`」「`OP_SELLLIMIT`」「`OP_SELLSTOP`」のなかのどれかを条件とする代わりに、これら以外のタイプ、つまり「`OP_BUY`」「`OP_SELL`」のどちらでもないかを条件にしています。

```
for(int i=0; i<OrdersTotal(); i++)
{
   if(OrderSelect(i, SELECT_BY_POS) == false) break;
   if(OrderSymbol() != Symbol() || OrderMagicNumber()
      != magic) continue;
   OrderDelete(OrderTicket());
   if(OrderType() != OP_BUY && OrderType() != OP_SELL)
   {
      OrderDelete(OrderTicket());
      break;
   }
}
```

以上がトレードに関連する関数の説明です。メタトレーダーでは注文の種類や状態がいくつもあり、注文に対する処理方法もさまざまです。最後にまとめとして**図3.2**をご覧ください。

図3.2 注文の種類と処理の関係

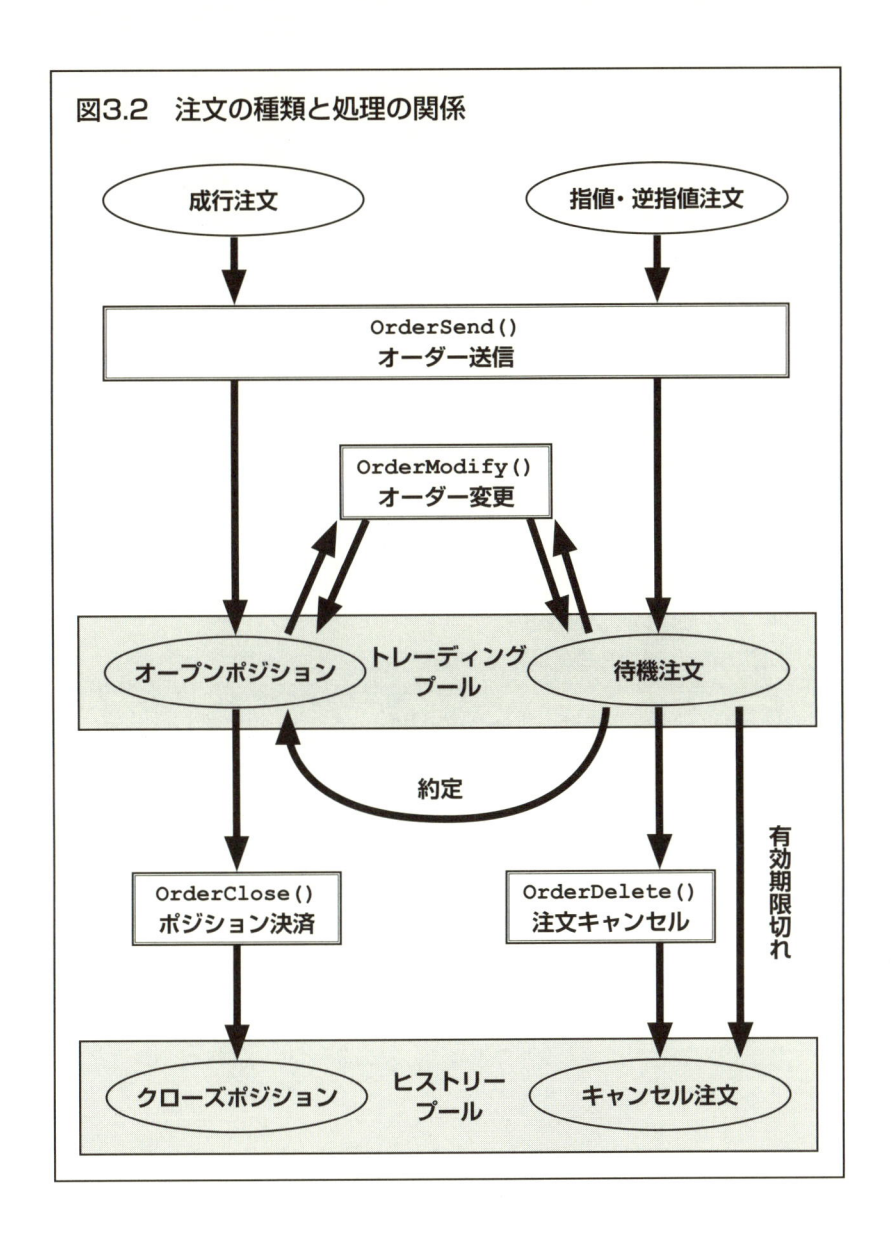

```
成行注文              指値・逆指値注文
   │                      │
   ▼                      │
┌─────────────────────────────────┐
│    OrderSend()                  │
│    オーダー送信                   │
└─────────────────────────────────┘
   │                      │
   │    ┌──────────────┐  │
   │    │ OrderModify()│  │
   │    │ オーダー変更  │  │
   │    └──────────────┘  │
   │     ↕          ↕    │
┌──▼──────────────────────▼──────┐
│ オープンポジション  トレーディング  待機注文 │
│                    プール              │
└────────────────────────────────┘
        ▲         約定        │      │
        └──────────────────────┘      │
   │                      │           │
   ▼                      ▼          有効期限切れ
┌──────────┐       ┌──────────────┐    │
│OrderClose()│      │OrderDelete() │    │
│ポジション決済│     │注文キャンセル  │    │
└──────────┘       └──────────────┘    │
   │                      │           │
┌──▼──────────────────────▼───────────▼┐
│ クローズポジション  ヒストリー  キャンセル注文 │
│                   プール              │
└────────────────────────────────┘
```

両建てポジションの決済

メタトレーダーでは、一部FX業者を除いて基本的に両建て（同じ通貨ペアで、買いポジションと売りポジションを両方建てること）が可能です。

両建てをすると、価格が変動しても損益の合計は変わりません。しかし、別々に決済すると、その時間のズレによって、損益の合計が変化することもあります。

そこで、メタトレーダーには、この両建てポジションを同時に決済する方法が用意されています。

両建てポジションの決済は、メタトレーダーのメニュー上からも可能です（図1）。

図1　両建て決済注文の画面

複数の両建てポジションがある場合、どのオープンポジションを決済するか指定することもできます。

また、この両建てポジションの決済方法では、売りポジションと買いポジションのロット数が同じでなくても構いません。両建てになっているロット数だけが決済されます。例えば、1ロットの買いポジションと2ロットの売りポジションがある場合、この2つを指定して両建て決済を行うと、1ロット分が決済され、1ロットの売りポジションだけが残るというわけです。

　さらに両建てポジションの決済は、プログラム中からもできます。そのための関数は「`OrderCloseBy()`」です。例えば、両建てになっているポジションがそれぞれ「ticket1」「ticket2」というチケット番号だとすると、

```
OrderCloseBy(ticket1, ticket2);
```

とプログラム中に記述することで、両建てポジションを同時に決済できます。

3-2. トレード時のエラーチェック

　トレード関数を実行した場合、ネットワークを経由したサーバとの通信処理が必要となるので、さまざまな原因からエラーの発生する場面が出てきます。MQL4では、さまざまなエラーに対して、その種類を識別するための情報を提供してくれます。プログラム作成者はその情報をもとに、それぞれのエラーに対応する適切なプログラムを書くことが可能です。

　エラーを識別するための関数は、

```
int GetLastError()
```

です。この関数はパラメータを取らずに、直前のエラーのコードを整数値として返します。

　この関数をエラーの発生する可能性がある文の直後に記述することで、エラーの内容を把握できます。例えば、次のように**OrderSend()**関数の直後に、**GetLastError()**関数の値を**Print()**関数で表示させるようにします。

```
OrderSend(Symbol(), OP_BUY, 0.1, Ask, 3, 0, 0);
Print("[Error] : ", GetLastError());
```

ここで、`Print()`関数は文字列や数値のパラメータを「,」で区切って指定することで、それらを文字列に変換したメッセージをターミナルウィンドウの「Experts」タブの画面に出力します（詳しくは第5章をご参照ください）

例えば、エラーは次のように出力されます。

```
[Error] : 130
```

MQL4で識別されるエラーの種類は、実に90種類近くもあります。これらの違いを整数値で返されても、何のエラーかすぐに見当がつきません。そこで、エラーの内容がある程度分かるように、エラーコードをエラーの説明文に置き換える関数「`ErrorDescription()`」が用意されています。

```
string ErrorDescription(int error_code)
```

この関数は、エラーコードをパラメータとし、エラーの内容を文字列で返します。ただし、この関数は、MQL4の標準関数でないため、そのままでは使えません。この関数を利用するには、プログラムのはじめに、

```
#include <stdlib.mqh>
```

と書いて、「stdlib.mqh」というヘッダーファイルを読み込む必要

があります。このヘッダーファイルは、メタトレーダーをインストールしたフォルダ下の「experts」→「include」フォルダに格納されています。

また、実際に実行される**ErrorDescription()**関数は「experts」→「libraries」フォルダにある「stdlib.ex4」という別のファイルに格納されています。

このように実行するプログラムのなかで別のプログラムを利用する場合は、メタトレーダーで次のように設定しておく必要があります。メタトレーダーのメニューから［ツール］→［オプション］を選択し、「Expert Advisor」タブ画面の「Allow import of external experts」にチェックを入れてください。

ErrorDescription()関数の使用例は次のとおりです。

```
OrderSend(Symbol(), OP_BUY, 0.1, Ask, 3, 0, 0);
int err = GetLastError();
Print("[Error] : ", err, " ", ErrorDescription(err));
```

「**err**」という変数にエラーコードを取得させ、次の**Print()**関数でエラーコードとその説明を表示させます。すると例えば、次のようなエラーが出力されます。

```
[Error] : 130 invalid stops
```

このようにエラーの説明は英語で出力されますが、エラーの原因

をある程度把握できるでしょう。

さて、ここまでの例では、エラーメッセージを無条件に表示させてきました。**OrderSend()** 関数は、注文送信が成功すればチケット番号を返し、失敗すれば「-1」という値を返します。

エラーメッセージは、直前の関数が失敗したときに必要となるものです。成功したのであれば必要ありません。そこで、この関数の戻り値が「-1」かチェックし、そうでなければ成功なので **return** 文で関数を終了させて、「-1」の場合だけエラーを出力させるようにしてみましょう。

```
if(OrderSend(Symbol(), OP_BUY, 0.1, Ask, 3, 0, 0)
    != -1) return(true);

int err = GetLastError();
Print("[OrderSendError] : ", err," ",
    ErrorDescription(err));
```

これで、注文送信が成功したときにはエラーメッセージが表示されないようになります。

トレード時のエラー処理方法

GetLastError() 関数を使うことで、どのような種類のエラーが発生したか調べることができました。今度は、プログラム中でエラー処理を行う方法について説明します。

エラー処理については、エラーの種類に応じて条件分岐などの処理をプログラム中に記述しなくてはなりません。しかし、エラーコードの番号で条件分岐する方法だと、後から何のエラーだったか分からなくなってしまいます。そこで、エラー処理のプログラムを分かりやすくするために「stderror.mqh」というヘッダーファイルを利用します。

このファイルは「stdlib.mqh」と同様、メタトレーダーをインストールしたフォルダ下の「experts」→「include」フォルダに格納されています。このファイルには、

```
#define ERR_NO_ERROR                    0
#define ERR_NO_RESULT                   1
#define ERR_COMMON_ERROR                2
#define ERR_INVALID_TRADE_PARAMETERS    3
#define ERR_SERVER_BUSY                 4
#define ERR_OLD_VERSION                 5
#define ERR_NO_CONNECTION               6
#define ERR_NOT_ENOUGH_RIGHTS           7
#define ERR_TOO_FREQUENT_REQUESTS       8
#define ERR_MALFUNCTIONAL_TRADE         9
    :
    :
```

のように「`ERR_NO_ERROR`」「`ERR_NO_RESULT`」などの記号定数を数値に置き換えるプリプロセッサ命令が書かれています。

プログラムの最初に、

```
#include <stderror.mqh>
```

と書くことで、このファイルを読み込むので、エラーコードを数値ではなく、記号定数として扱うことができます。つまり、

```
int err=GetLastError();
if(err==2)
{
    //エラー処理
}
```

と書く代わりに、

```
int err=GetLastError();
if(err==ERR_COMMON_ERROR)
{
    //エラー処理
}
```

と書くことができるのです。

次に、比較的よく発生するエラーと、その対処方法についてみていきましょう。

価格パラメータに関するエラー

`OrderSend()`関数や`OrderModify()`関数では、指定した価格や損切り値、利食い値など、価格に関するパラメータがあり、価格の形式や価格の値によってはエラーが出ることがあります。

例えば、`OrderSend()`関数の指定価格パラメータ「`price`」については、価格の形式に注意する必要があります。各通貨ペアでは、価格の小数点以下の表示ケタ数が決まっています。EUR/USDならば4ケタ、USD/JPYならば2ケタです（業者によっては表示ケタ数が5ケタ、3ケタの場合もあります）。

例えば、EUR/USDで指定価格に1.23456など小数点以下5ケタもある数値を指定すると、エラーになる場合があります。特に「`slippage`」が「`0`」の場合で指定した価格の形式が違うと、次のようなエラーが発生し、注文が送信されません。

```
ERR_INVALID_PRICE_PARAM 4107 invalid price parameter
    for trade function
```

成行売買であれば、指定価格に「`Bid`」や「`Ask`」といった気配値そのものを指定するので、特に問題はありません。しかし、指値や逆指値注文で、テクニカル指標の値などを指定価格として設定する場合、注意が必要です。このエラーを防ぐために、

```
price = NormalizeDouble(price, Digits);
```

のように、`NormalizeDouble()`関数で、各パラメータの小数点以下のケタ数を「`Digits`」に揃えておきます。「`Digits`」は各通貨ペアでの小数点以下の表示ケタ数を表す予約変数です。

MQL4では、プログラムを挿入するチャート上の通貨ペアに

合わせて、EUR/USDの場合は「`Digits=4`」、USD/JPYの場合は「`Digits=2`」のように、小数点以下のケタ数が自動的に代入されています。

次に、パラメータの形式は合っていても、現在値が変化することでエラーになるケースがあります。例えば、**OrderSend()** 関数で指値・逆指値注文をしたときの指定価格です。

あるいは、**OrderSend()** 関数、**OrderModify()** 関数の損切り値・利食い値が、次のような条件の場合です。

> 指値買いの価格が、現在値よりも高い
> 指値売りの価格が、現在値よりも安い
> 逆指値買いの価格が、現在値よりも安い
> 逆指値売りの価格が、現在値よりも高い
> 買いポジションの損切り値が、現在値よりも高い
> 売りポジションの損切り値が、現在値よりも安い
> 買いポジションの利食い値が、現在値よりも安い
> 売りポジションの利食い値が、現在値よりも高い

これらのエラーの場合、いずれも、

```
ERR_INVALID_STOPS 130 invalid stops
```

というエラーコードが返されます。上記の例のように明らかに現在値との大小関係が逆になっている場合は、プログラム中でチェック

できます。

　また、大小関係があっていたとしても、価格差がわずかな場合も同様のエラーが発生します。例えば、現在値が100.00円の場合、指値買い注文の指定価格が99.95円では（100.00円より安いにもかかわらず）エラーになり、99.94円では実行される場合があります。

　この例では、現在値から5 pips以内で指値買い注文は成立しないと分かります。

　同様に現在値が100.00円で、買いポジションに対して利食い値を指定するとき、100.06円では実行されるのに、100.05円ではエラーとなる場合です。

　このように現在値からの差がわずかな場合、エラーとなります。しかし、この値幅は常に5 pipsというわけではありません。FX業者や通貨ペアによって異なるので、値幅を確認したうえで、プログラム中でチェックする必要があります。

FX業者サーバとの通信エラー対策

　ここまでの価格パラメータに関するエラーは、プログラムの前処理で、ある程度防ぐことができます。しかし、サーバとの通信におけるエラーは、予測できないものもあります。エラーが発生してからの対処を適切に行っておかないと、全く意図しないトレードになりかねません。

　この項では、サーバとの通信で発生する可能性のあるエラーを説明したうえで、その対策を順に追っていきたいと思います。

サーバとの通信でエラーが起こりやすいのは、**OrderSend()** 関数の実行時で、なかでも成行売買の注文を送信したときです。

成行注文では、指定価格として「**Ask**」や「**Bid**」を指定します。ただし「**Ask**」や「**Bid**」は、エキスパートプログラムの **start()** 関数実行時に代入されるものです。したがって、プログラムの開始から **OrderSend()** 関数を実行するまでにさまざまな処理が入ってしまうと、実際に売買できる気配値が「**Ask**」や「**Bid**」から離れてしまう場合も出てきます。

このように指定した価格で売買できない場合、

```
ERR_INVALID_PRICE 129 invalid price
```

というコードのエラーが発生します。

このエラーは許容スリッページのパラメータ「**slippage**」を大きくすることで発生頻度を下げることはできます。しかし、プログラムが複雑で処理がかかってしまう場合、根本的な解決にはなりません。

このエラーへの有効な対処法は、**OrderSend()** 関数を実行する直前に「**Ask**」や「**Bid**」を最新のものに設定し直すことです。そうすれば、ある程度、価格変動のずれによるエラーに対処できます。

そのため「**RefreshRates()**」という関数が用意されています。この関数はパラメータを取りません。実行されると「**Ask**」「**Bid**」などの予約変数の値を最新のものに設定します。

次に挙げるプログラムは、**RefreshRates()** 関数の使用例です。

```
RefreshRates();
if(OrderSend(Symbol(), OP_BUY, 0.1, Ask, 3, 0, 0)
    != -1) return(true);
int err = GetLastError();
Print("[OrderSendError] : ", err, " ",
    ErrorDescription(err));
```

次に、FX業者サーバとのデータのやり取りの過程で正常に売買が成立せずにエラーとなってしまう例についてみてみましょう。例えば、次のようなエラーコードが返された場合です。

```
ERR_SERVER_BUSY 4 Trade server is busy
ERR_OFF_QUOTES 136 Off quotes
ERR_BROKER_BUSY 137 Broker is busy
ERR_REQUOTE 138 Requote
ERR_TRADE_CONTEXT_BUSY 146 Trade context is busy
```

これらのエラーの原因はさまざまです。例えば「一時的にサーバがダウンした」「インターネットの接続が切れた」という外的要因や「一度に複数の注文を送信した」「別のエキスパートプログラムから同時に注文が送信された」という内部的な処理が間に合わない場合が考えられます。

これらのエラーに対して個別に対応するのではなく、多くの場合は「`IsTradeAllowed()`」という関数を使うことで回避可能です。

この関数もパラメータを取りません。正常にサーバに発注できる状態のときには「`true`」を返し、そうでないときには「`false`」を

返します。そこで、この関数が「true」を返したら**OrderSend()**関数を実行するようプログラムすれば、サーバ通信エラーを防ぐことができます。

IsTradeAllowed()関数の記述例を以下に示します。

```
if(IsTradeAllowed() == true)
{
   RefreshRates();
   if(OrderSend(Symbol(), OP_BUY, 0.1, Ask, 3, 0, 0)
      != -1) return(true);
   int err = GetLastError();
   Print("[OrderSendError] : ", err, " ",
      ErrorDescription(err));
}
```

一時的にトレードができないエラーの場合、致命的でなければ、時間をおけば正常に処理されることが多いです。ただし、いったんエラーとして**OrderSend()**関数が終了してしまうと、そのままでは再度実行されません。

そこで、エラーが出たら処理を繰り返す方法が考えられます。

```
while(true)
{
   if(IsTradeAllowed() == true)
   {
      RefreshRates();
      if(OrderSend(Symbol(), OP_BUY, 0.1, Ask, 3, 0, 0)
         != -1) return(true);
```

```
      int err = GetLastError();
      Print("[OrderSendError] : ", err, " ",
         ErrorDescription(err));
   }
   Sleep(100);
}
```

　このプログラムでは、前回のプログラムを**while**のループで囲んでいます。

　while文は繰り返しを制御する文です。同じく繰り返しを表す**for**文と違うのは、繰り返しの回数が決まっていないところです。

　「**while(true)**」は「常に条件を満たす」ということなので、この繰り返しは無限に続けられます。そして、**OrderSend()**関数が正常に実行されれば、**return**文によってプログラムが終了するようになっています。これで、トレードが正常にできるようになるまで繰り返しチェックを行い、正常に実行できれば終了させることができるわけです。

　この繰り返し文の最後に「**Sleep()**」という関数が挿入されています。この関数は、パラメータで指定された時間だけ何もせずに待つという命令です。

　パラメータで指定する時間の単位は「ミリ秒」です。例えば「**100**」と指定した場合は、100ミリ秒つまり0.1秒だけ待つということになります。コンピュータは非常に高速に処理するので、時間をおかずに繰り返してしまうと、コンピュータや通信の負荷が増えてしまいます。サーバとの通信に余裕を持たせるために、わずかでも時間を

置いたほうが、効率が良いのです。

　以上のプログラムで、一時的なエラーに対しては、復旧を待ってから注文を送信することで、うまく対応できるようになります。しかし、もし途中でサーバとの通信が途絶えるなど、致命的な状態に陥った場合どうなるでしょう。

　トレードが正常にできる状態ではないので、このループをずっと繰り返すことになります。そうするとエキスパートプログラム自体も途中で止まったままの状態になるので、次の価格の変化に備えて実行を待機することもできなくなってしまいます。

　こういうエラーも皆無ではありません。念のために、ある一定時間、繰り返しを行っても注文が正常に実行できない場合、このループを強制的に抜けるようにしておくことが考えられます。

　そこで「GetTickCount()」という時間を計測する関数を利用します。この関数を、時間を計測したい2カ所で実行させます。そしてその差を見ることで、その2カ所の間で経過した時間をミリ秒単位で算出するわけです。

　次に挙げるプログラム例をご覧ください。

```
int MyOrderWaitingTime = 10;
int starttime = GetTickCount();
while(true)
{
   if(GetTickCount() - starttime > MyOrderWaitingTime*1000)
   {
      Alert("OrderSend timeout. Check the experts log.");
      return(false);
```

```
    }
    if(IsTradeAllowed() == true)
    {
        RefreshRates();
        if(OrderSend(Symbol(), OP_BUY, 0.1, Ask, 3, 0, 0)
            != -1) return(true);
        int err = GetLastError();
        Print("[OrderSendError] : ", err, " ",
            ErrorDescription(err));
    }
    Sleep(100);
}
```

このプログラムでは、最初に`GetTickCount()`関数を実行し、その戻り値を「`starttime`」という変数に格納します。

そして、`while`ループの最初にまた`GetTickCount()`関数を実行して、その戻り値と「`starttime`」との差を出します。この差が「`MyOrderWaitingTime*1000`」を超えていれば"時間切れ"ということで、強制的にプログラムを終了させます。

ここでは「`MyOrderWaitingTime = 10`」と設定しました。つまり10×1000ミリ秒＝10秒間、`while`ループで注文の実行を試みて正常に終了しない場合、致命的なエラーとみなしてこの処理を終了するということです。

また、このプログラムでは時間切れの場合、`Alert()`関数を使ってポップアップ画面で知らせるようにしてあります。場合によっては`SendMail()`関数などを使ってメールで送信することも考えられるでしょう。

3-3. トレード関数のライブラリー化

　注文を送信したり、ポジションを決済したりするトレード関数を使う場合、前節で説明したように毎回いろいろなエラー処理のプログラムを合わせて書く必要があります。

　しかし、これを毎回書いていると、プログラムが複雑になり、後から読みにくくなります。そこで、これまで説明したエラー処理を含めたトレード関数を別の関数として作成してみます。

　独自の関数はプログラムを作成するたびに、同じファイルのなかに記述しておくこともできます。しかし、ほかのプログラムでも使うものについては、その関数を1カ所でも変えると、それを使ったすべてのプログラムも修正しなくてはなりません。それでは非常に煩雑です。

　ここでは、関数を"別のファイル"として作成しておき、実際に利用するときには単にその関数名を書くだけという、**あたかも自作の関数を組み込み関数のように使える方法**を紹介します。これを「関数のライブラリー化」と呼びます。

　ライブラリー化は複数のファイルが相互に関連するので、動作の原理を理解するのは難しいかもしれません。ライブラリー化する具体的な方法については第5章に詳しく説明していますので、興味のある方はそちらをご参照ください。

ここでは、ライブラリー化したトレード関数の解説と、それを実際に使う方法について説明していきます。

　今回、ライブラリー化した関数は次の5つです。いずれも関数名の最初に「My」とつけることで、組み込み関数と区別するようにしました。

❶現在のポジションのロット数を求める関数

```
double MyCurrentOrders(int type, int magic)
```

❷注文を送信する関数

```
bool MyOrderSend(int type, double lots,
    double price, int slippage, double sl, double tp,
    string comment, int magic)
```

❸オープンポジションを変更する関数

```
bool MyOrderModify(double sl, double tp, int magic)
```

❹オープンポジションを決済する関数

```
bool MyOrderClose(int slippage, int magic)
```

❺待機注文をキャンセルする関数

```
bool MyOrderDelete(int magic)
```

　これらの関数を使うため、2つのファイルが必要となります。メタトレーダーをインストールしたフォルダ下の「experts」→

「include」フォルダにある「MyLib.mqh」というファイルと、同じく「experts」→「libraries」フォルダにある「MyLib.ex4」というファイルです。ただし「MyLib.ex4」は「MyLib.mq4」をコンパイルして作成されます。

「MyLib.mqh」「MyLib.mq4」の両ファイルは、本書のサンプルプログラムがすべてインストールしてあれば、コピーされているはずです（「MyLib.ex4」はメタトレーダー起動時に「MyLib.mq4」から自動的に作成されます）。うまく使えない場合は、これらのファイルが存在するか確認してください。

実際に、これらの自作関数を利用するために必要な処理は、プログラムの最初に、

```
#include <MyLib.mqh>
```

と書くだけです。これで「MyLib.mqh」というヘッダーファイルを読み込みます。

リスト3.1は「MyLib.mqh」の内容です。どうしてこのファイルを読み込むことでライブラリー化された関数を実行できるかについては、第5章をご参照ください。

リスト3.1　MyLib.mqh
```
#include <stderror.mqh>
#include <stdlib.mqh>
```
続く→

```
#define MY_OPENPOS    6
#define MY_LIMITPOS   7
#define MY_STOPPOS    8
#define MY_PENDPOS    9
#define MY_BUYPOS    10
#define MY_SELLPOS   11
#define MY_ALLPOS    12

#import "MyLib.ex4"

// 現在のポジションのロット数（＋：買い －：売り）
double MyCurrentOrders(int type, int magic);

// 注文を送信する
bool MyOrderSend(int type, double lots, double price,
   int slippage, double sl, double tp, string comment,
   int magic);

// オープンポジションを変更する
bool MyOrderModify(double sl, double tp, int magic);

// オープンポジションを決済する
bool MyOrderClose(int slippage, int magic);

// 待機注文をキャンセルする
bool MyOrderDelete(int magic);

#import
```

　そしてライブラリー化された5つの自作関数の定義は「MyLib.ex4」と同じ「experts」→「libraries」フォルダの「MyLib.mq4」というファイルのなかに記述されています（**リスト3.2**）。

リスト3.2　MyLib.mq4

```
#property library

// マイライブラリー
#include <MyLib.mqh>

// 注文時の矢印の色
color ArrowColor[6] = {Blue, Red, Blue, Red, Blue, Red};

// 注文待ち時間（秒）
int MyOrderWaitingTime = 10;

// 現在のポジションのロット数（＋：買い －：売り）
double MyCurrentOrders(int type, int magic)
{
   double lots = 0.0;

   for(int i=0; i<OrdersTotal(); i++)
   {
      if(OrderSelect(i, SELECT_BY_POS) == false) break;
      if(OrderSymbol() != Symbol()
         || OrderMagicNumber() != magic) continue;

      switch(type)
      {
         case OP_BUY:
            if(OrderType() == OP_BUY) lots
               += OrderLots();
            break;
         case OP_SELL:
            if(OrderType() == OP_SELL) lots
               -= OrderLots();
            break;
         case OP_BUYLIMIT:
            if(OrderType() == OP_BUYLIMIT) lots
               += OrderLots();
            break;
```

続く→

```
      case OP_SELLLIMIT:
         if(OrderType() == OP_SELLLIMIT) lots
             -= OrderLots();
         break;
      case OP_BUYSTOP:
         if(OrderType() == OP_BUYSTOP) lots
             += OrderLots();
         break;
      case OP_SELLSTOP:
         if(OrderType() == OP_SELLSTOP) lots
             -= OrderLots();
         break;
      case MY_OPENPOS:
         if(OrderType() == OP_BUY) lots
             += OrderLots();
         if(OrderType() == OP_SELL) lots
             -= OrderLots();
         break;
      case MY_LIMITPOS:
         if(OrderType() == OP_BUYLIMIT) lots
             += OrderLots();
         if(OrderType() == OP_SELLLIMIT) lots
             -= OrderLots();
         break;
      case MY_STOPPOS:
         if(OrderType() == OP_BUYSTOP) lots
             += OrderLots();
         if(OrderType() == OP_SELLSTOP) lots
             -= OrderLots();
         break;
      case MY_PENDPOS:
         if(OrderType() == OP_BUYLIMIT
            || OrderType() == OP_BUYSTOP) lots
             += OrderLots();
         if(OrderType() == OP_SELLLIMIT
            || OrderType() == OP_SELLSTOP) lots
             -= OrderLots();
         break;
```

```
            case MY_BUYPOS:
                if(OrderType() == OP_BUY || OrderType()
                    == OP_BUYLIMIT || OrderType()
                    == OP_BUYSTOP) lots += OrderLots();
                break;
            case MY_SELLPOS:
                if(OrderType() == OP_SELL || OrderType()
                    == OP_SELLLIMIT || OrderType()
                    == OP_SELLSTOP) lots -= OrderLots();
                break;
            case MY_ALLPOS:
                if(OrderType() == OP_BUY || OrderType()
                    == OP_BUYLIMIT || OrderType()
                    == OP_BUYSTOP) lots += OrderLots();
                if(OrderType() == OP_SELL || OrderType()
                    == OP_SELLLIMIT || OrderType()
                    == OP_SELLSTOP) lots -= OrderLots();
                break;
            default:
                Print("[CurrentOrdersError] :
                    Illegel order type("+type+")");
                break;
        }
        if(lots != 0) break;
    }
    return(lots);
}

// 注文を送信する
bool MyOrderSend(int type, double lots, double price,
    int slippage, double sl, double tp, string comment,
    int magic)
{
    price = NormalizeDouble(price, Digits);
    sl = NormalizeDouble(sl, Digits);
    tp = NormalizeDouble(tp, Digits);
```

```
   int starttime = GetTickCount();
   while(true)
   {
      if(GetTickCount() - starttime
         > MyOrderWaitingTime*1000)
      {
         Alert("OrderSend timeout.
            Check the experts log.");
         return(false);
      }
      if(IsTradeAllowed() == true)
      {
         RefreshRates();
         if(OrderSend(Symbol(), type, lots, price,
            slippage, sl, tp, comment, magic, 0,
            ArrowColor[type]) != -1) return(true);
         int err = GetLastError();
         Print("[OrderSendError] : ", err, " ",
            ErrorDescription(err));
         if(err == ERR_INVALID_PRICE) break;
         if(err == ERR_INVALID_STOPS) break;
      }
      Sleep(100);
   }
   return(false);
}

// オープンポジションを変更する
bool MyOrderModify(double sl, double tp, int magic)
{
   int ticket = 0;
   for(int i=0; i<OrdersTotal(); i++)
   {
      if(OrderSelect(i, SELECT_BY_POS) == false) break;
```

```
        if(OrderSymbol() != Symbol()
            || OrderMagicNumber() != magic) continue;
        int type = OrderType();
        if(type == OP_BUY || type == OP_SELL)
        {
            ticket = OrderTicket();
            break;
        }
    }
    if(ticket == 0) return(false);

    sl = NormalizeDouble(sl, Digits);
    tp = NormalizeDouble(tp, Digits);

    if(sl == 0) sl = OrderStopLoss();
    if(tp == 0) tp = OrderTakeProfit();

    if(OrderStopLoss() == sl && OrderTakeProfit()
        == tp) return(false);

    int starttime = GetTickCount();
    while(true)
    {
        if(GetTickCount() - starttime
            > MyOrderWaitingTime*1000)
        {
            Alert("OrderModify timeout.
                Check the experts log.");
            return(false);
        }
        if(IsTradeAllowed() == true)
        {
            if(OrderModify(ticket, 0, sl, tp, 0,
                ArrowColor[type]) == true) return(true);
```

続く→

```
            int err = GetLastError();
            Print("[OrderModifyError] : ", err, " ",
               ErrorDescription(err));
            if(err == ERR_NO_RESULT) break;
            if(err == ERR_INVALID_STOPS) break;
         }
         Sleep(100);
      }
   return(false);
}

// オープンポジションを決済する
bool MyOrderClose(int slippage, int magic)
{
   int ticket = 0;
   for(int i=0; i<OrdersTotal(); i++)
   {
      if(OrderSelect(i, SELECT_BY_POS) == false) break;
      if(OrderSymbol() != Symbol()
         || OrderMagicNumber() != magic) continue;
      int type = OrderType();
      if(type == OP_BUY || type == OP_SELL)
      {
         ticket = OrderTicket();
         break;
      }
   }
   if(ticket == 0) return(false);

   int starttime = GetTickCount();
   while(true)
   {
      if(GetTickCount() - starttime
            > MyOrderWaitingTime*1000)
      {
```

```
            Alert("OrderClose timeout.
                Check the experts log.");
            return(false);
        }
        if(IsTradeAllowed() == true)
        {
            RefreshRates();
            if(OrderClose(ticket, OrderLots(),
                OrderClosePrice(), slippage,
                ArrowColor[type]) == true) return(true);
            int err = GetLastError();
            Print("[OrderCloseError] : ", err, " ",
                ErrorDescription(err));
            if(err == ERR_INVALID_PRICE) break;
        }
        Sleep(100);
    }
    return(false);
}

// 待機注文をキャンセルする
bool MyOrderDelete(int magic)
{
    int ticket = 0;
    for(int i=0; i<OrdersTotal(); i++)
    {
        if(OrderSelect(i, SELECT_BY_POS) == false) break;
        if(OrderSymbol() != Symbol()
            || OrderMagicNumber() != magic) continue;
        int type = OrderType();
        if(type != OP_BUY && type != OP_SELL)
        {
            ticket = OrderTicket();
            break;
        }
```

続く→

```
   }
   if(ticket == 0) return(false);

   int starttime = GetTickCount();
   while(true)
   {
      if(GetTickCount() - starttime
         > MyOrderWaitingTime*1000)
      {
         Alert("OrderDelete timeout.
            Check the experts log.");
         return(false);
      }
      if(IsTradeAllowed() == true)
      {
         if(OrderDelete(ticket) == true) return(true);
         int err = GetLastError();
         Print("[OrderDeleteError] : ", err, " ",
            ErrorDescription(err));
      }
      Sleep(100);
   }
   return(false);
}
```

それでは、これらの関数を個別にみていきましょう。

❶現在のポジションのロット数を求める関数

各種トレード関数を実行するときに、現在のポジションの状態が必要となるケースがよくあります。そこでまず、現在の注文のロッ

ト数を返すオリジナル関数「`MyCurrentOrders()`」を作成しましょう。この関数の仕様は、次のとおりです。

MyCurrentOrders()
現在のポジションのロット数を求める関数（本書オリジナル関数）

【書式】
　`double MyCurrentOrders(int type, int magic)`

【パラメータ】
　①**type**
　　注文の種類。

定数	値	説明
OP_BUY	0	買いポジション
OP_SELL	1	売りポジション
OP_BUYLIMIT	2	指値買い注文
OP_BUYSTOP	3	逆指値買い注文
OP_SELLLIMIT	4	指値売り注文
OP_SELLSTOP	5	逆指値売り注文
MY_OPENPOS	6	すべてのオープンポジション
MY_LIMITPOS	7	すべての指値注文
MY_STOPPOS	8	すべての逆指値注文
MY_PENDPOS	9	すべての待機注文
MY_BUYPOS	10	すべての買い注文
MY_SELLPOS	11	すべての売り注文
MY_ALLPOS	12	すべての注文

②**magic**
マジックナンバー。

【戻り値】
対応する種類の注文のロット数。ただし、買い注文の場合はプラス、売り注文の場合はマイナスの数値として返す。

プログラムは**リスト3.2**の「//現在のポジションのロット数」の部分をご覧ください。この関数では「`Symbol()`」と「`magic`」が一致した注文に対して、さらに注文の種類ごとに**`OrderLots()`関数**でロット数を取得する処理を行っています。

場合分けする注文の種類は、MQL4ですでに定義してある

OP_BUY	0	買いポジション
OP_SELL	1	売りポジション
OP_BUYLIMIT	2	指値買い注文
OP_BUYSTOP	3	逆指値買い注文
OP_SELLLIMIT	4	指値売り注文
OP_SELLSTOP	5	逆指値売り注文

に加えて、それらを組み合わせた

| MY_OPENPOS | 6 | すべてのオープンポジション（買いポジション、売りポジション） |

MY_LIMITPOS	7	すべての指値注文 （指値買い注文、指値売り注文）
MY_STOPPOS	8	すべての逆指値注文 （逆指値買い注文、逆指値売り注文）
MY_PENDPOS	9	すべての待機注文 （指値買い注文、逆指値買い注文、 指値売り注文、逆指値売り注文）
MY_BUYPOS	10	すべての買い注文 （買いポジション、指値買い注文、 逆指値買い注文）
MY_SELLPOS	11	すべての売り注文 （売りポジション、指値売り注文、 逆指値売り注文）
MY_ALLPOS	12	すべての注文 （買いポジション、売りポジション、 指値買い注文、逆指値買い注文、 指値売り注文、逆指値売り注文）

が指定できるようになっています。

これらの追加した種類は「MyLib.mqh」というヘッダーファイルに**#define**文として記述されています。プログラムのなかでは、これら13種類の注文の種類を同じように記号定数として使うことが可能です。

なお、このプログラムでは、場合分けの処理として**if**文ではな

くswitch文を使っています。switch文は、場合分けをする項目がたくさんある場合に都合の良い記述方法です。次のように**if**文と同じ役割として利用できます。

```
switch(x)
{
    case 1:
        処理1;
        break;

    case 2:
        処理2;
        break;

    default:
        処理3;
        break;
}
```

というプログラムは、

```
if(x==1)
{
    処理1
}
else if(x==2)
{
    処理2
}
else
{
    処理3
}
```

と同じ働きをします。

　`switch`文で記述するときには、それぞれの`case`文の最後に「`break`」という文を入れることを忘れないでください。`break`文がないと、そのまま下の`case`文に移動するため、違う条件の処理まで行ってしまうことになります。

　戻り値について注意する点は、買いポジションならばプラスの値、売りポジションならばマイナスの値を返すということです。このひとつの関数だけで、買いまたは売りのポジションが何ロットあるか判断できます。

　例えば、

```
double lots = MyCurrentOrders(MY_OPENPOS, magic);
```

と書くと、オープンポジションのなかからマジックナンバー「`magic`」が一致する注文を探します。例えば「`lots = 0.2`」であれば買いポジションが0.2ロット、「`lots = -0.5`」であれば売りポジションが0.5ロットあることを表します。

　もうひとつ、この関数を使用するうえで注意する点は、同じ種類の注文が複数存在する場合、最初に適合した注文に対して"のみ"ロット数を返すことです。したがって、同じ種類の注文はそれぞれマジックナンバーを変えて区別できるようにしておく必要があります。

❷注文を送信する関数

注文を送信する組み込み関数「`OrderSend()`」に、前節で説明したエラー処理などを含めてオリジナル関数「`MyOrderSend()`」を作成してみます。関数の仕様は次のとおりです。

MyOrderSend()

エラー処理付きの注文を送信する関数（本書オリジナル関数）

【書式】
```
bool MyOrderSend(int type, double lots,
    double price, int slippage, double sl, double tp,
    string comment, int magic)
```

【パラメータ】
①`type`
　売買注文の種類。以下の定数から選択。

定数	値	説明
OP_BUY	0	成行買い
OP_SELL	1	成行売り
OP_BUYLIMIT	2	指値買い
OP_SELLLIMIT	3	指値売り
OP_BUYSTOP	4	逆指値買い
OP_SELLSTOP	5	逆指値売り

②`lots`
　売買ロット数。

③ `price`
　売買したい価格。

④ `slippage`
　最大許容スリッページ（pips）。

⑤ `sl`
　損切り値。

⑥ `tp`
　利食い値。

⑦ `comment`
　コメント。

⑧ `magic`
　マジックナンバー。

【戻り値】
注文の送信が成功すれば「`true`」を、失敗すれば「`false`」を返す。

　プログラムは**リスト3.2**の「`//注文を送信する`」の部分をご覧ください。

　パラメータは`OrderSend()`関数とほとんど同じなので、そのまま`OrderSend()`関数に渡されます。ただし、価格を表す「`price`」「`sl`」「`tp`」は、`NormalizeDouble()`関数で小数点以下のケタ数を揃える前処理を行っています。

　また売買した位置を表す矢印の色の指定に「`ArrowColor[type]`」という配列を使いました。これは、ほかの関数でも共通して使える

よう、次のように外部変数で宣言してあります。

```
color ArrowColor[6] = {Blue, Red, Blue, Red, Blue, Red};
```

この配列の各要素は、

```
ArrowColor[0] = Blue;
ArrowColor[1] = Red;
ArrowColor[2] = Blue;
ArrowColor[3] = Red;
ArrowColor[4] = Blue;
ArrowColor[5] = Red;
```

という意味です。注文の種類の数値と対応させると、

```
ArrowColor[OP_BUY] = Blue;
ArrowColor[OP_SELL] = Red;
ArrowColor[OP_BUYLIMIT] = Blue;
ArrowColor[OP_SELLLIMIT] = Red;
ArrowColor[OP_BUYSTOP] = Blue;
ArrowColor[OP_SELLSTOP] = Red;
```

と同じことになります。つまり「type」が買い注文であれば「Blue」、売り注文であれば「Red」を指定したのと同じことになるわけです。

この関数では、前節で説明したエラー処理と同じ処理を行っています。**while**ループで**OrderSend()**関数の実行が成功するまで繰り返します。注文の待ち時間は、後から変更できるように「MyLib.mqh」のなかで、

```
extern int MyOrderWaitingTime = 10; //注文待ち時間(秒)
```

のように「**extern**」というキーワード付きの外部変数として宣言してあります。この場合、**OrderSend()**関数が成功しない場合でも10秒経過すると終了します。

　なお「**ERR_INVALID_PRICE**」「**ERR_INVALID_STOPS**」のエラーに関しては、価格が更新されないかぎり、同じエラーが繰り返して発生することが多いので、ループから抜けるようにしてあります。このエラーが頻繁に発生する場合は、価格に関するパラメータの値が正しく設定されているかチェックしたほうがよいでしょう。

　この関数の使用方法は、例えば0.1ロットの成行買い注文（スリッページ3pips、損切り値なし、利食い値なし、コメントなし、マジックナンバー9999）の場合、

```
MyOrderSend(OP_BUY, 0.1, Ask, 3, 0, 0, "", 9999);
```

と記述します。

❸オープンポジションを変更する関数

注文を変更する組み込み関数に「`OrderModify()`」があります。ここでは`OrderSend()`関数と同様、エラー処理に対応したオリジナル関数を「`MyOrderModify()`」として作成してみましょう。

ただし、パラメータを減らすためにオープンポジションのみに対応した変更関数とします。待機注文については、キャンセルして発注し直すことができるので、ここでは対応させていません。

`MyOrderModify()`関数の仕様は次のとおりです。

MyOrderModify()
オープンポジションを変更する(エラー処理付き)関数(本書オリジナル関数)

【書式】
  `bool MyOrderModify(double sl, double tp, int magic)`

【パラメータ】
  ①`sl`
    変更したい損切り値、変更しない場合は「0」を指定。

  ②`tp`
    変更したい利食い値、変更しない場合は「0」を指定。

  ③`magic`
    マジックナンバー。

【戻り値】
  注文の変更が成功すれば「`true`」を、失敗すれば「`false`」を返す。

プログラムは**リスト3.2**の「//オープンポジションを変更する」の部分をご覧ください。

`OrderModify()`関数では、注文のチケット番号が必要です。そこでまず通貨ペアとマジックナンバーが一致する注文を探します。そして、注文のタイプが「`OP_BUY`」か「`OP_SELL`」のオープンポジションの場合、チケット番号を「`ticket`」という変数に代入します。

次に関数のパラメータ「`sl`」「`tp`」を`NormalizeDouble()`関数で、通貨ペアで決められた小数点以下のケタ数で揃えます。

これらのパラメータは、変更しない場合には「0」を指定します。その場合、`OrderStopLoss()`関数、`OrderTakeProfit()`関数で、現在値をそれぞれ求めます。そして「`sl`」「`tp`」ともに現在値と同じであれば、注文変更の必要がないので、この関数は終了します。

その後「`MyOrderWaitingTime`」の間、`OrderModify()`関数が成功するまで繰り返すわけです。

「`ticket`」「`sl`」「`tp`」の各変数は、`OrderModify()`関数のパラメータとして、そのまま渡されます。ほかのパラメータ「`price`」「`expiration`」は関係ないので「0」を代入してあります。なお、`OrderModify()`関数の場合、「`ERR_NO_RESULT`」「`ERR_INVALID_STOPS`」のエラーに対しては、価格を更新しないかぎり、同じエラーが繰り返されるケースが多いので、ループを抜けるようにしてあります。

この関数の使い方として、例えば、あるオープンポジション（マジックナンバー9999）の損切り値を100.50に変更、利食い値は変更しない場合、

```
MyOrderModify(100.50, 0, 9999);
```

のように記述します。

❹オープンポジションを決済する関数

オープンポジションを決済する組み込み関数に「`OrderClose()`」があります。これにエラー処理を加えたオリジナル関数を「`MyOrderClose()`」として作成してみましょう。この自作関数の仕様は次のとおりです。

MyOrderClose()

オープンポジションを決済する(エラー処理付き)関数(本書オリジナル関数)

【書式】
  bool MyOrderClose(int slippage, int magic)

【パラメータ】
  ①**slippage**
    最大許容スリッページ（pips）。

  ②**magic**
    マジックナンバー。

【戻り値】
  オープンポジションの決済が成功すれば「**true**」を、失敗すれば「**false**」を返す。

プログラムは**リスト3.2**の「//オープンポジションを決済する」の部分をご覧ください。

この関数のパラメータは、スリッページとマジックナンバーだけです。**MyOrderModify()** 関数と同様、通貨ペアとマジックナンバーが一致した注文を **for** 文で探し、さらにオープンポジションのチケット番号を「**ticket**」に取得します。

そして「**MyOrderWaitingTime**」の間、**OrderClose()** 関数が成功するまで繰り返します。

「**ticket**」「**slippage**」は、**OrderClose()** 関数のパラメータとして、そのまま渡されます。

ほかの「**lots**」「**price**」については、それぞれ **OrderLots()** 関数、**OrderClosePrice()** 関数を利用しています。

なお、**OrderClose()** 関数の場合、「**ERR_INVALID_PRICE**」のエラーに対しては、価格を更新しないかぎり、同じエラーが繰り返されるケースが多いので、ループを抜けるようにしてあります。

使い方は、あるオープンポジション（マジックナンバー9999）を3pipsの許容スリッページで決済したい場合、単に

```
MyOrderClose(3, 9999);
```

と書くだけです。

❺待機注文をキャンセルする関数

同様に、待機注文をキャンセルする関数「`OrderDelete()`」にエラー処理を追加したオリジナル関数として「`MyOrderDelete()`」を作ってみましょう。関数の仕様は次のとおりです。

MyOrderDelete()
待機注文をキャンセルする（エラー処理付き）関数（本書オリジナル関数）

【書式】
　bool MyOrderDelete(int magic)

【パラメータ】
　①`magic`
　　マジックナンバー。

【戻り値】
　待機注文のキャンセルが成功すれば「`true`」を、失敗すれば「`false`」を返す。

プログラムは**リスト3.2**の「//待機注文をキャンセルする」の部分をご覧ください。

この関数のパラメータはマジックナンバーだけです。`MyOrderClose()`関数と同様、通貨ペアとマジックナンバーが一致した注文を`for`文で探し、さらに待機注文（注文の種類が「`OP_BUY`」

「`OP_SELL`」以外）のチケット番号を「`ticket`」に取得します。

そして「`MyOrderWaitingTime`」の間、`OrderDelete()`関数が成功するまで繰り返します。

この関数の使い方は、マジックナンバー（9999）を指定して

```
MyOrderDelete(9999);
```

と書くだけです。

関数のパラメータの役割について

　組み込み関数をはじめ、本書で紹介した独自の関数の多くがパラメータを取ります。関数のパラメータの役割は、その関数を呼び出すとき、その都度、違った値を渡して処理させるためです。

　関数の戻り値を「出力」とすると、パラメータはいわゆる「入力」と考えることができます。

　ここで注意してほしいのが、パラメータは複数使えるのに対し、関数の戻り値はひとつしか使えないことです。もし、関数の戻り値を複数使いたい場合はどうすればよいでしょうか？

　例えば「ボリンジャーバンドと上位ライン、下位ライン」「MACDとそのシグナル」のように、複数のテクニカル指標値を一度に返したい場合などが考えられます。

　関数のパラメータは通常、関数のなかでは変化させない、単なる「入力」の役割として利用します。しかし、パラメータの宣言のしかたによっては、戻り値のような「出力」として利用することもできるのです。

　例えば、次のように定義された関数があるとします。

```
int Func(int x, int y, int z)
{
   z = x + y;
   return(z);
}
```

そして、start()関数中でこの関数を次のように呼び出したとします。

```
int start()
{
   int x = 1, y = 2, z = 0;

   Print("ret = ", Func(x, y, z));
   Print("z = ", z);
}
```

この例では、Func()関数を呼び出すとき、パラメータには「x=1」「y=2」「z=0」という値が代入されます。そして、Func()関数中では「z」に「x+y」の値「3」が計算されて、その値がreturn文で返されます。

したがって、Func()関数のなかでは「z=3」と値が変更されています。

ところが、関数が終了し、戻ってきたところでは「z」の値の変更は反映されていません。

つまり、start()関数の結果は、

```
ret = 3
z = 0
```

となるのです。

このような通常のパラメータの渡し方を「値渡し」と言って、値を一方的に渡すだけになります。したがって、関数中で値を変更したとしても、その結果は戻り値として反映はされません。

そこで、関数のパラメータの宣言のしかたを次のように変えてみます。

```
int Func(int x, int y, int& z)
{
    z = x + y;
    return(z);
}
```

先ほどと違うのは、パラメータ「z」の型の部分を「int」の代わりに「int&」と書いた点です。このように宣言された関数を呼び出すと、start()関数の結果は、

```
ret = 3
z = 3
```

となります。今度はFunc()関数中で変更した「z」の値がstart()関数中で反映されます。

このようにパラメータの型の後に「&」記号を付けた宣言方法をパラメータの「参照渡し」と呼びます。こうすることで、関数中で変更された値をそのまま戻すことができるので、パラメータを関数の出力として使うことができるわけです。

ただし、本書で紹介したMQL4の組み込み関数やオリジナル関数では、パラメータを戻り値として使う書き方はしていません。それは、関数のパラメータのなかで入力と出力が混在すると、関数を呼び出すときに入力と出力の区別がつかずに、値の変更に気づかなかったり、値を代入し忘れたりといったミスが起こりやすくなるためです。

配列を戻り値としたい場合など、特別に複数の出力が必要な場合を除いて、「参照渡し」の方法は避けるようにプログラムを作成したほうがよいでしょう。

3-4. エキスパートプログラムによる注文

ここでは、前節でライブラリー化したトレード関数を使って、複雑な注文を自動的に行うプログラムについて紹介します。

ここで取り上げる例は、いずれもオープンポジションの状態や価格の条件によって注文を出すものなので、常に価格をチェックする必要があります。そのため、一度だけ実行するスクリプトプログラムではなく、ずっと動作し続けるエキスパートプログラムとして作成します。

リピートIFD注文

IFDは「IF Done」の略で「ある注文が約定したら、別の注文を出す」というものです。例えば、USD/JPYを110円で買う注文が約定したら、損切りのために109円で逆指値売り注文を出したり、利益確定のために111円で指値売り注文を出したりするようなパターンです。

ただ、これだけの機能であれば、**OrderSend()**関数を使うことで損切り値や利食い値を同時に設定できます。特別にプログラムを作成する必要はありません。

そこで、ここではもう少し複雑な注文として、IFDを繰り返す、

いわゆる「リピートIFD注文」を実行するプログラムについて考えてみましょう。

例えば、USD/JPYの100円に指値買い注文を置いて、それが約定すれば、利益確定のための101円の指値売り注文を出すとしましょう。この場合、101円の指値売りが約定すれば、オープンポジションは決済されます。リピートIFDでは、このときに再度100円の指値買い注文を自動的に送信し、これを繰り返すのです。

これをエキスパートプログラムとして作成したものが**リスト3.3**です。

リスト3.3　RIDOrder.mq4

```
// マイライブラリー
#include <MyLib.mqh>

// マジックナンバー
#define MAGIC    20093010
#define COMMENT  "RIDOrder"

// 外部パラメータ
extern double Lots = 0.1;
extern double OpenPrice = 100.00;    // 約定価格
extern double ClosePrice = 101.00;   // 決済価格

// スタート関数
int start()
{
    // 現在のポジションのチェック
    if(MyCurrentOrders(MY_ALLPOS, MAGIC) != 0)
return(0);
```

続く→

```
    // 買い注文
    if(OpenPrice < ClosePrice)
    {
       if(OpenPrice >= Ask)
       {
          Print("OpenPrice >= Ask");
          return(-1);
       }
       MyOrderSend(OP_BUYLIMIT, Lots, OpenPrice, 0, 0,
          ClosePrice, COMMENT, MAGIC);
    }
    // 売り注文
    else if(OpenPrice > ClosePrice)
    {
       if(OpenPrice <= Bid)
       {
          Print("OpenPrice <= Bid");
          return(-1);
       }
       MyOrderSend(OP_SELLLIMIT, Lots, OpenPrice, 0, 0,
          ClosePrice, COMMENT, MAGIC);
    }

    return(0);
}
```

このプログラムでは、前節でライブラリー化した関数を利用するので、プログラムの最初に、

```
#include <MyLib.mqh>
```

と書いておきます。これは以降のプログラムで共通の書き方となります。このプログラムでは、

```
extern double Lots = 0.1;
extern double OpenPrice = 100.00;
extern double ClosePrice = 101.00;
```

のように売買ロット数「`Lots`」、約定値「`OpenPrice`」、決済値「`ClosePrice`」をそれぞれ「`extern`」キーワード付きの外部変数として宣言しておきます。

買い注文か売り注文かは「`OpenPrice`」と「`ClosePrice`」の大小で自動的に判別します。つまり「`OpenPrice < ClosePrice`」であれば買い注文、「`OpenPrice > ClosePrice`」であれば売り注文とみなします。

プログラムのロジックとしては、まず**`MyCurrentOrders()`**関数を使って、このエキスパートプログラムで指定したマジックナンバー「`MAGIC`」の付いた現在の注文（オープンポジションと待機注文の両方）のロット数を求めます。

ここで、現在の注文があれば何もせずに終了し、注文がない場合に次の処理に移ります。

次に「`OpenPrice`」と「`ClosePrice`」を比較して「`OpenPrice < ClosePrice`」であれば指値買い注文、「`OpenPrice > ClosePrice`」であれば指値売り注文の送信を行います。そして注文送信時に利食い値「`ClosePrice`」を設定します。

このロジックでは、オープンポジションが利食い値で決済され、ポジションがなくなれば、再び仕掛けの指値注文を送信します。このプログラムをエキスパートプログラムとして動かしているかぎり、IFD注文を繰り返すことができます。

なお、このプログラムでは指値注文を送信するので、現在値と「`OpenPrice`」を比較して、注文の送信が可能か確認しています。

ただし、ここでは簡易チェックとして、買い注文で「`OpenPrice`」が買値（`Ask`）以上の場合、指値注文にならないので、エラー出力をして終了します。同様に売り注文で「`OpenPrice`」が売値（`Bid`）以下の場合、指値注文にならないのでエラー出力をして終了します。

ここで「簡易」チェックといったのは、指値注文が通らないケースがほかにもあるからです。例えば、買い注文で「`OpenPrice`」が売値より安くても、値幅が小さい場合には指値注文は通りません。

この最小値幅は業者によって異なるので、このエラーには対応していません。もっとも、このプログラムは価格が変更されるたびに実行されるので、エラー処理をしなくても問題はないでしょう。

複数の注文に対応したリピートIFD注文

次に応用として、2つ以上の注文に対してリピートIFD注文を出す場合を考えます。例えば、100円で買って101円で決済する注文とは別に、99.5円で買って100.5円で決済する注文、99円で買って100円で決済する注文など、一定の値幅で買い下がっていくようなケー

スです。

このように、それぞれの注文の指定価格が一定間隔で変化する場合、**for**文を使った繰り返しのプログラムで簡単に作成することができます。

リスト3.4は、複数の注文に対応したリピートIFD注文のプログラム例「RIDOrder2.mq4」です。

リスト3.4　RIDOrder2.mq4

```
// マイライブラリー
#include <MyLib.mqh>

// マジックナンバー
#define MAGIC     20093020
#define COMMENT   "RIDOrder2"

// 外部パラメータ
extern double Lots = 0.1;
extern int Positions = 5;      // 注文の個数
extern double OpenPrice = 100.00;   // 約定価格
extern double ClosePrice = 101.00;  // 決済価格
extern double PriceDiff = 0.20;     // 価格の値幅

// スタート関数
int start()
{
    for(int i=0; i<Positions; i++)
    {
        // 現在のポジションのチェック
        if(MyCurrentOrders(MY_ALLPOS, MAGIC+i) != 0)
            continue;
```

続く→

```
    // 買い注文
    if(OpenPrice < ClosePrice)
    {
        if(OpenPrice-PriceDiff*i >= Ask)
        {
            Print("OpenPrice >= Ask");
            return(-1);
        }
        MyOrderSend(OP_BUYLIMIT, Lots,
            OpenPrice-PriceDiff*i, 0, 0,
            ClosePrice-PriceDiff*i, COMMENT, MAGIC+i);
    }
    // 売り注文
    else if(OpenPrice > ClosePrice)
    {
        if(OpenPrice+PriceDiff*i <= Bid)
        {
            Print("OpenPrice <= Bid");
            return(-1);
        }
        MyOrderSend(OP_SELLLIMIT, Lots,
            OpenPrice+PriceDiff*i, 0, 0,
            ClosePrice+PriceDiff*i, COMMENT, MAGIC+i);
    }
}

return(0);
}
```

　パラメータとして「`OpenPrice`」「`ClosePrice`」のほかに、いくつの注文に対してリピートIFD注文を出したいかという「`Positions`」と、それぞれの指定価格の値幅を表す「`PriceDiff`」

を、それぞれ「`extern`」キーワード付きの外部変数として宣言します。

複数の注文に対応させるために、`for`文でRID注文を「`Positions`」回数分繰り返します。プログラムの変更点は、

```
if(MyCurrentOrders(MY_ALLPOS, MAGIC+i) != 0) continue;
```

として、ポジションを確認するとき`return`文ではなく、`continue`文で`for`文の繰り返しに戻れるようにした点と、マジックナンバーの指定です。マジックナンバーを「`MAGIC`」ではなく、「`MAGIC+i`」としているのは、

```
MyOrderSend(OP_BUYLIMIT, Lots, OpenPrice-PriceDiff*i,
    0, 0, ClosePrice-PriceDiff*i, COMMENT, MAGIC+i);
```

の注文を送る関数でマジックナンバーを「`MAGIC+i`」とすることで、それぞれのポジションのマジックナンバーを違う値にして区別するためです。

指値買い注文の場合は、約定価格と利食い価格を順次「`PriceDiff*i`」だけ小さくしていき、指値売り注文の場合は、

```
MyOrderSend(OP_SELLLIMIT, Lots, OpenPrice+PriceDiff*i,
    0, 0, ClosePrice+PriceDiff*i, COMMENT, MAGIC+i);
```

のように約定価格と利食い価格を順次「`PriceDiff*i`」だけ大きくした注文を出します。

　このようにひとつのエキスパートプログラムでも、マジックナンバーを変えて区別することで、それぞれの注文を独立に扱うことができます。このエキスパートを実行しておけば、常に「`Positions`」個の指値注文が出され、約定後に利食いしてオープンポジションがなくなれば、再び自動的に仕掛けの指値注文が出されることになります。

OCO注文

　OCOとは「One Cancels the Other」の略で、指値の売り・買い注文と逆指値の売り・買い注文のうち、2つの注文を出しておき、どちらかが約定すれば、残りの注文をキャンセルするという注文方法です。

　あるオープンポジションに対して損切りのための逆指値注文と、利食いのために指値注文を両方出しておき、どちらかの注文が約定してオープンポジションが決済されたら、残りの注文は不要なのでキャンセルするといった使い方もあります。ただ、メタトレーダーでは、オープンポジションに損切り値と利食い値を設定できるので、このような場合は別途プログラムを作る必要はありません。

　ここでは、新規注文として2つの注文を同時に出すケースについて考えてみます。

❶レンジ相場で価格が下がれば買い、価格が上がれば売りたい場合、指値買いと指値売りの両方を注文しておき、一方が約定すれば、他方をキャンセルするケース。

❷レンジ相場でレンジを抜けたら（ブレイクアウト）、抜けた方向にトレードしたい場合、逆指値買いと逆指値売りの両方を注文しておき、一方が約定すれば、他方をキャンセルするケース。

❸押し目買いを狙う場面で、下がったら買いたいが、そのまま上がってしまっても、そのトレンドの方向で買いたい場合、指値買いと逆指値買いの両方を注文しておき、一方が約定すれば、他方をキャンセルするケース。

❹戻り売りを狙う場面で、上がったら売りたいが、そのまま下がってしまっても、そのトレンドの方向で売りたい場合、指値売りと逆指値売りの両方を注文しておき、一方が約定すれば、他方をキャンセルするケース。

 リスト3.5は以上のケースに対応したOCO注文のプログラム例「OCOOrder.mq4」です。

リスト3.5 OCOOrder.mq4

```mq4
// マイライブラリー
#include <MyLib.mqh>

// マジックナンバー
#define MAGIC1   20093030
#define MAGIC2   20093031
#define COMMENT  "OCOOrder"

// 外部パラメータ
extern double OpenPrice1 = 100.00;  // 売買価格1
extern double Lots1 = 0.1; // 売買ロット数1（+：買い −：売り）
extern double OpenPrice2 = 100.50;  // 売買価格2
extern double Lots2 = -0.1; // 売買ロット数2（+：買い −：売り）

// 待機注文の送信
void PendingOrderSend(double price, double lots,
   int magic)
{
   double stop_width = MarketInfo(Symbol(),
      MODE_STOPLEVEL) * Point;

   if(lots > 0)    // 買い注文
   {
      if(price < Ask-stop_width) MyOrderSend(
         OP_BUYLIMIT, lots, price, 0, 0, 0, COMMENT,
         magic);
      else if(price > Ask+stop_width) MyOrderSend(
         OP_BUYSTOP, lots, price, 0, 0, 0, COMMENT,
         magic);
   }
   else if(lots < 0) // 売り注文
   {
```

```
        if(price > Bid+stop_width) MyOrderSend(
            OP_SELLLIMIT, -lots, price, 0, 0, 0, COMMENT,
            magic);
        else if(price <= Bid-stop_width) MyOrderSend(
            OP_SELLSTOP, -lots, price, 0, 0, 0, COMMENT,
            magic);
    }
}

// スタート関数
int start()
{
    // MAGIC1 のポジション処理
    if(MyCurrentOrders(MY_OPENPOS, MAGIC2) == 0)
    {
        if(MyCurrentOrders(MY_ALLPOS, MAGIC1) == 0)
            PendingOrderSend(OpenPrice1, Lots1, MAGIC1);
    }
    else if(MyCurrentOrders(MY_PENDPOS, MAGIC1) != 0)
        MyOrderDelete(MAGIC1);

    // MAGIC2 のポジション処理
    if(MyCurrentOrders(MY_OPENPOS, MAGIC1) == 0)
    {
        if(MyCurrentOrders(MY_ALLPOS, MAGIC2) == 0)
            PendingOrderSend(OpenPrice2, Lots2, MAGIC2);
    }
    else if(MyCurrentOrders(MY_PENDPOS, MAGIC2) != 0)
        MyOrderDelete(MAGIC2);

    return(0);
}
```

このプログラムでは、外部変数として

```
extern double OpenPrice1 = 100.00;
extern double Lots1 = 0.1;
extern double OpenPrice2 = 100.50;
extern double Lots2 = -0.1;
```

を用意しておきます。

　ここで「`OpenPrice1`」「`OpenPrice2`」は、それぞれの注文の指定価格です。買いか売りかは、対応する売買ロット数「`Lots1`」「`Lots2`」の符号で判断します。つまり、0.1ロットの買いの場合は「`Lots1 = 0.1`」とし、0.1ロットの売りの場合はロット数をマイナスとして「`Lots2 = -0.1`」とするのです。

　このプログラムのロジックは、指値買い、指値売り、逆指値買い、逆指値売りのさまざまな組み合わせに対応させる必要があるため、少し複雑になります。

　2つの注文は「`MAGIC1`」と「`MAGIC2`」のマジックナンバーで区別します。プログラムの流れは次のとおりです。

　最初の状態では「`MAGIC1`」と「`MAGIC2`」はオープンポジションでも、待機注文でもありません。したがって「`MAGIC1`」「`MAGIC2`」の両方で待機注文を送信します。

　ただし、待機注文は無条件で送信するわけではありません。「`MAGIC1`」の待機注文を送信するのは、「`MAGIC1`」に待機注文もオープンポジションもなく、さらに「`MAGIC2`」のオープンポジション

がない場合です。

　つまり「MAGIC2」のオープンポジションがあるときは、すでにOCOが成立して「MAGIC1」の注文がキャンセルされた後なので、この場合は「MAGIC1」の注文を建てる必要はないということです。

　したがって「MAGIC2」のオープンポジションがなく、「MAGIC1」のすべての注文がない場合に「MAGIC1」の待機注文を送信します。

　「MAGIC2」の待機注文は、その逆です。「MAGIC1」のオープンポジションがなく、「MAGIC2」のすべての注文がない場合に送信します。

　次に考えるのは、どちらかの待機注文が約定し、オープンポジションになった状態です。例えば「MAGIC2」がオープンポジションになった場合、「MAGIC1」は待機注文のままです。したがって、この注文をキャンセルします。

　プログラムの流れとしては「MAGIC2」のオープンポジションがあり、「MAGIC1」の待機注文がある場合、「MAGIC1」の待機注文をキャンセルするようになっています。

　逆に「MAGIC1」がオープンポジションになった場合、「MAGIC2」は待機注文のままです。つまり「MAGIC1」のオープンポジションがあり、「MAGIC2」の待機注文がある場合、「MAGIC2」の待機注文をキャンセルします。

　ここで、待機注文を送信する**PendingOrderSend()**関数について説明します。

　待機注文は、指定価格やロット数の条件によって注文の種類を場合分けする必要があります。

この関数では、ロット数「`lots`」がプラスかマイナスかで、買い注文か売り注文かを判別して、`MyOrderSend()`関数を実行しています。ただし、売り注文の場合は「`lots`」がマイナスの値になっているので、`MyOrderSend()`関数に送るパラメータでは「`-lots`」とマイナスが付いているところに注意してください。

　もうひとつの場合分けは、指定価格と現在値との関係で指値注文か逆指値注文かを判別するところです。

　ここでは、単に指定価格と現在値との大小関係だけから判断するのではなく、現在値からわずかしか離れていない場合に注文が通らないというエラーを防ぐため、「`stop_width`」という変数で現在値から最低限離さなければいけない値幅を求めています。

　`MarketInfo()`関数は、さまざまなマーケット情報を取得するための関数です。詳しくは第5章で紹介しますが、ここでは、パラメータに「`MODE_STOPLEVEL`」を代入することで、その値幅がポイント（pips）単位で取得できるので「`Point`」という1ポイントの値幅を掛けて、実際の値幅を求めています。

　この「`stop_width`」を使って、同じ買い注文でも指定価格が「`Ask - stop_width`」よりも安ければ指値注文、「`Ask + stop_width`」よりも高ければ逆指値注文というように、注文の通らない範囲を避けています。

　売り注文の場合も同様に「`Bid + stop_width`」よりも高ければ指値注文、「`Bid - stop_width`」よりも安ければ逆指値注文になるように判別しています。

　このプログラムをエキスパートプログラムとして動作させること

で、OCO注文を実行することができます。

トレイリングストップ

　トレイリングストップとは、決済のための逆指値（損切り）注文の位置を相場の変化に合わせて自動的に変更していく機能です。

　例えば、USD/JPYを110.00円で買ったときに、まずは損切りのための決済逆指値として109.50円など具体的な価格を指定したとしましょう。

　ここで、相場が思惑どおり上昇して含み益を出していった場合、決済逆指値の位置を"段階的"に上げていけば、相場が下落に転じたときにも利益を確保することが可能になります。それを自動的に行う機能がトレイリングストップです。

　買いポジションに対する決済逆指値の位置の上げ方（売りポジションの場合は逆に下げ方）には、いろいろな方法があります。そのなかでも一般的なのは、買いの場合、約定時よりも相場が上昇して高値を更新するたびに、その高値から一定幅下の価格に決済逆指値を移動させる方法です。

　このトレイリングストップの機能は、多くのFX業者で導入されており、わりと人気があります。もちろん、メタトレーダーにも導入されており、特にプログラミングをすることなく、トレイリングストップの機能を利用することができます。

　ただし、メタトレーダーのトレイリングストップは、損切りや利食いのように仕掛け注文を入れると同時に設定することはできませ

図3.3 トレイリングストップの設定画面

　ん。まず、オープンポジションあるいは待機注文がある状態で設定します。

　設定方法は、ターミナル画面の「取引」タブで、トレイリングストップを設定したいオープンポジションをクリックして反転表示させます。そこで右クリックをすると、サブメニューが現れるので、そのなかの「トレイリングストップ」を選択します。すると、**図3.3**のように、さらに詳しい設定メニューが現れます。

　ここで15〜85ポイントまで、10ポイント刻みでトレイリングストップの設定が可能です。あるいはカスタム設定で15ポイント以上の任意の幅で設定することもできます。

トレイリングストップが設定されると、決済逆指値の位置が自動的に変わっていきます。トレイリングストップが設定されたオープンポジションかは、ポジションの左端にあるアイコンに「T」という記号が入っていることで確認できます。

　トレイリングストップの設定を解除したい場合、**図3.3**のサブメニュー上の「無し」を選択するだけです。また「すべて削除」を選択すると、すべてのトレイリングストップの設定を解除できます。

　ただし、オープンポジションにトレイリングストップの設定をしたら、すぐに損切り注文が置かれるわけではないことに注意してください。指定したポイント数分の含み益が出て初めてトレイリングストップが置かれます。

　例えば、USD/JPYを100.00円で買い、この買いポジションに対して25ポイントのトレイリングストップを設定したとします。この場合、売値が100.25円となったとき、25ポイントの含み益となるので、この価格を売値が超えた時点で、高値よりも25ポイント下の価格に逆指値売り注文が設定されます。

　そして相場が"高値"を更新するたびに、決済逆指値は常に付けた高値よりも25ポイント下を移動していきます。高値を更新してから相場が下げに転じても決済逆指値の位置は下がりませんので、売値が決済逆指値まで下がれば、自動的に決済されるわけです。

　しかし、25ポイントの含み益が出ないまま価格が下げてしまっても、トレイリングストップは自動的に設定されません。損失を限定するための損切り注文は、最初に入れておく必要があるでしょう。

一定幅でないトレイリングストップ（1）

　一定幅のトレイリングストップは、多くのFX業者で利用できる比較的一般的な機能です。しかし、メタトレーダーでは、エキスパートプログラムを駆使することで「一定幅ではないトレイリングストップ」など、いろいろなパターンのトレイリングストップの機能を実現できます。

　この項では、プログラムによるトレイリングストップの応用について紹介します。

　通常のトレイリングストップでは、買いポジションの場合、相場の高値更新に注目し、そこから一定幅下のところに決済逆指値を移動させます。しかし、相場の状態によっては、その"一定幅"を変化させたほうが好ましい場合もあります。例えば、値動きが激しくなれば、損切り値が浅いとすぐに損切りにかかってしまうため、少し深めの損切り値を設定するといった具合です。

　これを自動的に行うため、テクニカル指標を利用する必要があります。そのような場合によく利用されるのが、第2章で紹介したATRです。

　ATRは各バーの値幅の平均を表します。高値からATRの何倍かの値幅のところ決済逆指値を置くことで、値動きの大きさに合わせたトレイリングストップを実行しようというわけです。

　プログラムを**リスト3.6**に示します。値動きを追跡するので、エキスパートプログラムとして作成します。

リスト3.6　TrailingStopATR.mq4

```mq4
// マイライブラリー
#include <MyLib.mqh>

// マジックナンバー
#define MAGIC   0

// 外部パラメータ
extern int ATRPeriod = 5;          // ATRの期間
extern double ATRMult = 2.0;       // ATRの倍率

// スタート関数
int start()
{
   double spread = Ask-Bid;
   double atr = iATR(NULL, 0, ATRPeriod, 1) * ATRMult;
   double HH = Low[1] + atr + spread;
   double LL = High[1] - atr;

   for(int i=0; i<OrdersTotal(); i++)
   {
      if(OrderSelect(i, SELECT_BY_POS) == false)
         break;
      if(OrderSymbol() != Symbol()
         || OrderMagicNumber() != MAGIC) continue;

      if(OrderType() == OP_BUY)
      {
         if(LL > OrderStopLoss()) MyOrderModify(LL, 0,
            MAGIC);
         break;
      }
```

続く→

```
    if(OrderType() == OP_SELL)
    {
        if(HH < OrderStopLoss() || OrderStopLoss()
            == 0) MyOrderModify(HH, 0, MAGIC);
        break;
    }
}

return(0);
}
```

このプログラムでは、まず**iATR()**関数でトレイリングストップに使うATRの大きさを算出します。ATRの期間と倍率はそれぞれ

```
extern int ATRPeriod = 5;
extern double ATRMult = 2.0;
```

として外部変数に宣言しておきます。そして「`atr`」という変数に期間「`ATRPeriod`」のATRに「`ATRMult`」という倍率を掛けた値を求めます。

次にトレイリングストップを置く位置として、買いポジションに対しては1バー前の高値から「`atr`」を引いた値を「`LL`」に、売りポジションに対しては1バー前の安値に「`atr`」と「`spread`（AskとBidの差）」を加えた値を「`HH`」に求めます。

「`HH`」の値に「`spread`」が加えられているのは、売りポジション

の損切りが買い注文になるためです。チャート上の価格やテクニカル指標の値は、Bidを基準に算出されています。

買いポジションの決済ではBidを使うので「`LL`」のままで構いません。しかし、売りポジションの決済では買値が必要となるので「`HH`」の値に「`spread`」を加えることでAskを基準にした値にしているわけです。

実際のトレイリングストップの変更は、先ほど作成した`MyOrderModify()`関数を利用します。この関数は損切り値（トレイリングストップ）が変更になった場合のみ、実際に注文を変更する指令をサーバに送ります。

ただし、トレイリングストップの場合、買いポジションの損切りは、いったん設定した後に下がらないように、また売りポジションの損切りは、いったん設定した後に上がらないようにしなくてはいけません。

そこで、すでに設定されている損切りの値を`OrderStopLoss()`関数で取得する必要があるため、あらかじめ`OrderSelect()`関数で注文を選択する処理を行っています。

そして、買いポジションの場合、「`LL`」が現在の損切り値よりも上にあれば、損切り値を「`LL`」に変更します。

また、売りポジションの場合、「`HH`」が現在の損切り値よりも下にあれば、損切り値を「`HH`」に変更します。

ここで、売りポジションの場合、現在の損切りが「`0`」、つまり損切りが未設定のときには常に損切りを設定するようになっている点に注意してください。買いポジションの場合、その条件が

入っていません。しかし、現在の損切りが「0」の条件は、「LL > OrderStopLoss()」に含まれるので、書く必要はないということです。

このプログラムはエキスパートプログラムとして実行させるので、マジックナンバー「MAGIC」を定義しており、ここでは「0」に設定してあります。この場合、手動でトレードしたオープンポジションに対してのみ、このトレイリングストップのプログラムが機能することになります。

一定幅でないトレイリングストップ（2）

次に別パターンのトレイリングストップを紹介します。一定期間の最安値、あるいは最高値の位置にストップ注文を置き、それを移動させる方法です。これは第2章で説明したHLバンドの動きを見ると分かりやすいでしょう。

例えば、買いポジションに対して、直近10本のバーの最安値にストップを移動させるとします。そのまま相場が上昇していき、各バーの安値が上がっていくと、10本のバーの最安値はだんだん切り上がっていきます。したがって、ストップの位置はそれに合わせて上がることになります。そして、相場が下落に転じ、ストップを下回ると、そこで決済されることになります。

逆に売りポジションであれば、直近10本のバーの最高値にストップを移動させていくことで、相場がそのまま下げれば、ストップの位置も切り下がっていくことになります。

これをプログラムしたのが、**リスト3.7**です。同じくエキスパートプログラムとして作成します。

リスト3.7　TrailingStopHL.mq4

```mq4
// マイライブラリー
#include <MyLib.mqh>

// マジックナンバー
#define MAGIC 0

// 外部パラメータ
extern int HLPeriod = 5;     // HL バンドの期間

// スタート関数
int start()
{
   double spread = Ask-Bid;
   double HH = iCustom(Symbol(), 0, "HLBand",
      HLPeriod, 1, 1)+spread;
   double LL = iCustom(Symbol(), 0, "HLBand",
      HLPeriod, 2, 1);

   if(MyCurrentOrders(OP_BUY, MAGIC) != 0)
      MyOrderModify(LL, 0, MAGIC);
   if(MyCurrentOrders(OP_SELL, MAGIC) != 0)
      MyOrderModify(HH, 0, MAGIC);

   return(0);
}
```

このプログラムでは、まず、すでに作成されている「HLBand」のカスタム指標プログラムを利用し、`iCustom()`関数でHLバンドの上位ラインと下位ラインをそれぞれ「`HH`」「`LL`」の変数に求めます。

　買いポジションのストップが「`LL`」、売りポジションのストップが「`HH`」に対応するので、「`HH`」にはスプレッド（`spread`）の値が足されています。

　HLBandを求める期間は「`RangePeriod`」という外部変数で宣言してあります。

　実際にストップを移動させる処理は簡単です。HLバンドは、上位ラインあるいは下位ラインを相場が抜けるまで上位ラインは下降を続け、下位ラインは上昇を続けるため、現在の損切りと比較して条件分岐をする必要がありません。

　したがって、プログラムとしては、買いポジションがあるときにストップを「`LL`」に移動し、売りポジションがあるときにストップを「`HH`」に移動するという記述だけですむわけです。

　このプログラムも、マジックナンバー「`MAGIC`」を「`0`」に指定してあるため、手動で建てたポジションに対してのみ、トレイリングストップが機能することになります。

第4章

エキスパートプログラムでシステムトレード自由自在

4-1. 売買システムの基本構成

　メタトレーダーのプログラミング機能のうち、最も強力なものが自動売買を可能にするエキスパートプログラムでしょう。システムトレードとして考えられるあらゆるアイデアをプログラムし、実行できます。

　しかし、そのような自由度の高さは可能性を広げる反面、初心者がどこから手をつけたらいいか分からないという難しさをもたらします。

　そこで、本章ではシステムトレードの基本的なロジックを関数として表し、それを組み合わせることで、さまざまな売買システムへの応用ができるようなプログラミング方法について説明します。さらに実際の売買でのプログラミング上の注意点や、バックテストにおける注意点などについても触れます。

　本章では売買システムのプログラムをすべて**start()**関数中に記述するのではなく、システムの機能ごとに関数を使ってプログラムする方法を取っています。そのため、すべてのサンプルプログラムで、第3章でライブラリー化した関数を利用しています。

　関数をうまく使いこなすことがプログラムをシンプルに書くためのコツです。サンプルプログラムも多数掲載しているので、参考にしてください。

具体的な売買システムのプログラミングに入る前に、まずは本書で説明するシステムの基本構成パターンをいくつかみていきましょう。

仕掛けのみのシステム

最も簡単な売買システムは、仕掛け（エントリー）のみのものです。仕掛けとは、売買注文（成行、指値、逆指値も含む）の送信を意味します。

仕掛けの合図のことを「エントリーシグナル」と呼びます。エントリーシグナルには「買いシグナル」と「売りシグナル」があり、何かしらのテクニカル指標で設定した条件から、買いシグナルが発生すれば買い注文を送信、売りシグナルが発生すれば売り注文を送信します。このシグナルをどういう場合に発生させるかをプログラムするわけです。

仕掛けのみのシステムでは、すでに買いポジションのある状態で、売りシグナルが発生したときは、買いポジションを決済して売りポジションを建てます。同様に売りポジションのある状態で、買いシグナルが発生したときは、売りポジションを決済して買いポジションを建てることになります。

いわゆる「途転売買（ドテン）」です。したがって、最初の状態を除いて、常に買いか売りのポジションが建っている形になります。

つまり、仕掛けのみのシステムでは「エントリーシグナルのチェック→売買注文の送信」という定型的な処理のプログラムができるわ

けです。言い換えれば、システムによって変える部分は、エントリーシグナルを発生させる部分だけとなります。

　そこで、エントリーシグナルを発生させる部分のみを関数化してみましょう。**リスト4.1**にエキスパートプログラムの例「GenericSystem1.mq4」を掲載しました。

リスト4.1　GenericSystem1.mq4

```
// マイライブラリー
#include <MyLib.mqh>

// マジックナンバー
#define MAGIC    20094000
#define COMMENT  "GenericSystem1"

// 外部パラメータ
extern double Lots = 0.1;
extern int Slippage = 3;

// エントリー関数
int EntrySignal(int magic)
{
   // オープンポジションの計算
   double pos = MyCurrentOrders(MY_OPENPOS, magic);

   int ret = 0;
   // if(pos <= 0 && 買いシグナル) ret = 1;
   // if(pos >= 0 && 売りシグナル) ret = -1;
   return(ret);
}
```

```
// スタート関数
int start()
{
   // エントリーシグナル
   int sig_entry = EntrySignal(MAGIC);

   // 買い注文
   if(sig_entry > 0)
   {
      MyOrderClose(Slippage, MAGIC);
      MyOrderSend(OP_BUY, Lots, Ask, Slippage, 0, 0,
         COMMENT, MAGIC);
   }
   // 売り注文
   if(sig_entry < 0)
   {
      MyOrderClose(Slippage, MAGIC);
      MyOrderSend(OP_SELL, Lots, Bid, Slippage, 0, 0,
         COMMENT, MAGIC);
   }

   return(0);
}
```

このプログラムでは、`start()`関数とは別に「`EntrySignal()`」という関数を定義してあります。

`EntrySignal()`関数は、マジックナンバーをパラメータとして、エントリーシグナルを返す関数です。次のような仕様として定義することにします。

> **EntrySignal()**
> エントリーシグナルを返す関数(本書オリジナル関数)
>
> 【書式】
>   `int EntrySignal(int magic)`
>
> 【パラメータ】
>   ①`magic`
>   マジックナンバー。
>
> 【戻り値】
>   買いシグナルの場合:1
>   売りシグナルの場合:-1
>   シグナルなしの場合:0

　ここではまだ、実際のシグナルを発生させるロジックは記述されていません。

　基本的な考え方を説明しましょう。まず、

```
double pos = MyCurrentOrders(MY_OPENPOS, magic);
```

という第3章でライブラリー化した関数を使って、「`magic`」というマジックナンバーに一致するオープンポジションのロット数を算出します。買いポジションはプラス、売りポジションはマイナスの数値で返されます。

　そして、このポジション情報「`pos`」をもとに、

> // if (pos <= 0 && 買いシグナル) ret = 1;
> // if (pos >= 0 && 売りシグナル) ret = -1;

のように記述します。「買いシグナル」「売りシグナル」の部分は実際のプログラムではないので、ここではコメント行にしておきました。

ロジックとしては「`pos <= 0`」、つまりオープンポジションがないか、売りポジションがある場合、買いシグナルが出れば「`1`」を返します。あるいは「`pos >= 0`」、つまりオープンポジションがないか、買いポジションがある場合、売りシグナルが出れば「`-1`」を返します。

何もシグナルがない場合、あるいは買いポジションのときに買いシグナル、売りポジションのときに売りシグナルが出た場合は「`0`」を返します。

この関数では、まだ実際に注文を送信していません。あくまで売買シグナルの有無のみを返します。ここで注文を送信しない理由は、別の条件によってこの売買シグナルを採用しないケースがあるからです。

では、この関数の使い方を含めて全体のプログラムの流れをみていきましょう。まず、第3章でライブラリー化したトレード関数を利用するために、

```
#include <MyLib.mqh>
```

と書いて「MyLib.mqh」というヘッダーファイルを読み込みます。

次に#define文で、マジックナンバー「MAGIC」と、コメント「COMMENT」に、数値、および、プログラム名を割り当てています。

これらは、エキスパートごとに異なるようにしておきます。

start()関数では、次のようにエントリーシグナル生成関数を実行します。

```
int sig_entry = EntrySignal(MAGIC);
```

このシグナル「sig_entry」の値をもとに、「sig_entry > 0」の場合、買いシグナルなので、

```
MyOrderSend(OP_BUY, Lots, Ask, Slippage, 0, 0,
    COMMENT, MAGIC);
```

という成行買い注文を送信します。また「sig_entry < 0」の場合、売りシグナルなので、

```
MyOrderSend(OP_SELL, Lots, Bid, Slippage, 0, 0,
    COMMENT, MAGIC);
```

のように成行売り注文を送信します。

ここで、売買ロット数「Lots」と、許容スリッページポイント「Slippage」は、プログラムの最初に「extern」の付いた外部変

数として宣言しておきます。

　なお、各売買注文送信の前に、

```
MyOrderClose(Slippage, MAGIC);
```

と注文を決済する文が入っています。これは途転売買のためにオープンポジションを決済する文です。

　オープンポジションを決済するときには、実際にオープンポジションがあるかチェックする必要があります。しかし、そのチェックは`MyOrderClose()`関数で行っているので、ここでは省略してあります。

手仕舞いを追加したシステム

　仕掛けのみのシステムはシンプルでいいのですが、シグナルには不利な方向に相場が動いた場合でも、次の反対シグナルが出るまで待たなければならないという欠点があります。

　この欠点を解消するために、仕掛け（エントリー）とは別に、オープンポジションを決済するためのシグナル、つまり手仕舞い（エグジット）のシグナルを使うことが考えられます。

　仕掛けたとき（売買注文時）、単に損切り値や利食い値の設定をすることも、手仕舞い方法のひとつです。また、第3章で紹介したトレイリングストップを含めて、何らかのテクニカル指標をもとに手仕舞いのシグナルを生成することもあります。

ここでは、仕掛けのみのシステムに手仕舞いのロジックを追加した売買システムをみてみましょう。

仕掛けのみのシステムでは、注文の送信部分は別にして、シグナルの発生部分のみを関数化しました。

しかし、手仕舞いに関しては、仕掛けの場合とは違って、シグナルに応じて手仕舞うだけでなく、シグナルとは関係なく、一定の損益や、決まった時間で手仕舞うなど、さまざまなパターンが考えられます。そこで、手仕舞いのための関数として、さまざまなパターンに対応できるよう、シグナルを生成する部分だけでなく、ポジション決済する部分まで含めた関数としておきます。

関数名は「`ExitPosition()`」とし、パラメータとしてマジックナンバー「`magic`」のみを取るものとします。

リスト4.2は先ほどの「GenericSystem1.mq4」に`ExitPosition()`関数を追加したプログラム「GenericSystem2.mq4」です。

リスト4.2　GenericSystem2.mq4
```
// マイライブラリー
#include <MyLib.mqh>

// マジックナンバー
#define MAGIC      20094001
#define COMMENT    "GenericSystem2"

// 外部パラメータ
extern double Lots = 0.1;
extern int Slippage = 3;
```

```
// エントリー関数
int EntrySignal(int magic)
{
    // オープンポジションの計算
    double pos = MyCurrentOrders(MY_OPENPOS, magic);

    int ret = 0;
    // if(pos <= 0 && 買いシグナル) ret = 1;
    // if(pos >= 0 && 売りシグナル) ret = -1;
    return(ret);
}

// エグジット関数
void ExitPosition(int magic)
{
    // オープンポジションの計算
    double pos = MyCurrentOrders(MY_OPENPOS, magic);

    int ret = 0;
    // if(pos < 0 && 売りポジションの決済シグナル) ret = 1;
    // if(pos > 0 && 買いポジションの決済シグナル) ret = -1;

    // オープンポジションの決済
    if(ret != 0) MyOrderClose(Slippage, magic);
}

// スタート関数
int start()
{
    // 売買ポジションの手仕舞い
    ExitPosition(MAGIC);

    // エントリーシグナルの生成
    int sig_entry = EntrySignal(MAGIC);
```

続く→

```
   // 買い注文
   if(sig_entry > 0)
   {
      MyOrderClose(Slippage, MAGIC);
      MyOrderSend(OP_BUY, Lots, Ask, Slippage, 0, 0,
         COMMENT, MAGIC);
   }
   // 売り注文
   if(sig_entry < 0)
   {
      MyOrderClose(Slippage, MAGIC);
      MyOrderSend(OP_SELL, Lots, Bid, Slippage, 0, 0,
         COMMENT, MAGIC);
   }

   return(0);
}
```

　ExitPosition()関数では、まずマジックナンバー「**magic**」に一致するオープンポジションロット数を「**pos**」という変数に取得します。そして「**pos < 0**」つまり、売りポジションがある場合は、決済するための買いシグナルをチェックし、あれば「**ret = 1**」を代入しておきます。

　あるいは「**pos > 0**」、つまり買いポジションがある場合は、決済するための売りシグナルをチェックし、あれば「**ret = -1**」を代入しておきます。

　買いシグナル、売りシグナルともに決済の方法は同じです。「**ret**」が「**0**」でない場合に、ポジションを決済する関数「**MyOrderClose()**」

を実行します。

仕掛けのみのプログラムからの変更点は、**start()**関数の最初に、

```
ExitPosition(MAGIC);
```

という関数を挿入したところだけです。

なお、オープンポジションを手仕舞う処理を別にしたことで、仕掛け注文を送信する前の**MyOrderClose()**関数が不要になる場合もあるでしょう。

しかし、仕掛けの条件と手仕舞いの条件が全く別々に与えられる場合、手仕舞う前に逆の仕掛けシグナルが発生する可能性もあります。したがって、注文を送信する前の**MyOrderClose()**関数は残しておいたほうが安全でしょう。

どのタイミングでシグナルを出すか

具体的な仕掛けのパターンの説明に入る前に、以降のプログラムで共通して注意する点について説明します。それは、どのタイミングでシグナルを出すかということです。

気配値はリアルタイムに変化します。この変化のタイミングを表したものを「ティックチャート」と呼びます。ティックチャートは1秒間に激しく変動することもありますし、数秒から数十秒間動かないこともあります。

メタトレーダーでは、ティックが動くたびにエキスパートプログ

ラムを実行させることができます。つまり、すべてのティックでシグナルを発生させ、売買ができる仕組みになっているのです。

　テクニカル指標はチャート上の各バーの位置で計算され、チャート上に表示されます。最新のバーの位置を除いたすべてのテクニカル指標はすでに確定しているため、値が変わることはありません。

　しかし、最新のバーでは、始値が確定してはいるものの、高値、安値、終値については次のバーが現れるまで確定しません。したがって、最新のバーの位置におけるテクニカル指標の値は常に変化しているため、ほかのバーと区別して考える必要があります。

　つまり、すでに確定したバーの位置におけるテクニカル指標によって生じたシグナルは途中で変わることがないのに対して、最新のバーではテクニカル指標が変化している状態であり、途中でシグナルが発生しても、バーが確定した時点ではシグナルが発生していないということもあるわけです。

　そこで、最新のバーの値からシグナルを出すか、すでに確定したバーの値からシグナルを出すかという問題があります。

　これはプログラム上ではわずかな違いにしかなりません。しかし、売買システムの成績やシステムの検証の精度などに、大きく関わってきます。

　例えば、トレンドフォロー型とカウンタートレンド型という典型的な2つの異なる売買システムについて、その違いをみてみましょう。

　「トレンドフォロー」とは、いわゆる「順張り」で、トレンドを確認してから、そのトレンド方向に追従してトレードします。

一方「カウンタートレンド」とは、いわゆる「逆張り」で、トレンドの反転を予測して、そのトレンドとは逆方向にトレードすることです。
　それぞれのシグナルの具体的な発生方法については、ここではまだ触れません。最新のバーでテクニカル指標の値がシグナルの条件を満たしそうな状況を考えてください。
　最新のバーは当然、常に動いています。条件を満たしてシグナルが点灯するティックもあるでしょうし、条件を満たさなくなってシグナルが"消灯"してしまうティックもあるでしょう。
　ここで、2つのケースについて考えてみます。

❶最新のバーを形成している途中でシグナルが出て、バーが完成したときにもシグナルが出ていた場合。

❷最新のバーを形成している途中でシグナルが出たものの、バーの完成時には消えてしまった場合。

　トレンドフォロー型システムの場合、❶のケースでは、バーの途中でもシグナルに合わせてトレードをしたほうが有利なレートで取引できたことになります。❷のケースは、シグナルどおりにトレードすればダマシにあった形になり、シグナルではトレードしないほうがよかったことになります。
　イメージとしては、ブレイクアウトを考えてください。最新のバーを形成している途中でレンジを上抜いたとします。❶のケース

はバーの完成時にも終値がそのままレンジを上に超えた場合で、❷のケースはバーの完成時に終値がレンジを再び下回り、ヒゲだけが残る場合です。

❶のケースであれば、レンジを上抜いた瞬間に買ったほうが、終値を待って買うよりも有利なレートで買えたことになります。❷のケースであれば、レンジを上抜いた瞬間に買うと結果的に"ダマシ"で買ったことになります。バーの完成時にレンジを超えていないので、何もしないほうがよかったことになります。

一方、カウンタートレンド型のシステムの場合、❶のケースでは、バーの途中でシグナルが出てもバーの完成時までトレンドが続いていたことになるので、バーの完成時にトレードするほうが有利なレートでトレードできたことになります。❷のケースだと、バーの途中のシグナルでトレードできれば、うまくレートが反転して利益が出ます。しかし、バーが完成してからだとその機会を逃してしまうということになります。

売買システムを設計するとき、どのバーの値でシグナルを点灯させればよいかを個別のケースで検討しても「木を見て森を見ず」ということになりかねません。

結局は、バーを形成している途中でシグナルを点灯させるか、バーが完成したときにシグナルを点灯させるかは、一長一短があるのです。どちらのほうが良い成績を出すかは一概にいえません。

しかし、過去データを使って売買システムを検証するときの精度について、はっきりいえることがあります。

バーの完成時にシグナルを出すシステムを検証する場合、それぞ

れのバーの終値さえ分かればよいので、検証したい時間枠のデータだけあれば、検証結果は実際のトレード結果と大きな差はありません。

一方、最新のバーを形成している途中でシグナルを出すシステムの場合、バーの途中の値動きのデータが必要となります。いわゆる「ティックデータ」[※1]です。これが検証期間ですべて揃っていなければ、正確な結果とはいえません。

メタトレーダーでは、ストラテジーテスターという機能で検証ができます。

バーの完成時にシグナルを出す売買システムを検証するときは、モデルを「Open price only」とすれば十分です。対して、バーの途中でシグナルを出すシステムでは、モデルを「Every tick」にしなければ正確な検証ができません。

しかし、実際には検証期間すべてのティックデータが残っているわけではありません。また、全データで検証するとなると処理に要する時間も半端ではなくかかってしまいます。

そういう問題から、その"中間"の「Control points」を選択するということもあります。売買システムに適用した時間枠のデータに対して、ひとまわり短い時間枠のデータを使う方法です。例えば、1時間足に売買システムを適用した場合、ひとつ短い時間枠の30分

※1) ティックデータとは厳密にはBidの変化をすべて記録したデータのことです。しかし、それは過去データとしてメタトレーダーに保存されません（したがって、過去データで完全に"正確"な売買を再現できるわけではありません）。よって、過去データによる検証では、1分足データを「EveryTick」としています。

足のデータを使います。しかし、検証の精度はティックデータに比べれば、どうしても下がってしまいます。

　ストラテジーテスターの使用上の注意については、本章の最後に改めて触れることにします。ここでは、とりあえず検証にかかる時間や検証の精度を考慮して、バーの完成時にシグナルを出すシステムを中心に取り上げていきたいと思います。

エキスパートプログラムでの特別な関数の動作タイミング

　エキスパートプログラムは`start()`関数のみで構成される場合が多いのですが、カスタム指標プログラムと同様、`init()`関数、`deinit()`関数も利用できます。

　ただし、これらの特別な関数の動作タイミングは、カスタム指標プログラムの場合と少し異なる点に注意してください。

　エキスパートプログラムをチャートに挿入すると、まず`init()`関数が実行されます。しかし、その時点ではまだ、`start()`関数は実行されません。価格が変更されるティックデータが入ったとき、`start()`関数が実行され、それ以降はティックデータが入るたびに`start()`関数が実行されるのです。

　そして、エキスパートプログラムをチャートから削除したときに、`deinit()`関数が実行されます。

　この動作タイミングの違いは、週末、ティックデータが更新されないときによく分かります。カスタム指標プログラムは、チャートに挿入すると`start()`関数を実行するので、最新のバーまでの指標を表示します。しかし、エキスパートプログラムは、チャートに挿入しただけでは`start()`関数は実行されないので、何も起こりません。

4-2. 仕掛けのパターン

　次に、エントリーシグナルを発生させるための具体的なロジックについてみていきましょう。仕掛けの方法はさまざまありますが、ここでは最も基本的な「テクニカル指標を使った仕掛けの方法」についていくつか紹介します。

　仕掛けの方法が変わっても、プログラム中で変わるのは前述の`EntrySignal()`関数の中身だけです。エントリーシグナル発生のロジックだけに集中して、プログラミングの仕方の違いをみてください。

指標の値の大小による仕掛け（1）

　まず、最も簡単な仕掛けの方法として「あるテクニカル指標の値が、ある値よりも大きいか小さいか？」でシグナルを発生させる方法ついて考えてみましょう。

　利用するテクニカル指標はモメンタムです。モメンタムは、第2章で紹介したように、一定期間前の価格からの比を表す簡単な指標で、相場の方向性を表す指標として使われます。

　例として、20本前のバーの価格との比を求めたモメンタムを図4.1に表します。モメンタムの値は、20本前のバーと同じであれば

図4.1 モメンタムを利用した仕掛け例

100となり、高くなれば100を超え、安くなれば100を下回ります。

ここで仕掛けのルールを「モメンタムが100を超えたときに買い、100を下回ったときに売り」としてみます。価格上昇の勢いに従って買い、価格下落の勢いに従って売るというトレンドフォロー型のシステムです。

リスト4.3にこの売買システムのエキスパートプログラム「Momentum1.mq4」を掲載しました。

`EntrySignal()`関数がシステムのエントリーシグナルを発生させる部分です。この関数では、モメンタムを「`iMomentum()`」という組み込みテクニカル指標関数で求めています。

リスト4.3　Momentum1.mq4

```mq4
// マイライブラリー
#include <MyLib.mqh>

// マジックナンバー
#define MAGIC     20094010
#define COMMENT   "Momentum1"

// 外部パラメータ
extern double Lots = 0.1;
extern int Slippage = 3;

// エントリー関数
extern int MomPeriod = 20; // モメンタムの期間
int EntrySignal(int magic)
{
    // オープンポジションの計算
    double pos = MyCurrentOrders(MY_OPENPOS, magic);

    // モメンタムの計算
    double mom1 = iMomentum(NULL, 0, MomPeriod,
        PRICE_CLOSE, 1);

    int ret = 0;
    // 買いシグナル
    if(pos <= 0 && mom1 > 100) ret = 1;
    // 売りシグナル
    if(pos >= 0 && mom1 < 100) ret = -1;

    return(ret);
}
```

続く→

```
// スタート関数
int start()
{
   // エントリーシグナル
   int sig_entry = EntrySignal(MAGIC);

   // 買い注文
   if(sig_entry > 0)
   {
      MyOrderClose(Slippage, MAGIC);
      MyOrderSend(OP_BUY, Lots, Ask, Slippage, 0, 0,
         COMMENT, MAGIC);
   }
   // 売り注文
   if(sig_entry < 0)
   {
      MyOrderClose(Slippage, MAGIC);
      MyOrderSend(OP_SELL, Lots, Bid, Slippage, 0, 0,
         COMMENT, MAGIC);
   }

   return(0);
}
```

　`iMomentum()`関数の最後のパラメータを「1」として、1本前のバーでのモメンタムを「`mom1`」という変数に求めています。つまり、すでに確定したバーを使って指標値を求めているわけです。

　モメンタムをとる間隔は「`MomPeriod`」として外部変数として宣言してあります。この変数は**extern**を付けて宣言してあるため、

エキスパートプログラムのプロパティで値を変更することができます。

あとは「`mom1`」が100を超えていれば買いシグナル、100を下回っていれば売りシグナルを出すというロジックをプログラムすることになります。ただし、この条件だけでは、上昇局面で「`mom1`」が100を超えていれば買いシグナルが出続けることになります。あるいは、下降局面で「`mom1`」が100を下回っていれば売りシグナルが出続けることになります。

`start()`関数中で、`EntrySignal()`関数の結果が「`1`」で買いシグナルであれば、あるいは「`-1`」で売りシグナルであれば、すぐに売買注文を送信する関数が実行されます。したがって、このままでは、シグナルが出るたびに注文が実行され、オープンポジションの数が増えてしまいます。

そこで、ここでは同じ方向のシグナルが連続して出ないようにするため、現在のオープンポジションのロット数を「`pos`」として取得します。そして「`pos <= 0`」、つまりオープンポジションがないか、売りポジションがある場合、「`mom1`」が100を超えていれば、買いシグナルとして「`1`」を返すことにします。

あるいは「`pos >= 0`」、つまりオープンポジションがないか、買いポジションがある場合、「`mom1`」が100よりも小さければ、売りシグナルとして「`-1`」を返すようにします。

これで、連続して同方向へのポジションが建たないようにすることができます。

指標の値の大小による仕掛け（2）

　もうひとつ、指標の大小の条件だけを利用した仕掛けの例をみてみます。今度はオシレーター型指標であるRSIを使ったシステムです。RSIは一般に買われ過ぎ、売られ過ぎを示すテクニカル指標として知られていますので、ここではカウンタートレンド型のシステムとして考えます。

　システムのロジックは、**図4.2**のようにRSIがある値（30）よりも小さくなったときに買いシグナル、ある値（70）よりも大きくなったときに売りシグナルを発生させるというものです。

図4.2　RSIを利用した仕掛け例

このシステムのプログラム例「RSI1.mq4」を**リスト4.4**に掲載します。

リスト4.4　RSI1.mq4

```
// マイライブラリー
#include <MyLib.mqh>

// マジックナンバー
#define MAGIC    20094020
#define COMMENT "RSI1"

// 外部パラメータ
extern double Lots = 0.1;
extern int Slippage = 3;

// エントリー関数
extern int RSIPeriod = 14;  // RSIの期間
int EntrySignal(int magic)
{
    // オープンポジションの計算
    double pos = MyCurrentOrders(MY_OPENPOS, magic);

    // RSIの計算
    double rsi1 = iRSI(NULL, 0, RSIPeriod, PRICE_CLOSE, 1);

    int ret = 0;
    // 買いシグナル
    if(pos <= 0 && rsi1 < 30) ret = 1;
    // 売りシグナル
    if(pos >= 0 && rsi1 > 70) ret = -1;

    return(ret);
}
```

続く→

```
// スタート関数
int start()
{
   // エントリーシグナル
   int sig_entry = EntrySignal(MAGIC);

   // 買い注文
   if(sig_entry > 0)
   {
      MyOrderClose(Slippage, MAGIC);
      MyOrderSend(OP_BUY, Lots, Ask, Slippage, 0, 0,
         COMMENT, MAGIC);
   }
   // 売り注文
   if(sig_entry < 0)
   {
      MyOrderClose(Slippage, MAGIC);
      MyOrderSend(OP_SELL, Lots, Bid, Slippage, 0, 0,
         COMMENT, MAGIC);
   }

   return(0);
}
```

　RSIの算出は、第2章で紹介した組み込みテクニカル指標関数の`iRSI()`関数を利用します。先ほどのモメンタム同様、1本前のバーにおけるRSIの値を「`rsi1`」という変数に求めます。RSIを計算する期間は「`RSIPeriod`」という外部変数を代入します。

　シグナル生成部分の書き方はモメンタムの場合と同じです。現在のオープンポジションのロット数を計算する「`pos`」と「`rsi1`」の

値からシグナルを決定します。

「`pos <= 0`」でオープンポジションがないか売りポジションがあり、かつ「`rsi1 < 30`」のとき、買いシグナルとして「`ret = 1`」を返します。また「`pos >= 0`」でオープンポジションがないか買いポジションがあり、かつ「`rsi1 > 70`」のとき、売りシグナルとして「`ret = -1`」を返します。

価格と指標の交差による仕掛け（1）

次は、テクニカル指標と価格の交差を条件とした仕掛けのパター

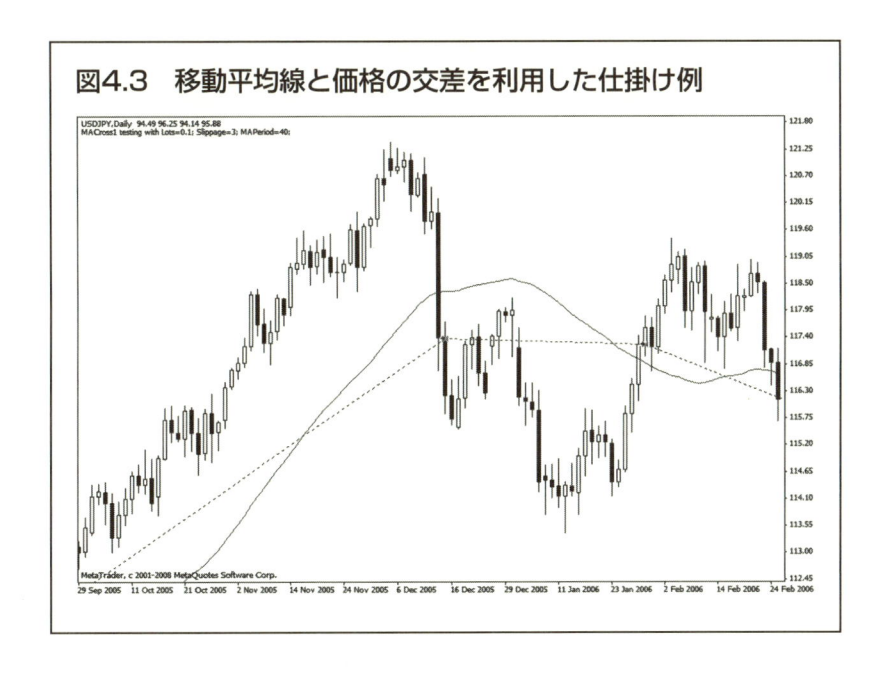

図4.3 移動平均線と価格の交差を利用した仕掛け例

ンについて考えてみましょう。

まずは、移動平均線と価格の交差です。図4.3のように終値が移動平均を上抜いたときに買いシグナルが、移動平均を下抜いたときに売りシグナルが出るロジックとしてみました。先ほどのモメンタムの例と同様、順張り（トレンドフォロー）型のシステムです。

図4.3では、ローソク足の本体と移動平均が交差しているように見えるので、単にローソク足の始値と終値が移動平均を交差するところを判別すればよいと思うかもしれません。しかし、FXではあまり見られないものの、あるバーの始値とその前のバーの終値が離れている（ギャップを空ける）場合があります。つまり、ギャップの部分で移動平均と"交差"してしまう場合もあるわけです。

したがって、交差の条件として、1本前のバーの終値とその始値ではなく、1本前のバーの終値と「2本前のバーの終値」で確認することにします。

具体的には、1本前のバーの終値が移動平均を上回っており、かつ2本前のバーの終値が移動平均よりも下にある場合、買いシグナルとします。逆に、1本前のバーの終値が移動平均を下回っており、かつ2本前のバーの終値が移動平均よりも上にある場合、売りシグナルとします。

リスト4.5は、この条件をプログラムした例「MACross1.mq4」です。この例では、移動平均の種類を単純移動平均（SMA）とし、その1本前の値を「`sma1`」として求めます。

SMAを算出する期間は、外部変数「`MAPeriod`」に値を代入しておきます。

リスト4.5　MACross1.mq4

```mq4
// マイライブラリー
#include <MyLib.mqh>

// マジックナンバー
#define MAGIC    20094030
#define COMMENT  "MACross1"

// 外部パラメータ
extern double Lots = 0.1;
extern int Slippage = 3;

// エントリー関数
extern int MAPeriod = 40;    // 移動平均の期間
int EntrySignal(int magic)
{
   // オープンポジションの計算
   double pos = MyCurrentOrders(MY_OPENPOS, magic);

   // 移動平均の計算
   double sma1 = iMA(NULL, 0, MAPeriod, 0, MODE_SMA,
      PRICE_CLOSE, 1);

   int ret = 0;
   // 買いシグナル
   if(pos <= 0 && Close[2] <= sma1 && Close[1] > sma1)
      ret = 1;
   // 売りシグナル
   if(pos >= 0 && Close[2] >= sma1 && Close[1] < sma1)
      ret = -1;

   return(ret);
}
```

続く→

```
// スタート関数
int start()
{
   // エントリーシグナル
   int sig_entry = EntrySignal(MAGIC);

   // 買い注文
   if(sig_entry > 0)
   {
      MyOrderClose(Slippage, MAGIC);
      MyOrderSend(OP_BUY, Lots, Ask, Slippage, 0, 0,
         COMMENT, MAGIC);
   }
   // 売り注文
   if(sig_entry < 0)
   {
      MyOrderClose(Slippage, MAGIC);
      MyOrderSend(OP_SELL, Lots, Bid, Slippage, 0, 0,
         COMMENT, MAGIC);
   }

   return(0);
}
```

そして、現在のオープンポジション状況を確認します。現在、オープンポジションがないか売りポジションがあって、2本前の終値「Close[2]」が「sma1」以下で、かつ1本前の終値「Close[1]」が「sma1」を上回った場合、「ret = 1」として買いシグナルを発生させます。

逆に現在、オープンポジションがないか買いポジションがあっ

て、2本前の終値「Close[2]」が「sma1」以上で、かつ1本前の終値「Close[1]」が「sma1」を下回った場合、「ret = -1」として売りシグナルを発生させます。

価格と指標の交差による仕掛け（2）

もうひとつ、価格と指標の交差による仕掛けの例としてボリンジャーバンドをみてみましょう。

ボリンジャーバンドは移動平均線に対して上位ラインと下位ラインがあります。ここでは、逆張り（カウンタートレンド）型のシス

図4.4　ボリンジャーバンドを利用した仕掛け例

テムとして、**図4.4**のように終値が下位ラインを下回ったときに買いシグナル、終値が上位ラインを上回ったときに売りシグナルとなるロジックを考えてみます。

　プログラムの仕方は、移動平均と価格の交差の場合同様、2本前のバーの終値から1本前のバーの終値の間で、1本前のバーにおける上位ライン、あるいは下位ラインが交差するか判別します。

　リスト4.6はプログラム例「BBCross1.mq4」です。

リスト4.6　BBCross1.mq4

```
// マイライブラリー
#include <MyLib.mqh>

// マジックナンバー
#define MAGIC    20094040
#define COMMENT  "BBCross1"

// 外部パラメータ
extern double Lots = 0.1;
extern int Slippage = 3;

// エントリー関数
extern int BBPeriod = 20;   // ボリンジャーバンドの期間
extern int BBDev = 2;       // 標準偏差の倍率
int EntrySignal(int magic)
{
    // オープンポジションの計算
    double pos = MyCurrentOrders(MY_OPENPOS, magic);

    // ボリンジャーバンドの計算
    double bbU1 = iBands(NULL, 0, BBPeriod, BBDev, 0,
        PRICE_CLOSE, MODE_UPPER, 1);
```

```
    double bbL1 = iBands(NULL, 0, BBPeriod, BBDev, 0,
       PRICE_CLOSE, MODE_LOWER, 1);

    int ret = 0;
    // 買いシグナル
    if(pos <= 0 && Close[2] >= bbL1 && Close[1] < bbL1)
       ret = 1;
    // 売りシグナル
    if(pos >= 0 && Close[2] <= bbU1 && Close[1] > bbU1)
       ret = -1;

    return(ret);
}
// スタート関数
int start()
{
    // エントリーシグナル
    int sig_entry = EntrySignal(MAGIC);

    // 買い注文
    if(sig_entry > 0)
    {
       MyOrderClose(Slippage, MAGIC);
       MyOrderSend(OP_BUY, Lots, Ask, Slippage, 0, 0,
          COMMENT, MAGIC);
    }
    // 売り注文
    if(sig_entry < 0)
    {
       MyOrderClose(Slippage, MAGIC);
       MyOrderSend(OP_SELL, Lots, Bid, Slippage, 0, 0,
          COMMENT, MAGIC);
    }

    return(0);
}
```

ボリンジャーバンドの値は組み込みテクニカル指標関数「`iBands()`」で算出し、1本前のバーにおける上位ライン値を「`bbU1`」、下位ライン値を「`bbL1`」として求めます。ボリンジャーバンドの期間と標準偏差の倍率は、それぞれ「`BBPeriod`」「`BBDev`」という外部変数に値を代入しておきます。

　そして現在、オープンポジションがないか売りポジションがある場合、2本前の終値「`Close[2]`」が「`bbL1`」以上で、1本前の終値「`Close[1]`」が「`bbL1`」を下回ったときが、買いシグナルの発生となります。

　逆に現在、オープンポジションがないか買いポジションがある場合、2本前の終値「`Close[2]`」が「`bbU1`」以下で、1本前の終値「`Close[1]`」が「`bbU1`」を上回ったときが、売りシグナルの発生となります。

複数の指標の交差による仕掛け（1）

　次は、複数のテクニカル指標の交差を条件とした仕掛けのパターンについて考えてみましょう。複数のテクニカル指標と言っても、全く別々の指標というわけではありません。同じテクニカル指標で、そのパラメータを変えた複数の指標の交差や、あるテクニカル指標とその指標の移動平均線との交差などです。

　その定番中の定番が、2本の移動平均線の交差でしょう。これは移動平均を取る期間を変えた2つの移動平均線の交差によってシグナルを発生させるものです。例として、20バーのSMAと40バーの

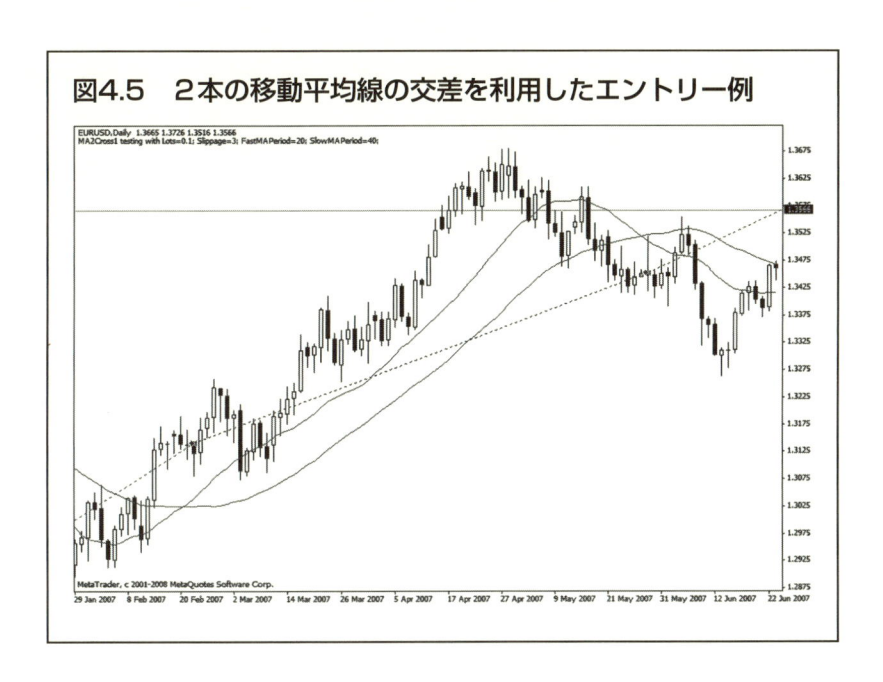

図4.5　2本の移動平均線の交差を利用したエントリー例

SMAの交差の例を**図4.5**に示します。

リスト4.7は、このシステムのプログラム例「MA2Cross1.mq4」です。

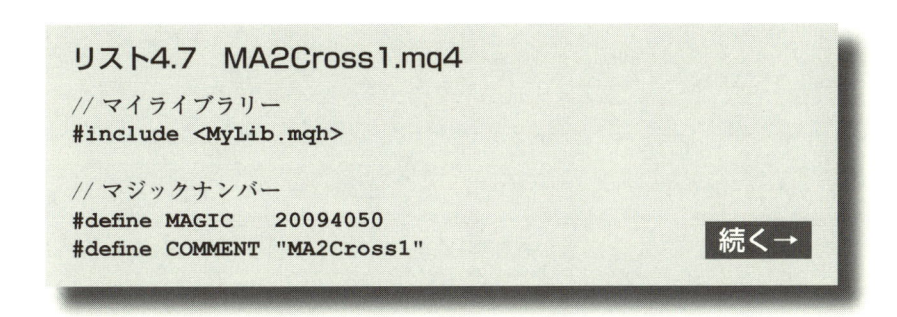

```
リスト4.7　MA2Cross1.mq4
// マイライブラリー
#include <MyLib.mqh>

// マジックナンバー
#define MAGIC    20094050
#define COMMENT  "MA2Cross1"
```
続く→

```
// 外部パラメータ
extern double Lots = 0.1;
extern int Slippage = 3;

// エントリー関数
extern int FastMAPeriod = 20; // 短期SMAの期間
extern int SlowMAPeriod = 40; // 長期SMAの期間
int EntrySignal(int magic)
{
    // オープンポジションの計算
    double pos = MyCurrentOrders(MY_OPENPOS, magic);

    // 移動平均の計算
    double fastSMA1 = iMA(NULL, 0, FastMAPeriod, 0,
        MODE_SMA, PRICE_CLOSE, 1);
    double fastSMA2 = iMA(NULL, 0, FastMAPeriod, 0,
        MODE_SMA, PRICE_CLOSE, 2);
    double slowSMA1 = iMA(NULL, 0, SlowMAPeriod, 0,
        MODE_SMA, PRICE_CLOSE, 1);
    double slowSMA2 = iMA(NULL, 0, SlowMAPeriod, 0,
        MODE_SMA, PRICE_CLOSE, 2);

    int ret = 0;
    // 買いシグナル
    if(pos <= 0 && fastSMA2 <= slowSMA2 && fastSMA1
        > slowSMA1) ret = 1;
    // 売りシグナル
    if(pos >= 0 && fastSMA2 >= slowSMA2 && fastSMA1
        < slowSMA1) ret = -1;

    return(ret);
}

// スタート関数
int start()
{
```

```
// エントリーシグナル
int sig_entry = EntrySignal(MAGIC);

// 買い注文
if(sig_entry > 0)
{
   MyOrderClose(Slippage, MAGIC);
   MyOrderSend(OP_BUY, Lots, Ask, Slippage, 0, 0,
      COMMENT, MAGIC);
}
// 売り注文
if(sig_entry < 0)
{
   MyOrderClose(Slippage, MAGIC);
   MyOrderSend(OP_SELL, Lots, Bid, Slippage, 0, 0,
      COMMENT, MAGIC);
}

return(0);
}
```

　２本の移動平均線の交差を判別するためには、それぞれの移動平均の１本前のバーのときの値と、２本前のバーのときの値の計４つの値が必要になります。

　ここでは、移動平均の種類をSMAとし、短期移動平均の期間を「`FastMAPeriod`」、長期移動平均の期間を「`SlowMAPeriod`」とします。

　そして、短期移動平均の１本前のバーと２本前のバーのときの値を`iMA()`関数でそれぞれ「`fastSMA1`」「`fastSMA2`」に求めます。同様に長期移動平均の１本前のバーと２本前のバーのときの値をそれ

それ「slowSMA1」「slowSMA2」に求めます。

　買いシグナルは1本前のバーのときに「fastSMA1」が「slowSMA1」を上抜いたとき、売りシグナルは「fastSMA1」が「slowSMA1」を下抜いたときに発生させるようにします。

　そのためには、2本前のバーのときには大小関係が逆になっている必要があるため、買いシグナルは「fastSMA2 <= slowSMA2 && fastSMA1 > slowSMA1」という条件を満たすときになります。そして売りシグナルは不等号が逆になり「fastSMA2 >= slowSMA2 && fastSMA1 < slowSMA1」という条件のときになります。

複数の指標の交差による仕掛け（2）

　次に複数のテクニカル指標の交差例としてMACDを取り上げます。MACDは、期間の異なる2つのEMAの差を取ったものです。したがって、EMAが交差したときをシグナルにしたければ、MACDの符号がプラスからマイナス、マイナスからプラスに変わったときを条件にすればよいことになります。これは、前述の指標の値の大小による仕掛けと同じ考え方です。

　そこでここでは、MACDの傾きが変わったことを判別して、もう少し早くシグナルを出すようなロジックを考えてみましょう。

　指標の傾きを調べるには、1本前のバーの指標との差を取る方法があります。しかし、傾きがほとんどないところでは、指標のわずかな変化で傾きの符号が変わってしまうため、安定したシグナルが発生しません。

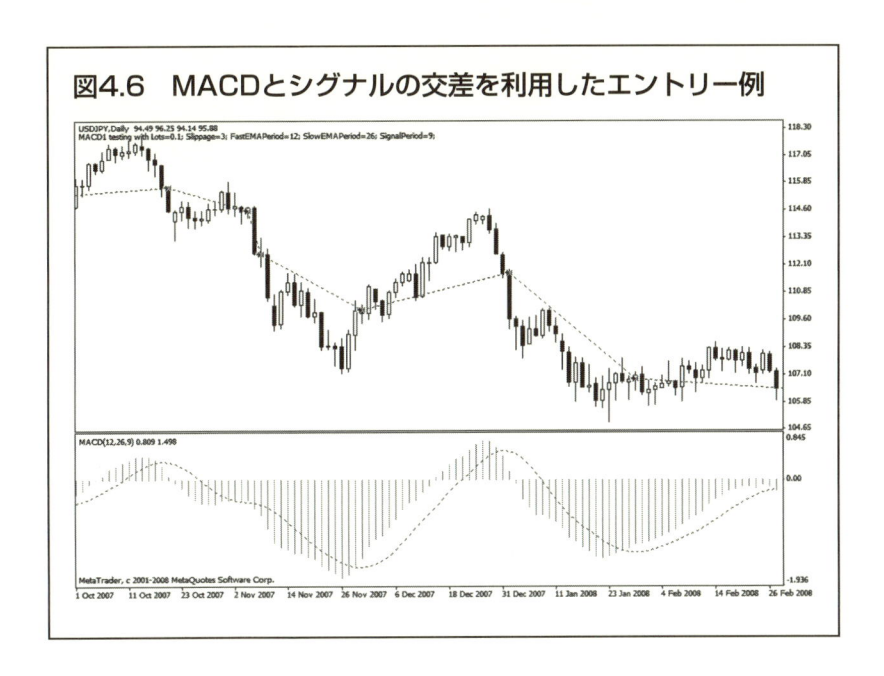

図4.6　MACDとシグナルの交差を利用したエントリー例

　MACD指標では、MACDの移動平均を取ったものをシグナルラインとして出力させます。これを利用すると比較的安定したシグナルを発生させることができます。つまり、MACDとそのシグナルラインとの交差を利用するのです。

　図4.6は、MACDとシグナルラインの交差を利用した仕掛けの例です。みてのとおり、シグナルラインはMACDに比べて動きが遅いので、MACDの値がシグナルラインを上抜いたときが買いシグナル、MACDの値がシグナルラインを下抜いたときが売りシグナルとなります。

　このように考えると、2つの指標値の交差ですので、先ほどと同

じようにプログラムをすることができます。

リスト4.8はこのシステムのプログラム例「MACD1.mq4」です。

リスト4.8 MACD1.mq4

```
// マイライブラリー
#include <MyLib.mqh>

// マジックナンバー
#define MAGIC    20094060
#define COMMENT "MACD1"

// 外部パラメータ
extern double Lots = 0.1;
extern int Slippage = 3;

// エントリー関数
extern int FastEMAPeriod = 12;  // 短期EMAの期間
extern int SlowEMAPeriod = 26;  // 長期EMAの期間
extern int SignalPeriod = 9;    // MACDのSMAを取る期間
int EntrySignal(int magic)
{
   // オープンポジションの計算
   double pos = MyCurrentOrders(MY_OPENPOS, magic);

   // MACDの計算
   double macd1 = iMACD(NULL, 0, FastEMAPeriod,
      SlowEMAPeriod, SignalPeriod, PRICE_CLOSE,
      MODE_MAIN, 1);
   double macd2 = iMACD(NULL, 0, FastEMAPeriod,
      SlowEMAPeriod, SignalPeriod, PRICE_CLOSE,
      MODE_MAIN, 2);
   double macdsig1 = iMACD(NULL, 0, FastEMAPeriod,
      SlowEMAPeriod, SignalPeriod, PRICE_CLOSE,
      MODE_SIGNAL, 1);
```

```
   double macdsig2 = iMACD(NULL, 0, FastEMAPeriod, ↵
      SlowEMAPeriod, SignalPeriod, PRICE_CLOSE,
      MODE_SIGNAL, 2);

   int ret = 0;
   // 買いシグナル
   if(pos <= 0 && macd2 <= macdsig2 && macd1
      > macdsig1) ret = 1;
   // 売りシグナル
   if(pos >= 0 && macd2 >= macdsig2 && macd1
      < macdsig1) ret = -1;

   return(ret);
}
// スタート関数
int start()
{
   // エントリーシグナル
   int sig_entry = EntrySignal(MAGIC);

   // 買い注文
   if(sig_entry > 0)
   {
      MyOrderClose(Slippage, MAGIC);
      MyOrderSend(OP_BUY, Lots, Ask, Slippage, 0, 0,
         COMMENT, MAGIC);
   }
   // 売り注文
   if(sig_entry < 0)
   {
      MyOrderClose(Slippage, MAGIC);
      MyOrderSend(OP_SELL, Lots, Bid, Slippage, 0, 0,
         COMMENT, MAGIC);
   }

   return(0);
}
```

このプログラムでは、移動平均線の交差と同様に、1本前のバーと2本前のバーのときのMACDの指標値を「`macd1`」「`macd2`」に、そのシグナルラインの値を「`macdsig1`」「`macdsig2`」に求めます。

　MACDとそのシグナルラインは、組み込みテクニカル指標関数「`iMACD()`」で求められます。MACDのパラメータは、それぞれ「`FastEMAPeriod`」「`SlowEMAPeriod`」「`SignalPeriod`」という外部変数に代入しておきます。

　あとは、先ほどの移動平均線の交差を利用して、それぞれ次のよう置き換えます。

`fastSMA1`	→	`macd1`
`fastSMA2`	→	`macd2`
`slowSMA1`	→	`macdsig1`
`slowSMA2`	→	`macdsig2`

　これでMACDとシグナルラインとの交差の条件となります。

ブレイクアウトによる仕掛け

　第2章で紹介したHLバンドは、移動平均線のように徐々に変化する指標とは異なり、一定の値が続いた後、一気に変化する"階段状"のラインを形成します。

　ここでは、ある一定値が続く指標を価格がブレイクして上抜けるあるいは下抜ける場合にシグナルを出す仕掛けについて考えてみま

図4.7　HLバンドのブレイクアウトを利用したエントリー例

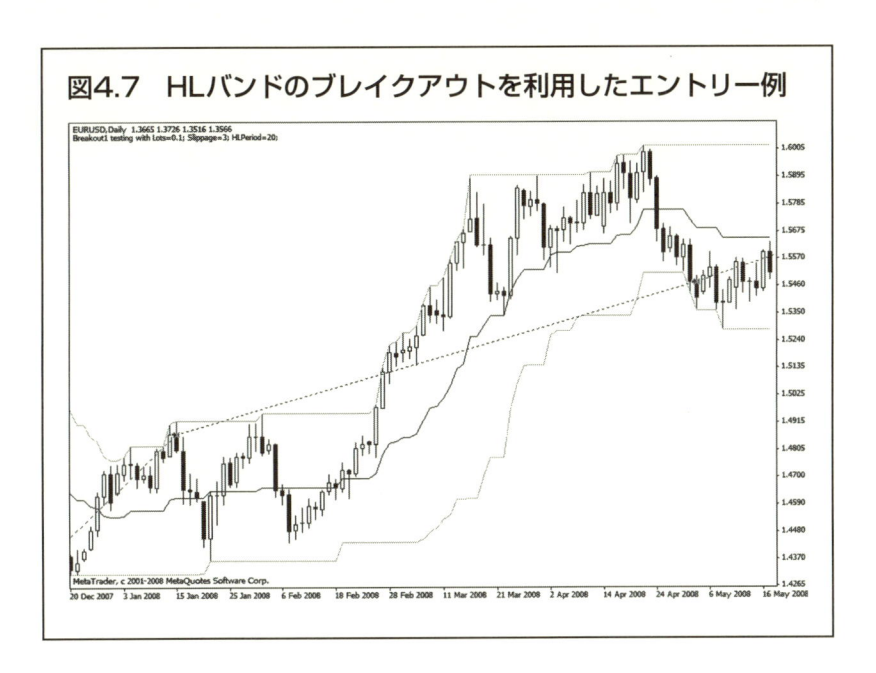

す。まずは図4.7でHLバンドと仕掛けの位置を確認してください。

　図4.7におけるHLバンドは、一定期間の最高値と最安値を結んだラインとなっているので、高値・安値が更新すると、それに合わせて上位ライン・下位ラインが更新されます。

　ここでは1本前のバーの終値が2本前のバーのHLバンドをブレイクしたときにシグナルを出すようなシステムを考えてみましょう。

　このシステムのプログラム例「Breakout1.mq4」をリスト4.9に示します。

リスト4.9　Breakout1.mq4

```mq4
// マイライブラリー
#include <MyLib.mqh>

// マジックナンバー
#define MAGIC     20094070
#define COMMENT   "Breakout1"

// 外部パラメータ
extern double Lots = 0.1;
extern int Slippage = 3;

// エントリー関数
extern int HLPeriod = 20;   // HLバンドの期間
int EntrySignal(int magic)
{
    // オープンポジションの計算
    double pos = MyCurrentOrders(MY_OPENPOS, magic);

    // HLバンドの計算
    double HH2 = iCustom(NULL, 0, "HLBand", HLPeriod, 1, 2);
    double LL2 = iCustom(NULL, 0, "HLBand", HLPeriod, 2, 2);

    int ret = 0;
    // 買いシグナル
    if(pos <= 0 && Close[2] <= HH2 && Close[1] > HH2)
        ret = 1;
    // 売りシグナル
    if(pos >= 0 && Close[2] >= LL2 && Close[1] < LL2)
        ret = -1;

    return(ret);
}
```

```
// スタート関数
int start()
{
   // エントリーシグナル
   int sig_entry = EntrySignal(MAGIC);

   // 買い注文
   if(sig_entry > 0)
   {
      MyOrderClose(Slippage, MAGIC);
      MyOrderSend(OP_BUY, Lots, Ask, Slippage, 0, 0,
         COMMENT, MAGIC);
   }
   // 売り注文
   if(sig_entry < 0)
   {
      MyOrderClose(Slippage, MAGIC);
      MyOrderSend(OP_SELL, Lots, Bid, Slippage, 0, 0,
         COMMENT, MAGIC);
   }

   return(0);
}
```

　このプログラムでは、HLバンドの指標値の算出に第2章で作成した「HLBand.mq4」のカスタム指標プログラムを利用します。`iCustom()`関数から「`HLBand`」を呼び出すことで求めます。HLバンドを算出する期間は、外部変数「`HLPeriod`」に代入しておきます。

　HLバンドでは、価格が上位ラインを上抜けると、上位ライン自身が価格とともに変化します。したがって、1本前のバーでブレイ

クアウトを判別する場合、2本前のバーの上位ラインと下位ラインの値が必要となります。

そこで、2本前のバーの上位ラインと下位ラインの値をそれぞれ「HH2」「LL2」という変数に求めます。

そして、2本前の終値「Close[2]」が「HH2」以下にあり、かつ1本前の終値「Close[1]」が「HH2」を上回ったとき、終値が上位ラインをブレイクしたと判定し、買いシグナルを発生させます。また、2本前の終値「Close[2]」が「LL2」以上にあり、かつ1本前の終値「Close[1]」が「LL2」を下回ったとき、終値が下位ラインをブレイクしたと判定し、売りシグナルを発生させます。

現在形成中のバーの指標値を利用した仕掛け（1）

これまで説明した仕掛けのパターンは、新しいバーの作成に入ったとき、完成した1本前のバーの位置におけるテクニカル指標の値を基にシグナルを出す方法でした。

新しいバーは現在形成中なので、テクニカル指標の値も変化し、シグナルが点灯したり消灯したりしている状態です。

完成したバーをもとにシグナルを出す、あるいは現在のバーをもとにシグナルを出すメリットとデメリットについては、本章の最初に説明したとおりです。そのメリットとデメリットを理解したうえで、現在のバーの指標値に基づいてシグナルを出す売買システムを作成することは可能です。

ここでは、現在形成中のバーを基準にエントリーシグナルを出す

パターンとその注意点についてみていきます。

まずはRSIを使った逆張りの仕掛けを取り上げましょう。前述の「RSI1.mq4」のプログラムをもとに、現在のバーの指標値を利用してシグナルを発生するシステムを作成してみます。

プログラム例「RSI0.mq4」を**リスト4.10**に示します。

リスト4.10　RSI0.mq4

```
// マイライブラリー
#include <MyLib.mqh>

// マジックナンバー
#define MAGIC   20094021
#define COMMENT "RSI0"

// 外部パラメータ
extern double Lots = 0.1;
extern int Slippage = 3;

// エントリー関数
extern int RSIPeriod = 14;  // RSIの期間
int EntrySignal(int magic)
{
    // オープンポジションの計算
    double pos = MyCurrentOrders(MY_OPENPOS, magic);

    // RSIの計算
    double rsi1 = iRSI(NULL, 0, RSIPeriod, PRICE_CLOSE, 0);
```

続く→

```
   int ret = 0;
   // 買いシグナル
   if(pos <= 0 && rsi1 < 30) ret = 1;
   // 売りシグナル
   if(pos >= 0 && rsi1 > 70) ret = -1;

   return(ret);
}

// スタート関数
int start()
{
   // エントリーシグナル
   int sig_entry = EntrySignal(MAGIC);

   // 買い注文
   if(sig_entry > 0)
   {
      MyOrderClose(Slippage, MAGIC);
      MyOrderSend(OP_BUY, Lots, Ask, Slippage, 0, 0,
         COMMENT, MAGIC);
   }
   // 売り注文
   if(sig_entry < 0)
   {
      MyOrderClose(Slippage, MAGIC);
      MyOrderSend(OP_SELL, Lots, Bid, Slippage, 0, 0,
         COMMENT, MAGIC);
   }

   return(0);
}
```

プログラムの修正点は一点のみです。`EntrySignal()`関数のRSI値を算出する部分の最後のパラメータを「0」にします。

```
double rsi1 = iRSI(NULL, 0, RSIPeriod, PRICE_CLOSE, 0);
```

この修正で、現在形成中のバーでRSIの値が条件を満たしたときにシグナルを出すシステムとなります。ただし、このようなシステムでは、過去データで検証するときにストラテジーテスターのモデル選択に注意する必要があります。

システムを挿入した時間枠の各バーの値だけでなく、その途中の状況も必要となるため「Open price only」のモデルでは正確な検証ができません。できるだけ検証の精度を上げるためには「Every tick」、少なくとも「Control points」のモデルを選択する必要があります。

現在形成中のバーの指標値を利用した仕掛け（2）

もうひとつ、現在形成中のバーでの指標値を利用した仕掛けとしてボリンジャーバンドの例を取り上げます。

前述の「BBCross1.mq4」では、1本前のバーで終値がボリンジャーバンドの下位ラインあるいは上位ラインと交差しているとき、買いシグナルあるいは売りシグナルを発生するものでした。

このプログラムを基に、現在形成中のバーがボリンジャーバンドの下位ライン、あるいは上位ラインと交差したときにシグナルを発

生させるエントリーに変更してみます。

リスト4.11のプログラム例「BBCross0.mq4」をご覧ください。

リスト4.11　BBCross0.mq4

```
// マイライブラリー
#include <MyLib.mqh>

// マジックナンバー
#define MAGIC    20094041
#define COMMENT  "BBCross0"

// 外部パラメータ
extern double Lots = 0.1;
extern int Slippage = 3;

// エントリー関数
extern int BBPeriod = 20;   // ボリンジャーバンドの期間
extern int BBDev = 2;       // 標準偏差の倍率
int EntrySignal(int magic)
{
    // オープンポジションの計算
    double pos = MyCurrentOrders(MY_OPENPOS, magic);

    // ボリンジャーバンドの計算
    double bbH1 = iBands(NULL, 0, BBPeriod, BBDev, 0,
        PRICE_CLOSE, MODE_UPPER, 0);
    double bbL1 = iBands(NULL, 0, BBPeriod, BBDev, 0,
        PRICE_CLOSE, MODE_LOWER, 0);

    int ret = 0;
```

```
   // 買いシグナル
   if(pos <= 0 && Close[1] >= bbL1 && Close[0] < bbL1)
      ret = 1;
   // 売りシグナル
   if(pos >= 0 && Close[1] <= bbH1 && Close[0] > bbH1)
      ret = -1;

   return(ret);
}

// スタート関数
int start()
{
   // エントリーシグナル
   int sig_entry = EntrySignal(MAGIC);

   // 買い注文
   if(sig_entry > 0)
   {
      MyOrderClose(Slippage, MAGIC);
      MyOrderSend(OP_BUY, Lots, Ask, Slippage, 0, 0,
         COMMENT, MAGIC);
   }
   // 売り注文
   if(sig_entry < 0)
   {
      MyOrderClose(Slippage, MAGIC);
      MyOrderSend(OP_SELL, Lots, Bid, Slippage, 0, 0,
         COMMENT, MAGIC);
   }

   return(0);
}
```

プログラムの修正点は2カ所あります。まず「RSI0.mq4」と同様に、`iBands()`関数の最後のパラメータを「0」にします。

```
double bbH1 = iBands(NULL, 0, BBPeriod, BBDev, 0,
    PRICE_CLOSE, MODE_UPPER, 0);
double bbL1 = iBands(NULL, 0, BBPeriod, BBDev, 0,
    PRICE_CLOSE, MODE_LOWER, 0);
```

もうひとつは、

```
if(pos <= 0 && Close[1] >= bbL1 && Close[0] < bbL1)
    ret = 1;
if(pos >= 0 && Close[1] <= bbH1 && Close[0] > bbH1)
    ret = -1;
```

のように「`Close[2]`」を「`Close[1]`」に、「`Close[1]`」を「`Close[0]`」に置き換えます。これで「`Close[0]`」つまり現在値がボリンジャーバンドの下位ライン、あるいは上位ラインを超えたティックで、シグナルが発生するようになります。

このプログラムをストラテジーテスターで検証するときのモデル選択の注意点は「RSI0.mq4」と同様です。「Every tick」あるいは「Control points」を選択して検証を行ってください。

トレンドフォロー型とカウンタートレンド型

　本書で紹介した売買システムは、トレンドに追従していくトレンドフォロー型か、トレンドの行き過ぎで逆張りを行うカウンタートレンド型かに大きく分けられます。本書では、それぞれのシステムをどの通貨ペア、どの時間枠に適用すべきかは特に示していません。ただ、FXの場合、一般に通貨ペア、時間枠について次のような傾向があります。

　FXで取引される主要通貨ペアのうち、EUR/USD、USD/JPY、GBP/USD、USD/CHFなど、異なる地域間の通貨ペアの場合、一般にトレンドが長く続く傾向があり、トレンドフォロー型のシステムが向いているケースが多いです。

　一方、EUR/GBP、EUR/CHF、GBP/CHFなど、近い地域同士のペアでは、わりと均衡が取れている時期が長いので、カウンタートレンド型のシステムが有効である場合が多いようです。

　またメタトレーダーでは、日足チャートだけでなく、4時間、1時間、30分、15分、5分、1分など、さまざまな時間枠のチャート上でエキスパートプログラムを実行させることができます。

　FXは24時間途切れなく取引されますが、取引の中心となる地域が24時間で1周することから、日足チャートに比べて、日中足のチャートのほうが上下変動の繰り返しが多いといえます。したがって、日足チャートで機能しないカウンタートレンド型システムでも、日中足チャートに適用させると、比較的良い成績を上げることもあります。

　ただし、このような傾向は、常に成り立つというわけではありません。全体的に見るとそういう傾向が伺われるという程度なので、あくまでシステムを適用させる通貨ペア、時間枠の参考程度と考えたほうがよいでしょう。

4-3. 手仕舞いのパターン

これまで説明した仕掛けのみのシステムでは、オープンポジションを決済するのは、反対のシグナルが出たときだけでした。ここでは、オープンポジションを決済するエグジットシグナルを追加したシステムについて、いくつかの手仕舞いパターンをみていきます。

一定値幅での損切りと利食い

最も簡単な手仕舞い方法は、売買価格から一定の値幅だけ離れた価格に損切りと利食いを設定することです。この方法は`MyOrderSend()`関数のパラメータ「`sl`（stop loss＝損切り）」「`tp`（take profit＝利食い）」に価格を直接代入することで、注文送信と同時に設定できます。

しかし、損切りと利食いは、価格よりも約定値からの値幅として与えるほうが便利です。またコラムで紹介したように、FX業者によって価格の表示ケタ数が異なることがあり、その場合、値幅のpips値が異なるケースが出てきます。

そこで、ここでは損切りと利食いの値幅をパラメータとした注文送信関数を作成してみます。新たに作成する関数は「`MyOrderSendSL()`」とし、次の仕様を持つものとします。

MyOrderSendSL()
注文を送信する(損切り・利食いを値幅で指定)関数(本書オリジナル関数)

【書式】
```
bool MyOrderSendSL(int type, double lots,
    double price, int slippage, int slpips,
    int tppips, string comment, int magic)
```

【パラメータ】
①**type**
売買注文の種類。以下の定数から選択。

定数	値	説明
OP_BUY	0	成行買い
OP_SELL	1	成行売り
OP_BUYLIMIT	2	指値買い
OP_SELLLIMIT	3	指値売り
OP_BUYSTOP	4	逆指値買い
OP_SELLSTOP	5	逆指値売り

②**lots**
売買ロット数。

③**price**
売買したい価格。

④**slippage**
最大許容スリッページ(pips)。

⑤**slpips**
損切りの値幅(pips)。

⑥ **tppips**
　利食いの値幅（pips）。

⑦ **comment**
　コメント。

⑧ **magic**
　マジックナンバー。

【戻り値】
　注文送信に成功すれば「true」を、失敗すれば「false」を返す。

　パラメータは「`slpips`」「`tppips`」以外、**`MyOrderSend()`**関数と同じです。「`slpips`」「`tppips`」は、それぞれint型のパラメータで、損切りと利食いの値幅をpips値で代入します。

　リスト4.12は、この関数を前述のブレイクアウトシステムに組み込んだプログラム例「Breakout1SL1.mq4」です。

リスト4.12　Breakout1SL1.mq4

```
// マイライブラリー
#include <MyLib.mqh>

// マジックナンバー
#define MAGIC     20094071
#define COMMENT  "Breakout1SL1"
```

```mql4
// 外部パラメータ
extern double Lots = 0.1;
extern int Slippage = 3;
extern int SLpips = 100;    // 損切り値幅 (pips)
extern int TPpips = 200;    // 利食い値幅 (pips)

// エントリー関数
extern int HLPeriod = 20;   // HL バンドの期間
int EntrySignal(int magic)
{
    // オープンポジションの計算
    double pos = MyCurrentOrders(MY_OPENPOS, magic);

    // HL バンドの計算
    double HH2 = iCustom(NULL, 0, "HLBand", HLPeriod, 1, 2);
    double LL2 = iCustom(NULL, 0, "HLBand", HLPeriod, 2, 2);

    int ret = 0;
    // 買いシグナル
    if(pos <= 0 && Close[2] <= HH2 && Close[1] > HH2)
        ret = 1;
    // 売りシグナル
    if(pos >= 0 && Close[2] >= LL2 && Close[1] < LL2)
        ret = -1;

    return(ret);
}

// 注文送信関数（損切り・利食いを値幅で指定）
bool MyOrderSendSL(int type, double lots,
    double price, int slippage, int slpips, int tppips,
    string comment, int magic)
{
    int mult=1;
    if(Digits == 3 || Digits == 5) mult=10;
    slippage *= mult;
```

続く→

```
      if(type==OP_SELL || type==OP_SELLLIMIT
         || type==OP_SELLSTOP) mult *= -1;

      double sl=0, tp=0;
      if(slpips > 0) sl = price-slpips*Point*mult;
      if(tppips > 0) tp = price+tppips*Point*mult;

      return(MyOrderSend(type, lots, price, slippage, sl,
         tp, comment, magic));
}
// スタート関数
int start()
{
   // エントリーシグナル
   int sig_entry = EntrySignal(MAGIC);

   // 買い注文
   if(sig_entry > 0)
   {
      MyOrderClose(Slippage, MAGIC);
      MyOrderSendSL(OP_BUY, Lots, Ask, Slippage,
         SLpips, TPpips, COMMENT, MAGIC);
   }
   // 売り注文
   if(sig_entry < 0)
   {
      MyOrderClose(Slippage, MAGIC);
      MyOrderSendSL(OP_SELL, Lots, Bid, Slippage,
         SLpips, TPpips, COMMENT, MAGIC);
   }

   return(0);
}
```

`MyOrderSendSL()`関数は「`slpips`」「`tppips`」のパラメータを実際の損切り値と利食い値に変換して、ほかのパラメータとともに`MyOrderSend()`関数に渡します。

　この関数中で「`mult`」という変数が買い注文と売り注文の違い、そして価格の表示ケタ数の違いを区別しています。

　つまり、表示価格の小数点以下のケタ数が２ケタ、あるいは４ケタの場合の買い注文で「`mult=1`」、売り注文で「`mult=-1`」となります。そして「`slpips`」「`tppips`」のパラメータがプラスの場合「`sl`」を買い約定値よりも「`slpips`」下、売り約定値よりも「`slpips`」上、「`tp`」を買い約定値よりも「`tppips`」上、売り約定値よりも「`tppips`」下の価格として算出します。

　また表示価格の小数点以下のケタ数が３ケタあるいは５ケタの場合、「`mult`」の値は10倍されます。これで「`slippage`」「`slpips`」「`tppips`」は２ケタ、４ケタの場合と同じ値のままで、注文送信時に10倍されるので、値幅の設定を変える必要はありません。

　この関数を売買システムで使用するときには、`MyOrderSend()`関数と置き換えるだけでOKです。損切りと利食いの値幅は、それぞれ「`SLpips`」と「`TPpips`」という外部変数に代入しておきます。

通常のトレイリングストップ

　第３章で紹介したトレイリングストップも手仕舞い方法のひとつとなります。これは、システムの仕掛け方に依存しない汎用的なものです。したがって、関数として定義しておき、それを呼び出す形

で利用すると便利です。ここでは第3章で説明したトレイリングストップを関数としてプログラムする方法について説明します。

メタトレーダーでは、第3章で紹介したように手動でトレイリングストップを設定する機能が備わっています。これは高値・安値の更新に合わせて、そこから一定値幅の位置に損切り値を移動するというものです。

これをプログラムから設定したいところですが、残念ながら現在のバージョンのMQL4には、トレイリングストップを設定する関数が用意されていません。そこで、このトレイリングストップと同じ機能を実現するために、別にプログラムを記述して関数として作成する必要があります。

```
// 通常のトレイリングストップ
void MyTrailingStop(int ts, int magic)
{
   if(Digits == 3 || Digits == 5) ts *= 10;

   for(int i=0; i<OrdersTotal(); i++)
   {
      if(OrderSelect(i, SELECT_BY_POS) == false) break;
      if(OrderSymbol() != Symbol()
         || OrderMagicNumber() != magic) continue;

      if(OrderType() == OP_BUY)
      {
         double newsl = Bid-ts*Point;
         if(newsl >= OrderOpenPrice() && newsl
            > OrderStopLoss()) MyOrderModify(newsl, 0,
            magic);
         break;
      }
```

```
        }
        if(OrderType() == OP_SELL)
        {
           newsl = Ask+ts*Point;
           if(newsl <= OrderOpenPrice() && (newsl
              < OrderStopLoss() || OrderStopLoss() == 0))
              MyOrderModify(newsl, 0, magic);
           break;
        }
    }
}
```

　この関数では「`ts`」にトレイリングストップのポイント数、「`magic`」に適用するオープンポジションのマジックナンバーをパラメータとして入力します。「`ts`」は**`MyOrderSendSL()`**関数と同様、表示ケタ数が3ケタか5ケタの場合には10倍します。

　そして、買いポジションと売りポジションに対して、条件を満たせば損切り値を変更します。買いポジションの場合、新しい損切り値を「`newsl = Bid-ts*Point`」とします。つまり、現在の売値から「`ts`」のポイント分下がった価格です。

　この「`newsl`」が買い約定値「`OrderOpenPrice()`」以上、つまり最悪でも損失が「0」になり、かつ「`newsl`」が現在の損切り値「`OrderStopLoss()`」よりも高い場合、損切り値を「`newsl`」に変更します。

　売りポジションの場合はその逆で、新しい損切り値を「`newsl = Ask+ts*Point`」として、それが売り約定値よりも安く、現在の損切り値よりも安いか、現在の損切り値が設定されていない場合に、

損切り値を「newsl」に変更します。

HLバンドを使ったトレイリングストップ

第3章では、通常のトレイリングストップのほか、HLバンドを使ったトレイリングストップを紹介しました。これも同様に関数化することで、売買システムに簡単に組み込むことができます。

```
// HLバンドトレイリングストップ
void MyTrailingStopHL(int period, int magic)
{
   double spread = Ask-Bid;
   double HH = iCustom(Symbol(), 0, "HLBand", period, 1, 1)
      +spread;
   double LL = iCustom(Symbol(), 0, "HLBand", period, 2, 1);

   if(MyCurrentOrders(OP_BUY, magic) != 0)
      MyOrderModify(LL, 0, magic);
   if(MyCurrentOrders(OP_SELL, magic) != 0)
      MyOrderModify(HH, 0, magic);
}
```

この関数ではHLバンドを作る期間「period」とマジックナンバー「magic」をパラメータとします。

買いポジションの場合は、HLバンドの下位ラインに損切りを変更します。また売りポジションの場合は、上位ラインに損切りを変更します。

ATRを使ったトレイリングストップ

最後は、ATRを使ったトレイリングストップです。これも第3章で単独で使うプログラムを作成してあるので、先ほどと同様に関数化することができます。

```
// ATRトレイリングストップ
void MyTrailingStopATR(int period, double mult, int magic)
{
   double spread = Ask-Bid;
   double atr = iATR(NULL, 0, period, 1) * mult;
   double HH = Low[1] + atr + spread;
   double LL = High[1] - atr;

   for(int i=0; i<OrdersTotal(); i++)
   {
      if(OrderSelect(i, SELECT_BY_POS) == false) break;
      if(OrderSymbol() != Symbol()
         || OrderMagicNumber() != magic) continue;

      if(OrderType() == OP_BUY)
      {
         if(LL > OrderStopLoss()) MyOrderModify(LL, 0,
            magic);
         break;
      }

      if(OrderType() == OP_SELL)
      {
         if(HH < OrderStopLoss() || OrderStopLoss()
            == 0) MyOrderModify(HH, 0, magic);
         break;
      }
   }
}
```

関数のパラメータはATRの期間「`period`」、ATRの倍率「`mult`」、とマジックナンバー「`magic`」とします。これらのトレイリングストップを前述のブレイクアウトシステムに組み込んだ例「Breakout1TS1.mq4」を**リスト4.13**に掲載しました。

リスト4.13 Breakout1TS1.mq4

```mq4
// マイライブラリー
#include <MyLib.mqh>

// マジックナンバー
#define MAGIC      20094072
#define COMMENT    "Breakout1TS1"

// 外部パラメータ
extern double Lots = 0.1;
extern int Slippage = 3;
extern int TStype = 1;    // トレイリングストップの種類

// エントリー関数
extern int HLPeriod = 20;    // HLバンドの期間
int EntrySignal(int magic)
{
    // オープンポジションの計算
    double pos = MyCurrentOrders(MY_OPENPOS, magic);

    // HLバンドの計算
    double HH = iCustom(NULL, 0, "HLBand", HLPeriod, 1, 2);
    double LL = iCustom(NULL, 0, "HLBand", HLPeriod, 2, 2);

    int ret = 0;
    // 買いシグナル
    if(pos <= 0 && Close[2] <= HH && Close[1] > HH) ret = 1;
```

```
   //売りシグナル
   if(pos >= 0 && Close[2] >= LL && Close[1] < LL) ret = -1;

   return(ret);
}

//通常のトレイリングストップ(TStype=0)
extern int TSPoint = 15; //トレイリングストップのポイント数
void MyTrailingStop(int ts, int magic)
{
   if(Digits == 3 || Digits == 5) ts *= 10;

   for(int i=0; i<OrdersTotal(); i++)
   {
      if(OrderSelect(i, SELECT_BY_POS) == false) break;
      if(OrderSymbol() != Symbol()
         || OrderMagicNumber() != magic) continue;

      if(OrderType() == OP_BUY)
      {
         double newsl = Bid-ts*Point;
         if(newsl >= OrderOpenPrice() && newsl
            > OrderStopLoss()) MyOrderModify(newsl, 0,
            magic);
         break;
      }

      if(OrderType() == OP_SELL)
      {
         newsl = Ask+ts*Point;
         if(newsl <= OrderOpenPrice() && (newsl
            < OrderStopLoss() || OrderStopLoss() == 0))
            MyOrderModify(newsl, 0, magic);
         break;
      }
   }
}
```

続く→

```
// HL バンドトレイリングストップ (TStype=1)
extern int TSPeriod = 5; // トレイリングストップ用 HL バンドの期間
void MyTrailingStopHL(int period, int magic)
{
   double spread = Ask-Bid;

   double HH = iCustom(Symbol(), 0, "HLBand", period, 1, 1)
      +spread;
   double LL = iCustom(Symbol(), 0, "HLBand", period, 2, 1);

   if(MyCurrentOrders(OP_BUY, magic) != 0)
      MyOrderModify(LL, 0, magic);
   if(MyCurrentOrders(OP_SELL, magic) != 0)
      MyOrderModify(HH, 0, magic);
}

// ATR トレイリングストップ (TStype=2)
extern int ATRPeriod = 5;      // トレイリングストップ用 ATR の期間
extern double ATRMult = 2.0;   // トレイリングストップ用 ATR の倍率
void MyTrailingStopATR(int period, double mult, int magic)
{
   double spread = Ask-Bid;
   double atr = iATR(NULL, 0, period, 1) * mult;
   double HH = Low[1] + atr + spread;
   double LL = High[1] - atr;

   for(int i=0; i<OrdersTotal(); i++)
   {
      if(OrderSelect(i, SELECT_BY_POS) == false) break;
      if(OrderSymbol() != Symbol()
         || OrderMagicNumber() != magic) continue;

      if(OrderType() == OP_BUY)
```

```
            {
                if(LL > OrderStopLoss()) MyOrderModify(LL, 0,
                    magic);
                break;
            }

            if(OrderType() == OP_SELL)
            {
                if(HH < OrderStopLoss() || OrderStopLoss()
                    == 0) MyOrderModify(HH, 0, magic);
                break;
            }
        }
    }

// スタート関数
int start()
{
    // エントリーシグナル
    int sig_entry = EntrySignal(MAGIC);

    // 買い注文
    if(sig_entry > 0)
    {
        MyOrderClose(Slippage, MAGIC);
        MyOrderSend(OP_BUY, Lots, Ask, Slippage, 0, 0,
            COMMENT, MAGIC);
    }
    // 売り注文
    if(sig_entry < 0)
    {
        MyOrderClose(Slippage, MAGIC);
        MyOrderSend(OP_SELL, Lots, Bid, Slippage, 0, 0,
            COMMENT, MAGIC);
    }
```

続く→

```
// トレイリングストップ
switch(TStype)
{
   case 0:
   MyTrailingStop(TSPoint, MAGIC);
   break;

   case 1:
   MyTrailingStopHL(TSPeriod, MAGIC);
   break;

   case 2:
   MyTrailingStopATR(ATRPeriod, ATRMult, MAGIC);
   break;
}

return(0);
}
```

このプログラムでは3つのトレイリングストップを「**TStype**」という外部変数で選択できるようにしています。これは次のように**switch**文による条件分岐で行っています。

```
TStype=0 の場合   MyTrailingStop(TSPoint, MAGIC)
TStype=1 の場合   MyTrailingStopHL(TSPeriod, MAGIC)
TStype=2 の場合   TrailingStopATR(ATRPeriod, ATRMult, MAGIC)
```

それぞれのトレイリングストップのパラメータ「**TSPoint**」「**TSPeriod**」「**ATRPeriod**」「**ATRMult**」は外部変数として宣言して

あります。

時間の経過による手仕舞い

　価格の変化やテクニカル指標の変化に関係なく、一定の時刻や一定期間の経過で決済するという手仕舞い方法があります。例えば、東京市場やニューヨーク市場の終わりなど、ある決まった時刻にオープンポジションを決済する方法です。

　また約定してから１時間、１日、１週間など一定期間の経過後に決済する方法も考えられます。ここでは時間の経過を判断して手仕舞うためのプログラムの仕方について説明します。

　まずは、１日のうちの決まった時刻に決済する例を考えます。プログラム中で決まった時刻を指定する場合、「17:00」や「23:30」など「時:分」という形式で指定する方が便利です。ただし、この形式は数値ではなく、文字列となります。

　一方、プログラム中で時刻の判別をする場合には、文字列ではなく、数値を表す`datetime`型で扱う必要があります。そこで、文字列を`datetime`型へ変換する「`StrToTime()`」という関数を利用します。この関数の詳しい仕様については、第５章をご参照ください。

　`StrToTime()`関数では「`StrToTime("17:35")`」のように時刻のみを指定すると「当日」17時35分00秒の`datetime`型データを返します。ただし、注意しなければならないことは、当日というのがFX業者の「サーバ時刻」ではなく、お使いのパソコンの時刻である「ローカル時刻」ということです。

サーバ時刻とローカル時刻の日付が同じならば問題ありません。しかし、例えばサーバ時刻が「2009年3月14日21時00分」で、ローカル時刻が「2009年3月15日6時00分」だとすると、「`StrToTime("21:00")`」と指定した場合、2009年3月14日21時00分ではなく、2009年3月"15"日21時00分を返してしまい、丸1日ずれてしまうのです。

　それを防ぐために、サーバの日付を別に取得する方法が考えられます。そのために「`TimeToStr()`」という**datetime**型から文字列（**string**型）へ変換する関数を使います。

```
string sdate = TimeToStr(TimeCurrent(), TIME_DATE);
```

　このように書くことで、サーバ時刻の日付の部分だけを文字列として取得できます。あとは、

```
string ExitTime="19:30";      // 決済時刻
datetime exit_time = StrToTime(sdate+" "+ExitTime);
```

のように日付を表す文字列「`sdate`」と手仕舞い時刻を表す文字列「`ExitTime`」の間にスペースを入れて結合して、`StrToTime()`関数のパラメータとします。

　決まった時刻でオープンポジションを決済するエグジット関数は次のように書けます。

```
// エグジット関数
string ExitTime = "19:30";      // 決済時刻
void ExitPosition(int magic)
{
    string sdate = TimeToStr(TimeCurrent(), TIME_DATE);
    datetime exit_time = StrToTime(sdate+" "+ExitTime);

    if(TimeCurrent() >= exit_time && TimeCurrent()
        < exit_time+600) MyOrderClose(Slippage, magic);
}
```

　この関数では、マジックナンバーをパラメータとして、サーバ時刻が「`ExitTime`」で指定した時刻にオープンポジションを手仕舞うようになっています。ただし、実際のプログラムでは、ある決まった時刻に決済するのではなく、「`exit_time`」から「`exit_time+600`」のように決済する時刻に600秒の幅を持たせてあります。

　これは、決まった時刻にティックが発生しない、決済注文がとおらないなどのトラブルに対応するためです。この関数の使用例は後で紹介します。

　次に約定してから一定期間後に決済する方法として、一定本数のバーが形成された後に決済するケースをみてみましょう。

　ここで必要となる情報は約定した時刻と、その時刻でのバーの位置です。約定時刻は`OrderOpenTime()`関数で、指定した時刻におけるバーの位置は`iBarShift()`関数を使って求めます。

　一定本数のバーの形成後に決済する関数は、次のように書けます。

```
// エグジット関数
extern int ExpBars = 5;     // 決済のためのバーの経過本数
void ExitPosition(int magic)
{
   datetime opentime = 0;
   for(int i=0; i<OrdersTotal(); i++)
   {
      if(OrderSelect(i, SELECT_BY_POS) == false) break;
      if(OrderSymbol() != Symbol()
         || OrderMagicNumber() != magic) continue;
      if(OrderType() == OP_BUY || OrderType()
         == OP_SELL)
      {
         opentime = OrderOpenTime();
         break;
      }
   }

   int traded_bar = 0;
   if(opentime > 0) traded_bar = iBarShift(NULL, 0,
      opentime, false);
   if(traded_bar >= ExpBars) MyOrderClose(Slippage,
      magic);
}
```

　この関数では、まず通貨ペアとマジックナンバーの一致するオープンポジションのうち「`OrderOpenTime()`」で約定時刻を「`opentime`」という変数に取得します。そして「`opentime>0`」つまりオープンポジションがある場合、「`opentime`」を`iBarShift()`関数に渡して、その時刻のバーの位置を「`traded_bar`」に返します。

　約定直後は「`traded_bar`」の値は「`0`」となっており、その後、時間の経過とともにバーの本数が増えていくと、「`traded_bar`」の

値も増えていきます。そして、それが指定した「`ExpBars`」の値に達したところで、決済するような関数となっています。

　この関数をブレイクアウトシステムに適用したプログラム例「Breakout1ET1.mq4」を**リスト4.14**に示します。

リスト4.14　Breakout1ET1.mq4

```mq4
// マイライブラリー
#include <MyLib.mqh>

// マジックナンバー
#define MAGIC    20094073
#define COMMENT  "Breakout1ET1"

// 外部パラメータ
extern double Lots = 0.1;
extern int Slippage = 3;

// エントリー関数
extern int HLPeriod = 20;    // HL バンドの期間
int EntrySignal(int magic)
{
    // オープンポジションの計算
    double pos = MyCurrentOrders(MY_OPENPOS, magic);

    // HL バンドの計算
    double HH2 = iCustom(NULL, 0, "HLBand", HLPeriod, 1, 2);
    double LL2 = iCustom(NULL, 0, "HLBand", HLPeriod, 2, 2);

    int ret = 0;
    // 買いシグナル
    if(pos <= 0 && Close[2] <= HH2 && Close[1] > HH2)
        ret = 1;
```

続く→

```
   // 売りシグナル
   if(pos >= 0 && Close[2] >= LL2 && Close[1] < LL2)
      ret = -1;

   return(ret);
}

// エグジット関数
extern int ExpBars = 5; // 決済のためのバーの経過本数
void ExitPosition(int magic)
{
   datetime opentime = 0;
   for(int i=0; i<OrdersTotal(); i++)
   {
      if(OrderSelect(i, SELECT_BY_POS) == false) break;
      if(OrderSymbol() != Symbol()
         || OrderMagicNumber() != magic) continue;
      if(OrderType() == OP_BUY || OrderType()
         == OP_SELL)
      {
         opentime = OrderOpenTime();
         break;
      }
   }

   int traded_bar = 0;
   if(opentime > 0) traded_bar = iBarShift(NULL, 0,
      opentime, false);
   if(traded_bar >= ExpBars) MyOrderClose(Slippage,
      magic);
}

// スタート関数
int start()
{
   // エグジットポジション
   ExitPosition(MAGIC);
```

```
    // エントリーシグナル
    int sig_entry = EntrySignal(MAGIC);

    // 買い注文
    if(sig_entry > 0)
    {
       MyOrderClose(Slippage, MAGIC);
       MyOrderSend(OP_BUY, Lots, Ask, Slippage, 0, 0,
          COMMENT, MAGIC);
    }
    // 売り注文
    if(sig_entry < 0)
    {
       MyOrderClose(Slippage, MAGIC);
       MyOrderSend(OP_SELL, Lots, Bid, Slippage, 0, 0,
          COMMENT, MAGIC);
    }

    return(0);
}
```

なお、この関数は約定後、一定時間経過後の決済にも応用できます。例えば、約定後1時間（=3600秒）で決済したい場合、「opentime」取得後、

```
if(opentime > 0 && TimeCurrent() >= opentime+3600)
    MyOrderClose(Slippage, magic);
```

と書けばOKです。

価格の表示ケタ数の違いについて

　FXでは、価格の表示ケタ数が通貨ペアによって異なります。JPYとの通貨ペアでは、123.45のように小数点以下２ケタで表示し、そのほかの通貨ペアでは、1.2345と小数点以下４ケタで表示するのが慣例となっています。

　この場合、その最小値である0.01、あるいは0.0001（JPY以外）を「１pip」、あるいは「１ポイント」という単位で表すことが一般的です。

　MQL4のプログラム中では、１pipの実際の価格は「Point」という予約変数に、また小数点以下のケタ数は「Digits」という予約変数に格納されているので、この変数を使うことで、通貨ペアの種類に依存しないプログラムを記述することができます。

　ところが、最近123.345、あるいは1.23456（JPY以外）のように小数点以下３ケタ、JPY以外では小数点以下５ケタまで表示する業者が現れてきました。この場合、MQL4のPoint変数も0.001、あるいは0.00001（JPY以外）となります。

　このように表示ケタ数が違う場合に注意する点は、プログラム中で固定のpips値を使用している場合です。例えば、損切り・利食い値として固定のpipsだけ離れたところを指定する場合、従来100pipsだったところを1000pipsにしなければなりません。また、注文送信時のスリッページも、３pipsだったところを30pipsに修正する必要があります。

　複数のFX会社で同じメタトレーダーのプログラムを実行する場合、このような修正を注文送信の関数中に記述しておけば、すべてのプログラムでいちいち修正をする手間が省けて便利でしょう。

4-4. そのほかのシステムのパターン

　ここまで、基本的な仕掛けのパターンと手仕舞いのパターンをみてきました。ここでは、もう少し複雑な仕掛けなど定型パターン以外のシステムについて紹介します。

エントリーシグナルのフィルター

　売買システムの考え方のひとつに、すべてのエントリーシグナルを無条件に採用するのではなく、選別して採用するという方法があります。例えば、長期的に上昇トレンドが見られるときに、買いシグナルが発生する場合と売りシグナルが発生する場合について考えてみましょう。
　ここで、上昇トレンドが続いている間、売りシグナルよりも買いシグナルのほうが利益の出る確率は高いといえます。また逆に下降トレンドのケースでは、買いシグナルよりも売りシグナルのほうが有利となります。
　そこで「上昇トレンドの場合には買いシグナルのみを採用する」「下降トレンドの場合には売りシグナルのみを採用する」というように、短期的なエントリーシグナルをすべて採用するのではなく、選別して採用することが考えられます。

このようなメカニズムを売買システムのなかで「フィルター」と呼びます。
　このフィルター機能を最初からエントリーシグナルを発生させる関数に組み込んでもよいのですが、異なるエントリーシグナルに共通に利用できるフィルター機能であれば、別の関数として定義したほうが扱いやすいといえます。
　ここでは、エントリーシグナルのフィルター「エントリーフィルター」を別の関数として記述し、プログラム中で利用する方法についてみてみます。この関数の仕様は次のように定義します。

FilterSignal()
仕掛けのフィルター関数（本書オリジナル関数）

【書式】
　`int FilterSignal(int signal)`

【パラメータ】
　①`signal`
　　シグナル（買いシグナル：**1**、売りシグナル：**-1**、シグナルなし：**0**）

【戻り値】
　　シグナルを有効とする場合：`signal`
　　シグナルを無効とする場合：`0`

　この関数は、すでに生成されたシグナル「`signal`」をパラメー

タとして、そのシグナルを無効にする場合は「0」を返し、そのまま有効にする場合は、入力と同じシグナルを返すという関数です。一例として、移動平均でシグナルを選別する方法を取り上げてみましょう。

　長期的なトレンドを判別する場合、長期の移動平均がよく利用されます。ここでは、期間200の単純移動平均（SMA）を使って、これが価格に対して上に位置するか下に位置するかでトレンドの方向を判断することにします。

　フィルター関数は次のように書けます。

```
// フィルター関数
extern int SMAPeriod = 200;    // 移動平均の期間
int FilterSignal(int signal)
{
   double sma1 = iMA(NULL, 0, SMAPeriod, 0, MODE_SMA,
      PRICE_CLOSE, 1);

   int ret = 0;
   if(signal > 0 && Close[1] > sma1) ret = signal;
   if(signal < 0 && Close[1] < sma1) ret = signal;

   return(ret);
}
```

　この関数では「sma1」という変数に、1本前のバーにおけるSMAを算出します。

　そして、1本前の終値「Close[1]」が「sma1」よりも高ければ上昇トレンドとみなし、買いシグナルのみを採用して、売りシグナ

ルを無視します。また1本前の終値「`Close[1]`」が「`sma1`」よりも安ければ下降トレンドとみなし、売りシグナルのみを採用して、買いシグナルを無視します。

このフィルター関数をモメンタムの売買システムに適用したプログラム例「Momentum1F1.mq4」を**リスト4.15**に示します。

リスト4.15　Momentum1F1.mq4

```
// マイライブラリー
#include <MyLib.mqh>

// マジックナンバー
#define MAGIC    20094011
#define COMMENT  "Momentum1F1"

// 外部パラメータ
extern double Lots = 0.1;
extern int Slippage = 3;

// エントリー関数
extern int MomPeriod = 20; // モメンタムの期間
int EntrySignal(int magic)
{
   // オープンポジションの計算
   double pos = MyCurrentOrders(MY_OPENPOS, magic);

   // モメンタムの計算
   double mom1 = iMomentum(NULL, 0, MomPeriod,
      PRICE_CLOSE, 1);

   int ret = 0;
   // 買いシグナル
   if(pos <= 0 && mom1 > 100) ret = 1;
   // 売りシグナル
   if(pos >= 0 && mom1 < 100) ret = -1;
```

```
    return(ret);
}
// フィルター関数
extern int SMAPeriod = 200;      // 移動平均の期間
int FilterSignal(int signal)
{
    double sma1 = iMA(NULL, 0, SMAPeriod, 0, MODE_SMA,
        PRICE_CLOSE, 1);

    int ret = 0;
    if(signal > 0 && Close[1] > sma1) ret = signal;
    if(signal < 0 && Close[1] < sma1) ret = signal;

    return(ret);
}
// スタート関数
int start()
{
    // エントリーシグナル
    int sig_entry = EntrySignal(MAGIC);

    // ポジションの決済
    if(sig_entry != 0) MyOrderClose(Slippage, MAGIC);

    // エントリーシグナルのフィルター
    sig_entry = FilterSignal(sig_entry);

    // 買い注文
    if(sig_entry > 0) MyOrderSend(OP_BUY, Lots, Ask,
        Slippage, 0, 0, COMMENT, MAGIC);
    // 売り注文
    if(sig_entry < 0) MyOrderSend(OP_SELL, Lots, Bid,
        Slippage, 0, 0, COMMENT, MAGIC);

    return(0);
}
```

このプログラムでは、エントリーシグナル関数「`EntrySignal()`」で生成されたシグナルを、エントリーフィルター関数「`FilterSignal()`」で選別し、長期トレンドの方向のみトレードをするようにしています。

ただし、仕掛けのみのシステムでエントリーフィルターを適用すると、次の反対シグナルがフィルターをとおして出るまでオープンポジションが決済されないということになります。

そこで、ここではフィルター関数にとおす前に新しいエントリーシグナルがあれば、いったんオープンポジションを決済するようにします。そして、その後フィルターを適用し、採用されたシグナルに対して仕掛けるようにしています。

条件付き仕掛けのシステム

少し複雑な仕掛けの例として、通常のエントリーシグナルを"仮シグナル"として、その後さらに別の条件を満たしたときに"本シグナル"が発生するようなケースを考えてみましょう。具体例として、ブレイクアウトの仮シグナルが発生した後、いったん戻ったことを確認して本シグナルを出すという、「チャネルブレイクアウト・プルバック」と呼ばれるシステムを取り上げてみます。

システムのロジックは次のとおりです。

> 終値が40バーHLバンドを上回ったとき、仮の買いシグナル発生
> 終値が40バーHLバンドを下回ったとき、仮の売りシグナル発生

第4章　エキスパートプログラムでシステムトレード自由自在

> 仮の買いシグナル発生後、5バー以内に終値が5バーHLバンドを
> 下回ったとき、本当の買いシグナル発生
> 仮の売りシグナル発生後、5バー以内に終値が5バーHLバンドを
> 上回ったとき、本当の売りシグナル発生

　このように2段階の条件となっている場合、ロジックの順番どおりに考えてしまいがちです。しかし、ここでは前述のフィルターの考え方を適用したプログラムを作成してみます。そのため、ロジックを次のように書き直してみます。

> 終値が5バーHLバンドを下回ったとき、仮の買いシグナル発生
> 終値が5バーHLバンドを上回ったとき、仮の売りシグナル発生

> 仮の買いシグナルが発生したときに、過去5バー以内に終値が40
> バーHLバンドを上回っていれば、本当の買いシグナル発生
> 仮の売りシグナルが発生したときに、過去5バー以内に終値が40
> バーHLバンドを下回っていれば、本当の売りシグナル発生

　最初のロジックと比べると、判別する条件の順番が変わっています。しかし、シグナルの発生する条件は同じものです。
　このようにロジックを書き換えると、最初の5バーHLバンドのブレイクアウトをエントリーシグナル「`EntrySignal()`」として記述し、そのシグナルに対して、過去5バー以内に終値が40バーHLバンドをブレイクアウトしているかをエントリーフィルター

「`FilterSignal()`」として記述できます。

リスト4.16は全体のプログラム例「CBPB.mq4」です。

リスト4.16　CBPB.mq4

```
// マイライブラリー
#include <MyLib.mqh>

// マジックナンバー
#define MAGIC    20094080
#define COMMENT  "CBPB"

// 外部パラメータ
extern double Lots = 0.1;
extern int Slippage = 3;

// エントリー関数
extern int PBPeriod = 5;    // プルバック用HLバンドの期間
int EntrySignal(int magic)
{
    // オープンポジションの計算
    double pos = MyCurrentOrders(MY_OPENPOS, magic);

    // プルバックのチェック
    double HH2 = iCustom(Symbol(), 0, "HLBand",
        PBPeriod, 0, 1, 2);
    double LL2 = iCustom(Symbol(), 0, "HLBand",
        PBPeriod, 0, 2, 2);

    int ret = 0;
    // 買いシグナル
    if(pos <= 0 && Low[2] >= LL2 && Low[1] < LL2) ret = 1;
```

```
// 売りシグナル
   if(pos >= 0 && High[2] <= HH2 && High[1] > HH2) ret = -1;

   return(ret);
}

// フィルター関数
extern int BOPeriod = 40;    // ブレイクアウト用 HL バンドの期間
int FilterSignal(int signal)
{
   for(int i=0; i<5; i++)
   {
      // HL バンドの計算
      double HH2 = iCustom(Symbol(), 0, "HLBand",
         BOPeriod, 1, 1, i+2);
      double LL2 = iCustom(Symbol(), 0, "HLBand",
         BOPeriod, 1, 2, i+2);

      int ret = signal;
      // 買いシグナル
      if(signal > 0 && Close[i+2] <= HH2 && Close[i+1]
         > HH2) break;
      // 売りシグナル
      if(signal < 0 && Close[i+2] >= LL2 && Close[i+1]
         < LL2) break;
      ret = 0;
   }

   return(ret);
}
```

続く→

```
// HL バンドトレイリングストップ
extern int TSPeriod = 20;   // トレイリングストップ用 HL バンドの期間
void MyTrailingStopHL(int period, int magic)
{
   double spread = Ask-Bid;
   double HH = iCustom(Symbol(), 0, "HLBand", period, 1, 1)
      +spread;
   double LL = iCustom(Symbol(), 0, "HLBand", period, 2, 1);

   if(MyCurrentOrders(OP_BUY, magic) != 0)
      MyOrderModify(LL, 0, magic);
   if(MyCurrentOrders(OP_SELL, magic) != 0)
      MyOrderModify(HH, 0, magic);
}

// スタート関数
int start()
{
   // エントリーシグナルの生成
   int sig_entry = EntrySignal(MAGIC);

   // エントリーのフィルター
   sig_entry = FilterSignal(sig_entry);

   // 買い注文
   if(sig_entry > 0) MyOrderSend(OP_BUY, Lots, Ask,
      Slippage, 0, 0, COMMENT, MAGIC);
   // 売り注文
   if(sig_entry < 0) MyOrderSend(OP_SELL, Lots, Bid,
      Slippage, 0, 0, COMMENT, MAGIC);

   // HL バンドトレイリングストップ
   MyTrailingStopHL(TSPeriod, MAGIC);

   return(0);
}
```

まず、**EntrySignal()**関数には、5バーのHLバンドのブレイクアウトの条件を記述します。
　ここでは、トレンドフォロー型のブレイクアウトではなく、カウンタートレンド型のブレイクアウトなので、発生する売買シグナルはトレンドフォロー型のブレイクアウトの場合と逆になっていることに注意してください。またブレイクアウトの判別は、終値ではなく、高値、安値で行っています。
　次の**FilterSignal()**関数で、通常のトレンドフォロー型のブレイクアウトの判別を行っています。つまり「**signal > 0**」で買いシグナルの場合には、HLバンドの上位ラインをブレイクアウトしたかを判別し、「**signal < 0**」で売りシグナルの場合にはHLバンドの下位ラインをブレイクアウトしたか判別します。
　ただし、ここでは1本前のバーだけでなく、過去5バーにさかのぼってブレイクアウトの判別をしなければなりません。そのため、**for**文で「**i**」を「**0**」から「**4**」まで変化させて、1本ずつ過去にさかのぼって判別を行っています。
　「**i**」に関係する部分は、**iCustom()**関数の最後のパラメータと「**Close[]**」の「**[]**」の中身です。通常は「**1**」「**2**」と書いている部分が「**i+1**」「**i+2**」となっているところに注意してください。
　この**for**文の繰り返しは、条件を満たせば「**break**」で抜けます。
　条件を最後まで満たさない場合は「**ret=0**」となるので、入力されたシグナルは無視されます。
　しかし、条件を満たして**for**文を抜けた場合は「**ret=signal**」となり、売買シグナルがそのまま返されるため、本当のシグナルとな

るのです。

　なお、手仕舞いの関数として、前述のHLバンドトレイリングストップを入れています。ここでは、買いポジションに対して20バーHLバンドの下位ラインに、売りポジションに対して20バーHLバンドの上位ラインに損切りが移動するようになっています。

トレードする時間帯の制限

　FXでは24時間トレードが可能ですが、時間帯による特徴の違いを利用するために「トレードを行う時間を制限する」ことが考えられます。つまり、エントリーシグナルが出ても、トレード可能な時間帯でなければ、そのシグナルを採用しないということです。

　これは、日中足を使ったデイトレードの場合に限られますが、一種のフィルターとしてプログラムできます。トレードの開始時刻と終了時刻を指定して、その間の時間帯に出たシグナルのみを採用するフィルターの関数は次のとおりです。

```
extern string StartTime = "9:30";    // 開始時刻
extern string EndTime = "22:30";     // 終了時刻
int FilterSignal(int signal)
{
    string sdate = TimeToStr(TimeCurrent(), TIME_DATE);
    datetime start_time = StrToTime(sdate+" "
       +StartTime);
    datetime end_time = StrToTime(sdate+" "+EndTime);

    int ret = 0;
```

```
    if(TimeCurrent() >= start_time && TimeCurrent()
       < end_time) ret = signal;

    return(ret);
}
```

　文字列として与えた開始時刻「`StartTime`」と終了時刻「`EndTime`」をそれぞれ「`start_time`」「`end_time`」という**datetime**型の変数に変換します。そして、サーバ時刻が「`start_time`」から「`end_time`」の間は、入力されたシグナルをそのまま返し、それ以外の時刻では「`0`」を返すようにします。

　ただし、この書き方では開始時刻と終了時刻しか指定しないので、両者が同じ日でなければ正しく動作しません。もし、トレードを行う時間帯が日付をまたぐ場合、

```
extern string StartTime = "22:30";   // 開始時刻
extern string EndTime = "9:30";      // 終了時刻
```

などとすると「`EndTime`」も同日とみなされるので、シグナルをそのまま返す条件を満たしません。

　したがって、トレードを行う時間帯が日をまたぐ場合には「`EndTime`」から「`StartTime`」までを"トレードしない"条件であるという書き方に変える必要があります。

　これを自動的に判別するためには「`start_time`」と「`end_time`」の大小関係をみます。「`start_time < end_time`」であれば、

その間をトレードの時間帯とします。そして「start_time > end_time」であれば、その間をトレードしない時間帯としてプログラムを記述するのです。

開始時刻と終了時刻を適切に判別するためのフィルター関数は次のようになります。

```
extern string StartTime = "22:30";
extern string EndTime = "9:30";
int FilterSignal(int signal)
{
   string sdate = TimeToStr(TimeCurrent(), TIME_DATE);
   datetime start_time = StrToTime(sdate+" "+StartTime);
   datetime end_time = StrToTime(sdate+" "+EndTime);

   int ret = 0;
   if(start_time < end_time)
   {
      if(TimeCurrent() >= start_time && TimeCurrent()
         < end_time) ret = signal;
      else ret = 0;
   }
   else
   {
      if(TimeCurrent() >= end_time && TimeCurrent()
         < start_time) ret = 0;
      else ret = signal;
   }

   return(ret);
}
```

この関数では「start_time」と「end_time」の大小で場合分け

をして、「start_time < end_time」の場合は「start_time」から「end_time」の間のシグナルを採用します。逆に「start_time > end_time」の場合は「end_time」から「start_time」の間のシグナルを無視するようなロジックとなっています。

リスト4.17「RSI1F1.mq4」は、このトレード時間を制限するフィルター関数をRSIの売買システムに組み込んだプログラム例です。

リスト4.17　RSI1F1.mq4

```
// マイライブラリー
#include <MyLib.mqh>

// マジックナンバー
#define MAGIC   20094023
#define COMMENT "RSI1F1"

// 外部パラメータ
extern double Lots = 0.1;
extern int Slippage = 3;

// エントリー関数
extern int RSIPeriod = 14; // RSIの期間
int EntrySignal(int magic)
{
    // オープンポジションの計算
    double pos = MyCurrentOrders(MY_OPENPOS, magic);

    // RSIの計算
    double rsi1 = iRSI(Symbol(), 0, RSIPeriod,
        PRICE_CLOSE, 1);

    int ret = 0;
```

続く→

```
   // 買いシグナル
   if(pos <= 0 && rsi1 < 30) ret = 1;
   // 売りシグナル
   if(pos >= 0 && rsi1 > 70) ret = -1;

   return(ret);
}
// フィルター関数
extern string StartTime = "9:30";    // 開始時刻
extern string EndTime = "12:30";     // 終了時刻
int FilterSignal(int signal)
{
   string sdate = TimeToStr(TimeCurrent(), TIME_DATE);
   datetime start_time = StrToTime(sdate+" "+StartTime);
   datetime end_time = StrToTime(sdate+" "+EndTime);

   int ret = 0;
   if(start_time <= end_time)
   {
      if(TimeCurrent() >= start_time && TimeCurrent()
         < end_time) ret = signal;
      else ret = 0;
   }
   else
   {
      if(TimeCurrent() >= end_time && TimeCurrent()
         < start_time) ret = 0;
      else ret = signal;
   }

   return(ret);
}

// エグジット関数
void ExitPosition(int magic)
```

```
{
   string sdate = TimeToStr(TimeCurrent(), TIME_DATE);
   datetime end_time = StrToTime(sdate+" "+EndTime);

   if(TimeCurrent() >= end_time && TimeCurrent()
      < end_time+600) MyOrderClose(Slippage, magic);
}
// スタート関数
int start()
{
   // ポジションの決済
   ExitPosition(MAGIC);

   // エントリーシグナルの生成
   int sig_entry = EntrySignal(MAGIC);

   // エントリーのフィルター
   sig_entry = FilterSignal(sig_entry);

   // 買い注文
   if(sig_entry > 0)
   {
      MyOrderClose(Slippage, MAGIC);
      MyOrderSend(OP_BUY, Lots, Ask, Slippage, 0, 0,
         COMMENT, MAGIC);
   }
   // 売り注文
   if(sig_entry < 0)
   {
      MyOrderClose(Slippage, MAGIC);
      MyOrderSend(OP_SELL, Lots, Bid, Slippage, 0, 0,
         COMMENT, MAGIC);
   }

   return(0);
}
```

このプログラムでは、開始時刻と終了時刻をそれぞれ「`StartTime`」と「`EndTime`」という外部変数に設定して、`FilterSignal()`関数で注文を送信する時間帯を制限しています。さらに、`ExitPosition()`関数で「`EndTime`」の時刻にオープンポジションを決済するようにしました。

指値もしくは逆指値で仕掛けるシステム

これまで説明した売買システムでは、エントリーシグナルの発生と同時に成行の売買注文を送信するパターンでした。ここでは、あらかじめ売買する価格を決めておいて、指値注文や逆指値注文を入れておくシステムについて考えてみます。

一例として、第2章で紹介したPIVOTの各水準を利用して指値注文で仕掛ける方法について取り上げてみます。プログラム例「Pivot1.mq4」を**リスト4.18**に示します。

リスト4.18 Pivot1.mq4

```
// マイライブラリー
#include <MyLib.mqh>

// マジックナンバー
#define MAGIC1   20094090
#define MAGIC2   20094091
#define COMMENT  "Pivot1"
```

```mql4
// 外部パラメータ
extern double Lots = 0.1;
extern int Slippage = 3;

// エントリー関数
extern string StartTime = "0:00";    // エントリー時刻
void EntryPosition()
{
    // PIVOTの計算
    double pivot = iCustom(NULL, 0, "Pivot", 0, 0);
    double reg1 = iCustom(NULL, 0, "Pivot", 1, 0);
    double sup1 = iCustom(NULL, 0, "Pivot", 2, 0);
    double reg2 = iCustom(NULL, 0, "Pivot", 3, 0);
    double sup2 = iCustom(NULL, 0, "Pivot", 4, 0);
    double spread = Ask-Bid;

    string sdate = TimeToStr(TimeCurrent(), TIME_DATE);
    datetime start_time = StrToTime(sdate+" "+StartTime);

    if(TimeCurrent() >= start_time && TimeCurrent()
        < start_time+600)
    {
        // 指値買い注文
        if(MyCurrentOrders(MY_BUYPOS, MAGIC1) == 0)
        {
            MyOrderSend(OP_BUYLIMIT, Lots, sup1+spread,
                Slippage, sup2, pivot, COMMENT, MAGIC1);
        }
        // 指値売り注文
        if(MyCurrentOrders(MY_SELLPOS, MAGIC2) == 0)
        {
            MyOrderSend(OP_SELLLIMIT, Lots, reg1, Slippage,
                reg2+spread, pivot+spread, COMMENT, MAGIC2);
        }
    }
}
```

続く→

```
// エグジット関数
extern string EndTime = "22:00"; // エグジット時刻
void ExitPosition(int magic)
{
   string sdate = TimeToStr(TimeCurrent(), TIME_DATE);
   datetime end_time = StrToTime(sdate+" "+EndTime);

   if(TimeCurrent() >= end_time && TimeCurrent()
      < end_time+600)
   {
      MyOrderClose(Slippage, magic);
      MyOrderDelete(magic);
   }
}

// スタート関数
int start()
{
   // 指値注文エントリー
   EntryPosition();

   // OCO注文
   if(MyCurrentOrders(MY_OPENPOS, MAGIC1) != 0
      && MyCurrentOrders(MY_PENDPOS, MAGIC2) != 0)
      MyOrderDelete(MAGIC2);
   if(MyCurrentOrders(MY_OPENPOS, MAGIC2) != 0
      && MyCurrentOrders(MY_PENDPOS, MAGIC1) != 0)
      MyOrderDelete(MAGIC1);

   // ポジションの決済
   ExitPosition(MAGIC1);
   ExitPosition(MAGIC2);

   return(0);
}
```

このプログラムでは、まず`EntryPosition()`関数で、決まった時刻に指値注文を送信します。

第2章で作成した「PIVOT.mq4」のカスタム指標プログラムを利用し、`iCustom()`関数でPIVOTの各水準「`pivot`」「`reg1`」「`sup1`」「`reg2`」「`sup2`」を読み込みます。そしてPIVOTの下の支持線「`sup1`」に指値買い注文、PIVOTの上の抵抗線「`reg1`」に指値売り注文と2つの指値注文を送信します。ここでは2つの注文を区別するために、それぞれ「`MAGIC1`」「`MAGIC2`」という異なるマジックナンバーを指定します。

指値注文を送信する時刻は、外部変数「`StartTime`」で指定し、それぞれのマジックナンバーの注文がなければ、注文を送信するようにしています。

また同じ注文で、損切り値と利食い値も指定しておきます。この値もPIVOTの各水準を利用し、「`sup1`」の指値買い注文に対しては、その下の支持線「`sup2`」を損切り値、「`pivot`」を利食い値とします。他方「`reg1`」の指値売り注文に対しては、その上の抵抗線「`reg2`」を損切り値、「`pivot`」を利食い値とします。

ただし、指値買い注文、指値売り注文の損切り、利食いは、それぞれ買いトレードとなるので、それぞれの指定値にスプレッド（買い気配値と売り気配値の差）を足してあります。

損切りと利食いで手仕舞いの条件は設定されたことになります。しかし、この注文は毎日同じ時刻に送信されるため、同日の"終わり"に手仕舞いするような条件を入れておく必要があります。

そこで`ExitPosition()`関数で、外部変数「`EndTime`」で指定

した時刻でオープンポジションの決済と待機注文のキャンセルをするようにしています。

さらに、2つの指値注文の一方が約定した場合、他方の注文をキャンセルするプログラムも記述しています。これは第3章で説明したOCOと同様、「`MAGIC1`」「`MAGIC2`」の各注文が、それぞれオープンポジションと待機注文になっている条件で、待機注文のほうをキャンセルするロジックとなっています。

なお、このプログラムは1時間足など日中足のチャートに対して動作させる必要があります。またシステム検証のときにストラテジーテスターのモデルとしては「Every tick」あるいは「Control points」を選択する必要があります。

複数システムの運用

メタトレーダーでは、ひとつのチャートで実行できるエキスパートプログラムはひとつです。

複数のシステムで運用したい場合、複数のチャートを開いて、それぞれ別々のエキスパートプログラムを実行させる必要があります。しかし、複数のシステムをまとめて検証するには、ひとつのエキスパートプログラムとして作成しておかなくてはなりません。

これまで、ひとつのエキスパートプログラムにひとつの売買システムを作成してきました。しかし、ここではひとつのプログラムに複数のシステムを記述する例についてみてみましょう。一例としてモメンタムを利用したシステムとRSIを利用したシステムの2つを

ひとつのプログラム中に記述してみます。

プログラム例「MomRSI.mq4」を**リスト4.19**に示します。

リスト4.19　MomRSI.mq4

```
// マイライブラリー
#include <MyLib.mqh>

// マジックナンバー
#define MAGIC1      20094100
#define MAGIC2      20094101
#define COMMENT1    "MomRSI(Mom)"
#define COMMENT2    "MomRSI(RSI)"

// 外部パラメータ
extern double Lots = 0.1;
extern int Slippage = 3;

// エントリー関数(モメンタム)
extern int MomPeriod = 20;  // モメンタムの期間
int EntrySignalMom(int magic)
{
   // オープンポジションの計算
   double pos = MyCurrentOrders(MY_OPENPOS, magic);

   // モメンタムの計算
   double mom1 = iMomentum(NULL, 0, MomPeriod,
      PRICE_CLOSE, 1);

   int ret = 0;
   // 買いシグナル
   if(pos <= 0 && mom1 > 100) ret = 1;
```

続く→

```mql4
    // 売りシグナル
    if(pos >= 0 && mom1 < 100) ret = -1;

    return(ret);
}
// エントリー関数 (RSI)
extern int RSIPeriod = 14; // RSI の期間
int EntrySignalRSI(int magic)
{
    // オープンポジションの計算
    double pos = MyCurrentOrders(MY_OPENPOS, magic);

    // RSI の計算
    double rsi1 = iRSI(NULL, 0, RSIPeriod, PRICE_CLOSE, 1);

    int ret = 0;
    // 買いシグナル
    if(pos <= 0 && rsi1 < 30) ret = 1;
    // 売りシグナル
    if(pos >= 0 && rsi1 > 70) ret = -1;

    return(ret);
}

// スタート関数
int start()
{
    // モメンタムエントリーシグナル
    int sig_entry1 = EntrySignalMom(MAGIC1);

    // 買い注文
    if(sig_entry1 > 0)
```

```
{
   MyOrderClose(Slippage, MAGIC1);
   MyOrderSend(OP_BUY, Lots, Ask, Slippage, 0, 0,
      COMMENT1, MAGIC1);
}
// 売り注文
if(sig_entry1 < 0)
{
   MyOrderClose(Slippage, MAGIC1);
   MyOrderSend(OP_SELL, Lots, Bid, Slippage, 0, 0,
      COMMENT1, MAGIC1);
}

// RSIエントリーシグナル
int sig_entry2 = EntrySignalRSI(MAGIC2);

// 買い注文
if(sig_entry2 > 0)
{
   MyOrderClose(Slippage, MAGIC2);
   MyOrderSend(OP_BUY, Lots, Ask, Slippage, 0, 0,
      COMMENT2, MAGIC2);
}
// 売り注文
if(sig_entry2 < 0)
{
   MyOrderClose(Slippage, MAGIC2);
   MyOrderSend(OP_SELL, Lots, Bid, Slippage, 0, 0,
      COMMENT2, MAGIC2);
}

   return(0);
}
```

モメンタムを利用したエントリーシグナル関数とRSIを利用したエントリーシグナル関数は、すでに作成してあります。ただし、同じプログラムに記述するため、それぞれの関数の名前を変えておきます。ここでは「`EntrySignalMom()`」「`EntrySignalRSI()`」としてあります。

　あとは`start()`関数中に、モメンタムのエントリーシグナル関数から注文を実行する部分と、RSIのエントリーシグナル関数から注文を実行する部分を順番に記述します。

　注意点は、マジックナンバーです。それぞれのシステムで異なったマジックナンバーを指定するようにしてください。

　このプログラムにより、2つのシステムのトレードが同時に実行されることになります。

　なお、システムの選択によっては、一方のシステムで買いポジション、他方のシステムでは売りポジションが同時に建つケースがあります。これは両建ての状態になっていますので、両建てを禁止している業者では、うまく注文が実行されない場合があります。注意してください。

資金管理について

　資金管理（マネーマネジメント）は、システムトレードのなかでも重要な要素のひとつです。同じ売買システムで運用するにしても、適切な資金管理を行うか、行わないかで、大きく利益を上げるか、破産するかという、大きな違いとなって表れます。

本書のこれまでのプログラムでは、売買ロジックのプログラミングを中心にしていたため、売買ロット数は固定したプログラムを作成してきました。ここでは資金管理の観点から売買ロット数の適切な決め方について説明します。

システム運用するときの売買ロット数の算出には、次のような要素が関係してきます。

- 初期投資額
- 売買する通貨ペアの価格水準
- 運用するシステムの通貨ペアに対する特性
- 運用者が許容できるリスク

しかし、これらの要素をすべて考慮すると、非常に複雑になってしまいます。そこで、ここでは運用するシステムの通貨ペアに対する特性は等しいと仮定します。つまり、同じシステムであれば、どの通貨ペアに適用しても同じような成績を残せるということです。

この仮定は現実にあり得ないのですが、こうすることで売買によって生じるリスク（損失の可能性）は、通貨ペアの種類に関係なく、単に投資額に対して何倍の額を売買しているかという倍率に比例することになります。

FXは、小額の担保金でその何倍、何十倍もの金額の通貨を売買できる証拠金取引です。通常「証拠金」に対して実際に取引できる額の倍率を「レバレッジ」と呼びます。ただし、これは単に業者が定めたものなので、特に重要ではありません。

重要なのは「投資資金」に対して実際に取引している額の倍率です。これを「**実質レバレッジ**」と呼ぶことにします。

　実質レバレッジは、投資額の通貨単位と売買する通貨ペアのレートによって算出されます。

　例えば、投資額を円建てとし、100万円の投資資金があるとしましょう。ここで、USD/JPYが1ドル110円のときに1万通貨単位を買うということは、1万ドルを買うということです。1万ドルを円に換算すると110万円なので、実質レバレッジは110万円÷100万円＝1.1倍となります。

　もうひとつの例として、EUR/USDが1ユーロ1.2ドルのときに1万通貨単位を買うというケースについて考えてみましょう。ここでの1万通貨単位というのは、1万ユーロとなります。EUR/JPYのレートが1ユーロ132円とすれば、1万ユーロは132万円です。実質レバレッジは132万円÷100万円＝1.32倍となります。

　このように同じ通貨単位の売買でも、通貨ペアの種類と価格水準によって実質レバレッジは変わってきます。

　では、実際に売買ロット数を実質レバレッジから算出してみましょう。前述のように、実質レバレッジを算出するときには、投資資金となる通貨と売買する通貨の情報が必要となります。

　まず、投資資金が米ドル建てで、USD/JPY、USD/CAD、USD/CHFなど、1米ドルのレートで売買する場合について考えてみましょう。この場合、利用可能な投資資金に実質レバレッジを掛けたものを10万通貨単位で割れば、ロット数が算出できます。

　MQL4のプログラムでは、利用可能資金は`AccountFreeMargin()`

関数で取得できます。実質レバレッジを「Leverage」とすると、売買ロット数「lots」は次のように計算できます。

```
double lots = Leverage * AccountFreeMargin() / 100000;
```

しかし、EUR/USD、EUR/JPY、EUR/CHFなどは、1ユーロのレートとなるので、さらにEUR/USDのレートで割って、売買ロット数を算出する必要があります。

プログラムを適用するチャートとは別の通貨ペアの価格は、別の時間枠の価格と同じく、**iClose()**関数で取得できます。通常、「Symbol()」と指定しているパラメータを「"EURUSD"」など具体的な通貨ペア名にすることで、次のように書くことができます。

```
double lots = Leverage * AccountFreeMargin() / 100000
    / iClose("EURUSD",0,0);
```

同様に投資資金が円建てで、USD/JPY、USD/CAD、USD/CHFなど1米ドルのレートの通貨ペアを売買する場合は、

```
double lots = Leverage * AccountFreeMargin() / 100000
    / iClose("USDJPY",0,0);
```

のように、USD/JPYのレートで割り、売買ロット数を算出します。またEUR/USD、EUR/JPY、EUR/CHFなど1ユーロのレートの通

貨ペアを売買する場合は、

```
double lots = Leverage * AccountFreeMargin() / 100000
    / iClose("EURJPY",0,0);
```

のようにEUR/JPYのレートで割り、売買ロット数を算出します。

　ところで、実質レバレッジを何倍にすればよいかは、運用するシステムの特性や、運用者の許容リスクによって変わってきます。これを概算する場合、まず実質レバレッジを１倍にしてシステムを検証します。

　そして、その場合に最大ドローダウンが資産の10％であったと仮定しましょう。つまり、資産のピーク値から最大10％の減少が一時的にあったということです。

　ただし、将来的に「最大ドローダウン」を上回るドローダウンはないという保証はありません。実運用では、多めに見積もるべきです。ここでは２倍と見積もり、20％のドローダウンの可能性を考えておきます。

　こうしたケースで、運用者の許容リスクが20％、つまり20％までのドローダウンなら許容できるのであれば、ドローダウンの見積もりと許容リスクが等しいので、この売買システムは実質レバレッジ１倍で運用するのが適切ということになります。

　もし、運用者の許容リスクが40％であれば、40÷20＝２となり、レバレッジを２倍にして運用することも可能です。

　このように実質レバレッジが決まれば、売買ロット数を算出する

ことができます。しかし、売買ロット数を一定値以外に設定する場合、次のエラーに注意する必要があります。

前述の式で売買ロット数を算出させると、小数点以下のケタ数が多くなってしまう場合があります。**OrderSend()**関数の「**volume**」のパラメータもその業者で対応している最小ロット数や小数点以下のケタ数が決まっています。

例えば、0.1ロットが最小単位の場合、小数点以下1ケタで丸める必要があるというわけです。また、計算した結果が最小ロット数より小さい場合、最小ロット数になるようにする必要があります。

そのための前処理として次のようなプログラムを書いておくとよいでしょう。

```
lots = NormalizeDouble(lots, 1);
if(lots < 0.1) lots = 0.1;
```

このようにロット数を算出する部分は、いくつかの手順があるため、関数化しておいたほうが使いやすいでしょう。

ここでは「**CalculateLots()**」という関数名で関数を作ってみます。関数のパラメータは実質レバレッジとし、そのレバレッジに対応する売買ロット数を返す関数です。

この関数をモメンタムのシステムに組み込んだプログラム例「Momentum1PS1.mq4」を**リスト4.20**に示します。

リスト4.20　Momentum1PS1.mq4

```
// マイライブラリー
#include <MyLib.mqh>

// マジックナンバー
#define MAGIC     20094012
#define COMMENT  "Momentum1PS1"

// 外部パラメータ
extern double Leverage = 2; //実質レバレッジ
extern int Slippage = 3;

// ロット数の計算
double CalculateLots(double leverage)
{
   string symbol = StringSubstr(Symbol(), 0, 3)
      + AccountCurrency();

   double conv = iClose(symbol, 0, 0);
   if(conv == 0) conv = 1;

   double lots = leverage * AccountFreeMargin()
      / 100000 / conv;

   double minlots = MarketInfo(Symbol(), MODE_MINLOT);
   double maxlots = MarketInfo(Symbol(), MODE_MAXLOT);
   int lots_digits = MathLog(1.0/minlots)/MathLog(10.0);
   lots = NormalizeDouble(lots, lots_digits);
   if(lots < minlots) lots = minlots;
   if(lots > maxlots) lots = maxlots;

   return(lots);
}
```

```
// エントリー関数
extern int MomPeriod = 20;  // モメンタムの期間
int EntrySignal(int magic)
{
   // オープンポジションの計算
   double pos = MyCurrentOrders(MY_OPENPOS, magic);

   // モメンタムの計算
   double mom1 = iMomentum(NULL, 0, MomPeriod,
      PRICE_CLOSE, 1);

   int ret = 0;
   // 買いシグナル
   if(pos <= 0 && mom1 > 100) ret = 1;
   // 売りシグナル
   if(pos >= 0 && mom1 < 100) ret = -1;

   return(ret);
}

// スタート関数
int start()
{
   // 売買ロット数の計算
   double lots = CalculateLots(Leverage);

   // エントリーシグナル
   int sig_entry = EntrySignal(MAGIC);

   // 買い注文
   if(sig_entry > 0)
   {
      MyOrderClose(Slippage, MAGIC);
      MyOrderSend(OP_BUY, lots, Ask, Slippage, 0, 0,
         COMMENT, MAGIC);
```

続く→

```
    }
    // 売り注文
    if(sig_entry < 0)
    {
        MyOrderClose(Slippage, MAGIC);
        MyOrderSend(OP_SELL, lots, Bid, Slippage, 0, 0,
            COMMENT, MAGIC);
    }

    return(0);
}
```

　`CalculateLots()`関数は、上記の説明よりも少し複雑になっています。これは投資資金の通貨、売買する通貨、および業者による最小ロット数の違いを自動的に判別するためのものです。

　まず次のように「`Symbol()`」の先頭の3文字と資金の通貨名を連結して売買ロット数を算出するための通貨ペア名を作ります。

```
string symbol = StringSubstr(Symbol(), 0, 3)
    + AccountCurrency();
```

　「`StringSubstr()`」は、最初のパラメータに指定した文字列のなかで、2つ目のパラメータで指定した位置から3つ目のパラメータで指定した文字数分の文字列を抜き出す関数です。また「`AccountCurrency()`」は資金の通貨名を文字列で返す関数です。

　例えば「`symbol()`」が「`"EURUSD"`」であれば、「`EURUSD`」の0番

の位置（文字列の先頭）から3文字分を抜き出すので「`EUR`」となります。そして円建ての資金であれば「`AccountCurrency()`」は「`JPY`」となります。したがって、それらを連結すると「`symbol="EURJPY"`」となるわけです。

そして「`symbol`」のレートを「`conv`」という変数に求め、それで割ることでロット数を求めます。なお「`symbol`」の通貨ペアが存在しないと「`conv`」は「`0`」になるため、その場合「`conv=1`」という仮のレートを代入しておきます。

次に業者の最小ロット数と最大ロット数を`MarketInfo()`関数で「`minlots`」と「`maxlots`」に求めます。

```
double minlots = MarketInfo(Symbol(), MODE_MINLOT);
double maxlots = MarketInfo(Symbol(), MODE_MAXLOT);
```

さらに「`minlots`」から次の式で最小ロット数の小数点以下のケタ数を「`lots_digits`」に求めます。

```
int lots_digits = MathLog(1.0/minlots)/MathLog(10.0);
```

ここで「`MathLog()`」というのは対数を計算する関数です。例えば「`minlots`」が0.01の場合、「`MathLog(100)/MathLog(10)=2`」と算出されます。そして「`lots`」を`NormalizeDouble()`関数で小数点以下「`lots_digits`」ケタで求めています。

最後に最小ロット数以下と最大ロット数以上のケースに対応させ

て「`lots`」を返します。

このプログラムを実行すると、「`Leverage=2`」の場合、実質レバレッジ2倍のロット数でトレードが繰り返されることになります。

メタトレーダーでCFD取引

　これまでメタトレーダーを採用しているほとんどの業者が、トレードの対象をFXに限っていました。

　ところが最近では、メタトレーダーでCFDをトレードできる業者が現れてきました。

　CFDとは「Contract For Difference」の略で、日本語では「差金決済取引」と呼ばれています。日経平均やナスダックをはじめ、世界中の株価指数や個別株、商品、ETF（上場投信）、金融先物などを対象としたものです。

　FXと同じく証拠金取引という方法で取引ができるので、買いからだけでなく、売りからも始められ、レバレッジを利かせることで小額の資金で始めることができます。

　これによって、FXだけでなく、多くのCFDがメタトレーダーでのシステムトレードの対象となるのです。メタトレーダーのバックテスト機能を活用することで、CFDに合わせた新しいトレードシステムを見つけることができるかもしれません。

4-5. ストラテジーテスターでの検証

　ここまでは、さまざまなパターンの売買システムをエキスパートプログラムとして作成する方法について説明しました。

　エキスパートプログラムは、チャートに挿入するだけで自動売買の実行が可能です。しかし、作成したばかりのシステムでいきなり実運用を始めるのは無謀です。システム開発の過程で、システムを過去データで走らせて評価する「バックテスト」が不可欠となります。

　メタトレーダーには、バックテストを行うために「ストラテジーテスター（テスター）」と呼ばれる検証機能が搭載されています。テスターの基本的な使い方については前作で紹介していますので、本書では省略します。

　ここではテスターを利用するうえでのエキスパートプログラムの作成とバックテストに関する注意点について説明しましょう。

エキスパートプログラム作成時の注意

　テスターによるバックテストは、売買システムを統計的に評価するだけでなく、エキスパートプログラムが正常に動作するかどうかの確認にもなります。

もちろん実際の売買とテスターでのバックテストでは、価格の変化の仕方やサーバとのデータのやり取りなど条件が違うところも多くあります。したがって、バックテストと全く同じ結果が実際の売買で出せる保証はありません。

　しかし、プログラムにミスがないか、最低限の確認は可能です。エキスパートプログラムが正常に動作しているかは、使用したテクニカル指標と、その売買条件が意図したとおりになっているかで確認することができます。

　テスターには、検証後に売買ポイントをチャートで確認できる機能が備わっています。検証後に「セッティング」タブ画面の「Open chart」のボタンを押すと、新しくチャートが開き、チャート上に売買の位置が表示されます。ここで、利用したテクニカル指標も表示できれば、売買条件が意図したとおりであったか、確認することができます。

　そのためには、エキスパートプログラム中でテクニカル指標を算出するときに、`iMA()`関数や`iRSI()`関数などの組み込みテクニカル指標関数を用いることをおすすめします。

　また独自のカスタム指標の場合でも、それをエキスパートプログラム中に直接記述するのではなく、いったんカスタム指標プログラムとして作成しておいて、`iCustom()`関数で呼び出す形にすれば、その指標がテスターのチャート上に表示されます。

　こうすることで、テクニカル指標と売買ポイントの関係がはっきりするので、プログラムの動作確認を簡単に行うことができます。

テスターのモデルの選択

テスターの設定で分かりにくいのがモデルの選択です。本書執筆時のメタトレーダーのバージョンでは、次に示す3つのモデルが選択できるようになっています。

- Open prices only (fastest method to analyze the bar just completed)
- Control points (the nearest less timeframe is used)
- Every tick (based on all available least timeframes)

それぞれのモデルの特徴を説明します。

Open prices only

このモデルでは、チャート上のそれぞれのバーが確定した時点での値に基づいて検証します。本書でも新しいバーが始まったとき、確定した1本前のバーから売買シグナルを出すシステムを紹介しました。そのようなシステムでは、このモデルを選択することで再現性のあるテストを行うことができます。

しかし、最新のバーの形成途中で売買シグナルを発生するシステムでは、正確な検証はできません。例えば、最新のバーの形成途中で算出される指標値から売買シグナルを発生させる場合や、指値・逆指値注文の場合などです。その場合、次のモデルのいずれかを使って検証する必要があります。

Control points

このモデルでは、チャートの時間枠よりもひとつ短い時間枠のデータまで利用して、バーの途中の価格変化を推定して検証します。より短い時間枠のデータがない場合は、あらかじめ定義されている「ウェーブテンプレート」でデータを補間（すでにあるデータに基づいて、そのデータの隙間を埋める数値を推測すること）します。補間データは各バーを何等分かしたバーで構成されます。

Every tick

このモデルは、バーの形成途中の価格変化を最も正確に再現しようとするモデルです。チャートよりもひとつ短い時間枠だけでなく、1分足のデータまで利用して価格の変化を再現します。

データが抜けている場合は「Control points」と同様、あらかじめ定義されているウェーブテンプレートでデータを補間します。補間データは各バーの実際のティック数に応じた数のバーを作成します。

このモデルは「Control points」に比べて検証の精度が高くなります。しかし、データ数がかなり多くなるため、検証にかかる時間が非常に長くなってしまいます。

結局、どちらのモデルを使うかは、検証精度を取るか、検証時間を取るかということになります。

精度がどれくらい高いかについては、テスターウィンドウの「レポート」タブに表示される「Modeling quality」で、ある程度判断できます。

図4.8 オフラインチャートの選択画面

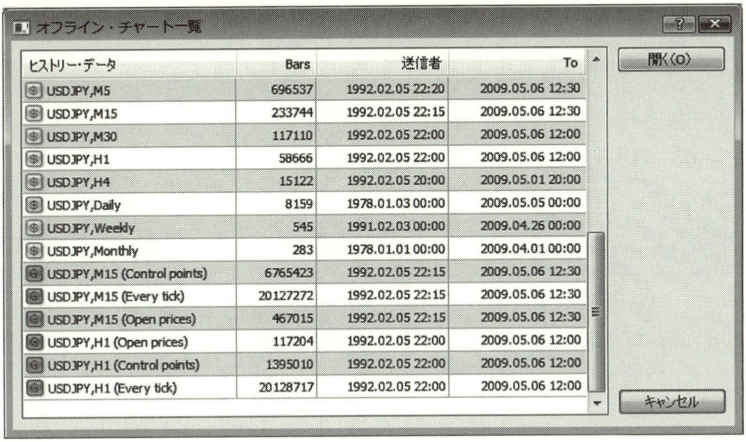

ヒストリー・データ	Bars	送信者	To
USDJPY,M5	696537	1992.02.05 22:20	2009.05.06 12:30
USDJPY,M15	233744	1992.02.05 22:15	2009.05.06 12:30
USDJPY,M30	117110	1992.02.05 22:00	2009.05.06 12:00
USDJPY,H1	58666	1992.02.05 22:00	2009.05.06 12:00
USDJPY,H4	15122	1992.02.05 20:00	2009.05.01 20:00
USDJPY,Daily	8159	1978.01.03 00:00	2009.05.05 00:00
USDJPY,Weekly	545	1991.02.03 00:00	2009.04.26 00:00
USDJPY,Monthly	283	1978.01.01 00:00	2009.04.01 00:00
USDJPY,M15 (Control points)	6765423	1992.02.05 22:15	2009.05.06 12:30
USDJPY,M15 (Every tick)	20127272	1992.02.05 22:15	2009.05.06 12:30
USDJPY,M15 (Open prices)	467015	1992.02.05 22:15	2009.05.06 12:30
USDJPY,H1 (Open prices)	117204	1992.02.05 22:00	2009.05.06 12:00
USDJPY,H1 (Control points)	1395010	1992.02.05 22:00	2009.05.06 12:00
USDJPY,H1 (Every tick)	20128717	1992.02.05 22:00	2009.05.06 12:00

しかし、精度が高いといっても、完全にデータの動きを再現したわけではないことにも注意しておく必要があるでしょう。

いずれのモデルもデータが欠けているところでは、データが補間されます。実際にどのようにデータが補間されたかは、次のようにして確認できます。

テスターではバックテストを実行すると「tester」→「history」フォルダの下にfxtファイルが作成されます。このファイルにバックテストで利用するデータの動きが保存されています。

これは、バイナリファイルなので直接エディターなどで読むことはできません。メタトレーダーのメニューから［ファイル］→［オフラインチャート］を選ぶと、図4.8のようなダイアログボックス

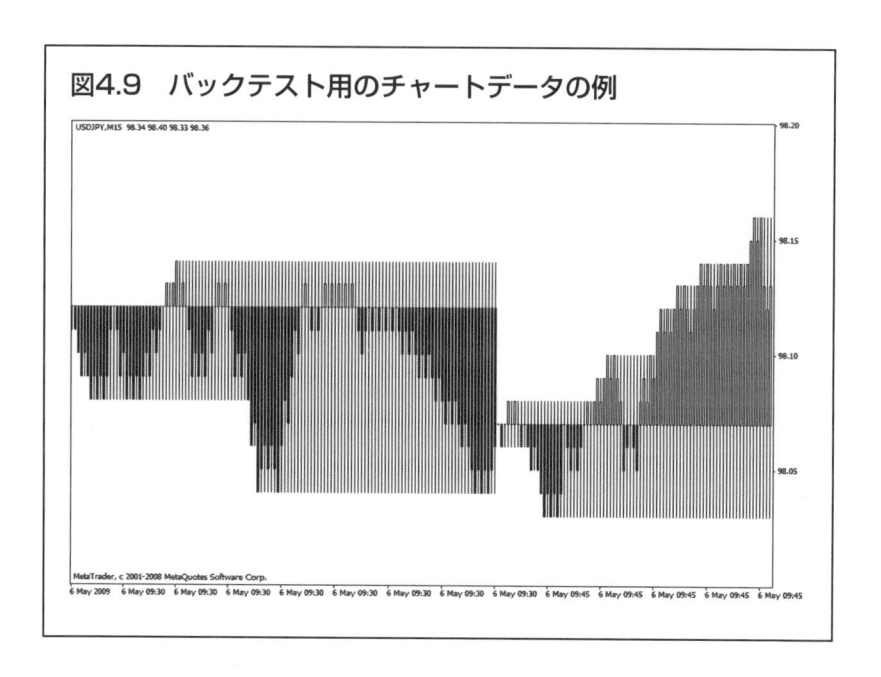

図4.9　バックテスト用のチャートデータの例

が現れます。

　この画面では、チャート上のヒストリーデータ一覧が表示されており、チャート上に読み込まれているバーの数とその期間が分かります。

　この一覧を下の方にスクロールすると、通貨ペアと時間枠の横に「(Control points)」とか「(Every tick)」などと書かれているデータがあります。これがバックテスト用のデータです。この中で参照したいデータを選択して「開く」ボタンを押すと、そのデータをチャートとして確認することができます（**図4.9**）。

　この図のように、データの補間といっても実際の値動きとは程遠

いモデル化がされていると分かります。したがって、**バーの形成途中での価格変化に大きく依存する売買システムでは、いくら高精度の検証ができたとしても、実際の値動きとは違った状態での評価**だということに注意しなければなりません。

また、複数の異なる業者が提供するメタトレーダーでバックテストをして、それぞれの結果が大きく違ってしまう売買システムでも、検証の信頼度はかなり低いと考えたほうがよいでしょう。

チャート上の過去データの取得について

　ストラテジーテスターでエキスパートプログラムの検証を行うためには、チャート上の過去のデータが必要となります。

　メタトレーダーでチャートを開くと、FX業者のサーバから過去データをダウンロードし、チャート上に表示されます。しかし、ここで表示されるデータは、サーバ上にあるすべてのデータではありません。

　チャートに表示される以前の過去データは、チャートをスクロールして左端まで遡り、さらに「←」キーを押すとその都度ダウンロードされ、チャートが更新されます。

　「←」キーを押してもチャートが更新されなくなるのは、サーバに保存されているすべての過去データがチャートに読み込まれた場合、そしてもうひとつ、メタトレーダーの設定による場合があります。

　メタトレーダーのメニュー「ツール」→「オプション」の「チャート」タブの画面で、

- ●ヒストリー内のバーの最大数
- ●チャート表示バーの最大数

という項目があります。通常、「ヒストリー内のバーの最大数＞チャート表示バーの最大数」となっていると思います。ここで、「チャート表示バーの最大数」に達すると、それ以上のデータはチャート上に表示されなくなります。

　テスターで検証を行う場合、できるだけ多くの過去データを利用できるよう、これらの数値を大きくしておくことをおすすめします。それぞれの数値は、プルダウンのメニューから選択するだけでなく、直接入力することも可能です。最大で「2147483647」まで増やすことができます。

　ただし、これらの数値を増やすときに注意点があります。
　「ヒストリー内のバー」はメタトレーダーをインストールしたフォルダの「history」サブフォルダの下にファイルとして保存されるものです。したがって、パソコンのハードディスク容量が許すかぎり、大きくしても問題はありません。しかし「チャート表示バー」は、メタトレーダー実行時にパソコンのメモリーに読み込まれるので、あまり大きくするとメタトレーダー自身の実行が遅くなるなどの支障をきたす場合があるのです。

　ですから、検証のときは、ある程度大きくしておいても構いませんが、実際にエキスパートプログラムで自動売買をさせる場合は、数値を小さくしておいたほうがよいでしょう。

　なお、過去のデータは、チャートを遡る以外にも、「ツール」→「History Center」の画面から「Download」ボタンを押して取得することもできます。
　しかし、ここでダウンロードされるデータは、MetaQuotes社のデータです。お使いのFX業者のデータではありません。異なった業者のデータは、サーバ時間や価格の動きが違います。そのため、正確な検証ができないだけでなく、複数の時間枠でデータが一致しないなどのエラーの原因となります。したがって、この方法によるデータの取得はおすすめできません。

第5章

MQL4をさらに使いこなしたい人のために

5-1. データの型

　本章では、MQL4についてさらに詳しく知りたい人のために、MQL4の個別の機能について解説を加えてみました。これまでの説明の補足として、またはMQL4のリファレンスマニュアルとしてご利用ください。

　まずはMQL4で扱えるデータについてです。データは利用する用途に応じて次の6種類に分類できます。

`int`	整数のデータ
`double`	実数のデータ
`string`	文字列のデータ
`bool`	論理のデータ
`color`	色のデータ
`datetime`	日時のデータ

　それぞれのデータの使い方を説明します。

int（整数）

　MQL4では、数値データは整数と実数（小数を含む数）を区別し

て扱います。整数は、バーの数やバーの位置など、1、2、3…と数えられるものを表すときに利用します。

整数のデータは、`int`型の変数に代入できます。通常、整数は次のように10進数として表します。

```
int a = 12;
int b = -54;
```

ただし、整数であればどんなに大きな数でも使えるわけではありません。内部では32ビットの2進数として表現されているので、-2147483648（-2^{31}）から2147483647（$2^{31}-1$）の範囲の数値が表現可能です。

また数値の始めに「`0x`」を付ければ、16進数の整数値を代入することもできます。

例）16進数の0A（＝10進数の10）
```
int c = 0x0A;
```

例）16進数のFF（＝10進数の255）
```
int d = 0xFF;
```

さらに半角1文字や通常の文字でない特殊文字を「'」で囲むことで、その文字の文字コードを整数値として代入できます。

例）「A」という文字の文字コード
```
int e = 'A';
```

例）改行を表す特殊文字「\n」の文字コード
```
int f = '\n';
```

　int型の変数への代入で注意することは、小数部を含む実数を代入すると、整数に変換されてしまうということです。

```
int g = 12.54;
```

　このようにint型の変数に実数を代入しても、小数部分は切り捨てられ「g=12」となってしまいます。

double（実数）

　FXの価格やテクニカル指標の数値などは、小数を含むので、整数ではなく、実数として表現します。実数のデータは、**double**型の変数に代入することができます。

```
double a = 1.1234;
double b = -0.5;
```

　整数値も**double**型の変数に代入できます。

```
double c = 12;
```

なお、C言語では、非常に大きい数や非常に小さい数を表す場合「**1.5e100**（$=1.5\times10^{100}$）」「**2.5e-10**（$=2.5\times10^{-10}$）」のような指数表現ができます。しかし、MQL4ではこのような表現は使えないので注意してください。

string（文字列）

文字は1文字の場合と2文字以上の場合とで扱いが異なります。半角1文字だけの文字の場合、「**'**」で囲んでその文字コードを**int**型で扱うことができます。しかし、2文字以上の場合は文字列として扱う必要があります。

文字列を「**"**」で囲んだものを「文字列定数」と呼び、**string**型の変数や、関数の**string**型パラメータに代入できます。

```
string a = "USD/JPY";
string b = "100.25";
```

このように「100.25」という数値も「**"**」で囲んで「**"100.25"**」と書くと文字列データとなります。

なお、文字列を構成する文字の種類は、英数字などの文字だけでなく、改行を表す「**\n**」や水平タブを表す「**\t**」など、特殊文字も含みます。

```
string c = "MetaTrader 4\n";
```

　また記号のうち「\」「'」「"」は、それぞれ特殊文字、半角1文字、文字列の囲み文字として特別な意味があります。したがって、それらの文字を"文字そのもの"として表したい場合は、その文字の前に「\」記号を付けて記述します。

　例えば「`"C:\Program Files\MetaTrader '4'"`」という文字列を代入したい場合、

```
string d = "\"C:\\Program Files\\MetaTrader \'4\'\"";
```

のように「\」「'」「"」の前に「\」記号を付けて記述します。

　通常のテキストファイル中に記述できる文字とは別に、メタトレーダーでは、矢印など特殊な記号を文字として扱うことがありま

図5.1　Wingdingsフォント

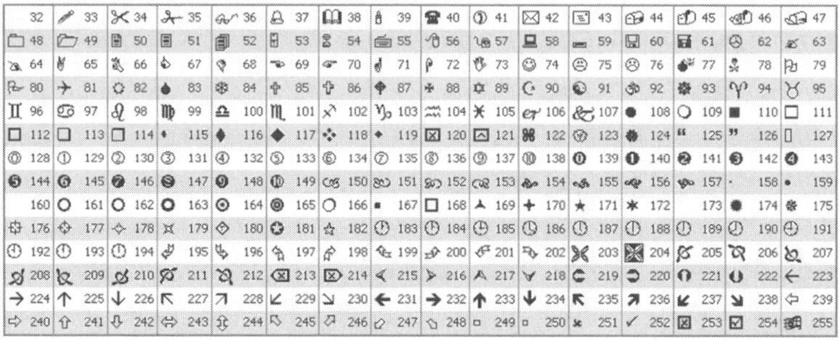

す。それはWingdingsフォントと呼ばれるもので、**図5.1**のようにそれぞれの記号に文字コードが割り当てられています。

　Wingdingsフォントの一覧は、メタエディターのNavigator画面の「Dictionary」タブから［MQL4 Reference］→［Standard constants］→［Wingdings］を選択することで参照できます。

　Wingdingsフォントの文字コードは、以下のような関数で使われます。

> 例）159番の文字コードを指標の記号に指定
> ```
> SetIndexArrow(0, 159);
> ```

> 例）221番の文字コードをテキストオブジェクトに指定
> ```
> ObjectSetText("Label1", CharToStr(221), 16, "Wingdings", Blue);
> ```

bool（論理）

　「`true`（真）」か「`false`（偽）」のどちらかを表すデータ型です。1か0のどちらかというデジタルの基本的な考え方です。プログラムの内部では「`true=1`」「`false=0`」という数値として表現されています。

　`bool`型の変数には「`true`」「`false`」という定数以外に「`1`」「`0`」という整数値を代入することができます。

```
bool a = true;
bool b = false;
bool c = 1;
bool d = 0;
```

1や0という整数値であれば、**int**型として表すことも可能です。しかし、数値ではなく、プログラム中での2つの状態を区別する場合、**bool**型を使ったほうがプログラムのミスを減らすことができます。

例えば、トレンドモードか、トレンドモードでないかという2つの状態を表す場合、

例）トレンドモードである
```
bool trend = true;
```

例）トレンドモードでない
```
bool trend = false;
```

のように**bool**型のデータで表すと分かりやすいでしょう。

color（色）

MQL4では、色のデータをR（赤）、G（緑）、B（青）の3原色の組み合わせで表しています。それぞれの要素の濃さを0～255の

整数で表します（16進数の場合は0x00〜0xFF）。

色を定数として表したい場合、次のように「C」の後に、RGBそれぞれの3原色の大きさの数値（10進数あるいは16進数）データを「'」で囲んで記述することが可能です。

例) gray
```
color a = C'128,128,128';
```

例) red
```
color b = C'0xFF,0x00,0x00';
```

色のデータは10進数でも表現できますが、16進数で表したほうが2ケタずつになるため、分かりやすいでしょう。

また16進数の場合「0xBBGGRR」と表すことが可能です。ただし、色の順番が上の例（R,G,B）とは逆のBGRとなるので注意してください。

例) blue
```
color c = 0xFF0000;
```

実際のところ、色を数値で表現されても、どんな色なのかイメージしにくいです。そこで「Red」「Yellow」「Black」など、132個の色に対して「カラーネーム」が付けられています。知っている色は、そのカラーネームで指定したほうが分かりやすいでしょう。

カラーネームの一覧は、メタエディターの「Navigator」画面の「Dictionary」タブから［MQL4 Reference］→［Standard constants］→［Web colors］を選択することで参照できます。

datetime（日時）

MQL4では、日時を表すデータとして「`datetime`」という型が利用できます。特殊な型ではなく、実際には整数値として表されています。しかし、1970年1月1日を始点とした経過秒数として表されているので、その数値だけをみても日時はすぐに分かりません。

そこで、決まった日時であれば、次のように人に分かるような形式で`datetime`型の変数に日時を代入できるようになっています。

例）2009年4月19日12時30分27秒
```
datetime a = D'2009.04.19 12:30:27';
```

例）2009年4月19日12時30分00秒
```
datetime b = D'2009.04.19 12:30';
```

例）2009年4月19日00時00分00秒
```
datetime c = D'2009.04.19';
```

例）コンパイルした日の12時30分27秒
```
datetime d = D'12:30:27';
```

代入するデータの形式は「D'年.月.日　時:分:秒'」のように最初に「D」を付けて、日時データを「'」で囲みます。

　時刻を省略した場合は「00:00:00」とみなされます。日付を省略した場合は、そのプログラムをコンパイルした日付とみなされます。また、このような**datetime**型のデータから月、日、曜日、時、分、秒などを取り出すための関数（後述）が用意されています。

　datetime型のデータの計算は、整数値と同じように行うことができます。例えば、

```
datetime t = D'2009.03.19 12:30:27';
```

の場合、

```
datetime t1 = t + 60;
```

という計算を行うと「t1」の値は「t」から60秒後、つまり、「D'2009.03.19 12:31:27'」となります。このように**datetime**型では、秒単位で数値計算を行うことができます。

5-2. プリプロセッサ命令

多くのMQL4のプログラムでは、最初に「#」から始まる命令の羅列があります。これは、プログラムの前処理という意味で「プリプロセッサ命令」と呼びます。各プリプロセッサ命令の役割を紹介しましょう。

#define命令

プログラム中の「識別子」の部分を「値」に置き換える役割をします。次の書式で記述します。

```
#define 識別子 値
```

「識別子」というのは、適当な記号定数だと考えてください。例えば「MAGIC」という識別子を「100」という数値に置き換えたい場合、

```
#define MAGIC 100
```

と書きます。また「COMPANY_NAME」という識別子を「My Company

Name」という文字列に置き換えたい場合には、

```
#define COMPANY_NAME "My Company Name"
```

のように文字列を「"」で囲んで指定します。

#include命令

「ファイル名」で指定したファイルを読み込みます。

```
#include ファイル名
```

という書式で記述します。通常、定数の宣言や関数の宣言の書かれた「stderr.mqh」や「stdlib.mqh」など「ヘッダーファイル」と呼ばれるファイルを指定します。

　ファイル名は「"」で囲んで指定する場合と「<」「>」で囲んで指定する場合があります。これは、読み込むファイルを探す場所に違いがあります。

　「"」で囲まれたファイルの場合、同じフォルダのファイルを探します。一方「<」「>」で囲まれたファイルの場合、メタトレーダーをインストールしたフォルダの下の「experts」→「include」フォルダからファイルを探します。例えば、

```
#include "mylib.mqh"
```

と書くと、同じフォルダ内の「mylib.mqh」というファイルを読み込みます。また、

```
#include <stderr.mqh>
```

と書くと「experts\include」フォルダ内の「stderr.mqh」というファイルを読み込みます。

#property命令

これはMQL4特有の命令で、プログラム全体に関わる設定のためのものです。**#property**命令には、

```
#property 識別子
```

のように「識別子」だけを指定した書式で記述するケースと、

```
#property 識別子 値
```

のように「識別子」と「値」を指定した書式で記述するケースとがあります。以下に「**#property**」の識別子の種類を挙げましょう。

link 値（文字列）

作成者のWebサイトのリンクを指定します。プログラムの動作

には影響ありません。

copyright 値（文字列）

　作成者の著作権を指定します。プログラムの動作には影響ありません。

stacksize 値（整数）

　プログラムのスタックサイズを指定します。通常指定することはありません。参考のためスタックサイズの役割を以下に示します。

　メタトレーダーのプログラムを実行するとき、関数を順次呼び出していきます。このとき関数の内部変数などを一時的に保存するために使うメモリをスタックメモリと呼びます。スタックサイズとは、そのスタックメモリのサイズのことです。

　関数のなかでさらに同じ関数を繰り返して呼び出すような書き方（再帰呼び出し）をすると、プログラム実行時にスタックメモリがいっぱいになって実行不可能になってしまうことがあります。その場合、スタックサイズの値を大きくすると実行可能になることがあります。

library

　ライブラリー作成時に指定します。

indicator_chart_window

　チャートウィンドウにカスタム指標を表示させる場合に指定します。

indicator_separate_window

サブウィンドウにカスタム指標を表示させる場合に指定します。

indicator_buffers 値（整数）

カスタム指標のバッファの個数（1～8）を指定します。

indicator_minimum 値（実数）

サブウィンドウの縦軸の最小値を指定します。

indicator_maximum 値（実数）

サブウィンドウの縦軸の最大値を指定します。

indicator_colorN 値（色）

N（1～8）番目の指標の色を指定します。

indicator_widthN 値（整数）

N（1～8）番目の指標の太さを指定します。

indicator_styleN 値（整数）

N（1～8）番目の指標のスタイルを指定します。

indicator_levelN 値（整数）

サブウィンドウ上のN（1～8）番目のレベルの値を指定します。

indicator_levelcolor 値（色）

サブウィンドウ上のすべてのレベルの色を指定します。

indicator_levelwidth 値（整数）

サブウィンドウ上のすべてのレベルの太さを指定します。

indicator_levelstyle 値（整数）

サブウィンドウ上のすべてのレベルのスタイルを指定します。

show_confirm

スクリプトプログラムを実行する前に確認の画面を表示させたい場合に指定します。

show_inputs

スクリプトプログラムを実行する前に入力の確認の画面を表示させたい場合に指定します。

#import命令

コンパイルされたex4ファイルやdllファイル中の関数をインポートする命令です。詳しくは本章の「関数のライブラリー化」の項目をご参照ください。

5-3. 変数の種類

「変数」とは、MQL4で利用できるデータをプログラム中で一時的に記憶しておくものです。宣言の場所や付加するキーワードによって、有効となる範囲や記憶に関する機能が異なります。

変数の種類と有効範囲

変数は宣言する場所によって有効となる範囲が異なります。関数の内部で宣言された変数を「内部変数」と呼び、その関数の中だけで有効です。

一方、関数の外部で宣言された変数を「外部変数」と呼び、そのプログラムファイル全体で有効となります。例えば、

```
int x = 100; //外部変数

void func()
{
   int x = 10; //内部変数
   Print("x=",x);
}

int start()
{
```

```
    func();
    Print("x=",x);
    return(0);
}
```

のようなプログラムでは、最初に宣言した「**x**」は外部変数です。一方、**func()**関数中で宣言した「**x**」は内部変数となります。

したがって、このプログラムを**start()**関数から実行すると、まず**func()**関数が呼び出されます。**func()**関数内では「**x**」を宣言しているので、**Print()**文で表示されるのは内部変数「**x**」の値です。つまり、

```
x=10
```

と表示されます。

一方、**start()**関数内の**Print()**文でも「**x**」を表示させていますが、**start()**関数のなかでは「**x**」の宣言文がありません。ここでの**Print()**文で表示されるのは外部変数「**x**」の値です。つまり、

```
x=100
```

と表示されます。

このように外部変数と内部変数に同じ変数名を使うこともできます。しかし、間違いやすいので、利用方法としては適切ではありません。

図5.2　大域変数の設定画面

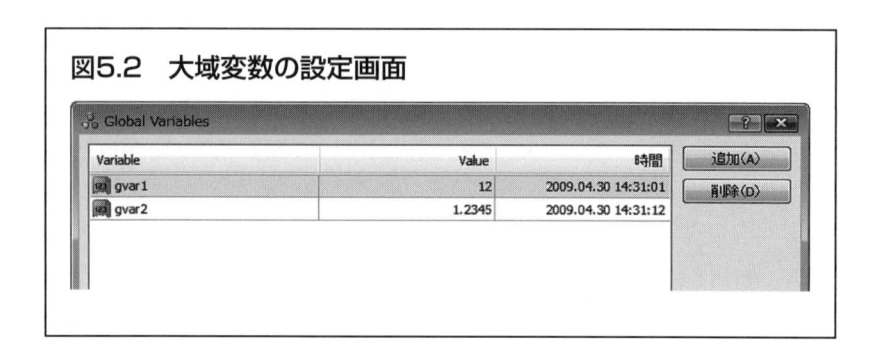

Variable	Value	時間
gvar1	12	2009.04.30 14:31:01
gvar2	1.2345	2009.04.30 14:31:12

追加(A)　削除(D)

　内部変数と外部変数の変数名については、ネーミングのルールを決めておくほうがよいでしょう。例えば、内部変数は英小文字から始めて、外部変数は英大文字から始めるなどです。

　これらの変数とは別に、有効範囲の異なった変数があります。それは、メタトレーダー全体に有効な「大域変数」と呼ばれるものです。メタトレーダーのメニューの［ツール］→［Global Variables］で設定できます（**図5.2**）。

　「追加」ボタンを押して、変数名とその値（数値データ）を設定します。また「削除」ボタンで変数を削除することもできます。

　この変数は、メタトレーダー全体で有効なので、どのプログラムからでも取得・設定が可能です。ここでは、プログラム中で大域変数を設定、大域変数から値を取得する方法について説明します。

　大域変数として設定できるのは数値データだけです。**GlobalVariableSet()**関数で大域変数の設定、**GlobalVariableGet()**関数で大域変数からデータを取得します。

　それぞれの関数の仕様は次のとおりです。

GlobalVariableSet()
大域変数を設定する関数

【書式】
　`datetime GlobalVariableSet(string name, double value)`

【パラメータ】
　①name
　　変数名。

　②value
　　変数に代入する数値データ。

【戻り値】
　大域変数の設定が成功すれば、設定時刻を返す。失敗すれば「0」を返す。

GlobalVariableGet()
大域変数からデータを取得する関数

【書式】
　`double GlobalVariableGet(string name)`

【パラメータ】
　①name
　　変数名。

【戻り値】
　指定した大域変数の値を返す。取得に失敗すれば「0」を返す。

例えば、大域変数「Gvar1」に「1.2345」という数値データを設定する場合、

```
GlobalVariableSet("Gvar1", 1.2345);
```

と記述します。また、大域変数「Gvar1」のデータを「var1」という変数に取得する場合、

```
double var1 = GlobalVariableGet("Gvar1");
```

のように記述します。

変数の宣言方法による違い

通常、変数の宣言では、

```
変数の型　変数名;
```

という書式で行います。しかし、変数の型の前にキーワードを付けることで、変数の記憶に関する別の機能を付加できます。よく使われるキーワードが「extern」です。例えば、外部変数の宣言時に、

```
extern int BBPeriod = 20;
extern double BBDev = 2.5;
```

と変数の型の前に「`extern`」というキーワードを付加します。これによって、プログラムの実行時に表示されるプロパティ画面でその変数を変更できるようになります。

各種テクニカル指標の外部パラメータは、この「`extern`」を付けた外部変数として宣言されています。

もうひとつ、内部変数の宣言時に付加するキーワードとして「`static`」というものがあります。

カスタム指標プログラムやエキスパートプログラムでは、ひとつのプログラムを実行させた場合、最初に`init()`関数を実行した後、ティックごとに`start()`関数を実行します。外部変数は途中で値が変更されても、次の`start()`関数実行時には以前の値を保持していますが、内部変数の場合は、毎回初期化されます。

例えば、次に挙げるプログラムをみてください。

```
int x = 100;  //外部変数

int start()
{
   int y = 10;  //内部変数

   Print("x=", x, " y=", y);
   x++;
   y++;

   return(0);
}
```

`start()`関数が実行されるたびに、`Print()`文によって「`x`」と

「y」の値が次のように表示されます。

```
x=100 y=10
x=101 y=10
x=102 y=10
   :
   :
```

外部変数の「x」は以前の値を保持しているので、順次「1」だけ加算された数が表示されます。ところが、内部変数の「y」は毎回「10」に初期化されるので、常に「y=10」と表示されるのです。

ここで、内部変数の値を記憶しておきたい場合、「static」というキーワードを付けて宣言する方法があります。

```
int x = 100; //外部変数

int start()
{
   static int y = 10; //static 内部変数

   Print("x=", x, " y=", y);
   x++;
   y++;

   return(0);
}
```

こうすると、内部変数「y」の値を「10」に初期化するのは最初だけで、その後は初期化を無視して以前の値を記憶するようになり

ます。したがって、

```
x=100  y=10
x=101  y=11
x=102  y=12
     ・
     ・
     ・
```

と、`start()`関数を実行するたびに、外部変数と同様、値を更新することが可能です。

変数や関数を宣言する場所

　変数には、関数の内部で宣言する内部変数、関数の外部で宣言する外部変数があります。

　これらの変数を宣言する場所は、その変数の値を参照したり、変数に値を代入したりする文の前に置かなくてはいけません。ただし、宣言→利用の順番が守られていれば、必ずしもプログラムの最初や関数の最初に書かなくても構いません。

　例えば、次のような書き方ができます。

```
int X1 = 10;    // Func1()で使う外部変数
int Func1()
{
    int ret = X1 + 1;
    return(ret);
}

int X2 = 20;    // Func2()で使う外部変数
int Func2()
{
    int ret = X2 + 2;
    return(ret);
}
```

　この例では「X1」という外部変数は、Func1()関数で初めて利用されるため、Func1()関数の直前に「X2」という外部変数は、Func2()関数で初めて利用されるため、Func2()関数の直前に配置しています。このように変数の宣言は、その変数を利用する前であればどこに書いてもよいわけです。プログラム作成者のわかりやすい場所に書けばよいでしょう。

メタエディターでコンパイルしたときに「variable not defined」というエラーが出た場合、その変数が宣言してあるか、宣言した変数の名前が間違っていないか、に加えて、変数を利用する前の場所で宣言してあるかを確認してみてください。
　また「variable already defined」というエラーが出た場合、同じ変数が2カ所以上で宣言されていることを意味します。内部変数は関数中で1回だけ、外部変数はプログラム中で1回だけ宣言するようにしてください。
　一方、関数を宣言する場所ですが、これは利用する順序に関係なく、どこに記述しても構いません。例えば、`start()`関数中で利用する関数「`Func1()`」があったとします。この`Func1()`関数の宣言は、`start()`関数の前に記述してもいいですし、`start()`関数の後に記述してもよいということになります。

5-4. 配列の種類

　MQL4では、性質の異なる２つの配列があります。ひとつは通常の配列です。

```
double x[10];
```

のように配列のサイズを決めて宣言します。「[ ]」のなかにある「10」は、確保したデータの数です。この場合、配列のなかのデータ（要素）は「x[0]」「x[1]」…「x[9]」の10個で、それぞれ別々の変数として扱うことができ、次のように値を代入できます。

```
x[0] = 0;
x[1] = 1;
x[2] = 2;
x[3] = 3;
x[4] = 4;
x[5] = 5;
x[6] = 6;
x[7] = 7;
x[8] = 8;
x[9] = 9;
```

　あるいは、配列の宣言と同時に値を代入することもできます。代

入する値は、次のように「{」と「}」で囲んだなかに「,」で区切って指定します。

```
double x[10]={0, 1, 2, 3, 4, 5, 6, 7, 8, 9};
```

　もうひとつの配列は「時系列配列」と呼ばれ、「`Open[]`」「`Close[]`」「`High[]`」「`Low[]`」「`Time[]`」「`Volume[]`」などの予約配列や、カスタム指標プログラム中で指標バッファとして使う配列です。
　これらは、バーが増えるとともに配列のサイズが増えていきます。そこで時系列配列は、

```
double buf[];
```

のように配列のサイズを指定せずに宣言します。
　「`Open[]`」「`Close[]`」などの予約配列は、最初から時系列配列となっています。しかし、指標バッファのようにユーザーが定義する配列の場合は、宣言するだけでは時系列配列にならず、`SetIndexBuffer()`関数で指標バッファに割り当てることで時系列配列となります。
　例えば、時系列配列の場合、最初に、

```
      :
      :
 buf[9] = 0;
 buf[8] = 1;
```

```
buf[7] = 2;
buf[6] = 3;
buf[5] = 4;
buf[4] = 5;
buf[3] = 6;
buf[2] = 7;
buf[1] = 8;
buf[0] = 9;
```

のように値が代入されていたとしても、次のバーが現れたとき、

```
         :
         :
buf[10] = 0;
buf[9] = 1;
buf[8] = 2;
buf[7] = 3;
buf[6] = 4;
buf[5] = 5;
buf[4] = 6;
buf[3] = 7;
buf[2] = 8;
buf[1] = 9;
buf[0] = 10;  //新しい値
```

のように「buf[0]」→「buf[1]」、「buf[1]」→「buf[2]」、「buf[2]」→「buf[3]」と配列の各要素は、それぞれ隣の要素に移動し、「buf[0]」に新しい値が代入されます。このような配列のインデックスの付け方によって、常に最新のバーの要素が「buf[0]」となるわけです。

各要素の表し方は通常の配列も時系列配列も同じです。宣言する方法と使う場所が明らかに異なるので、特に意識する必要はありません。MQL4では、配列を操作する関数もいくつか用意されていますが、通常のプログラミングでは、ほとんど利用することはないでしょう。

組み込みテクニカル指標関数の計算方法について

　MQL4では、付録Aに掲載したように、多くのテクニカル指標が組み込み関数として用意されています。これらの関数は「`iMA()`」「`iRSI()`」など本書で紹介した組み込みテクニカル関数と同じように、プログラム中で利用できます。本書では紙幅の都合上、その一部しか紹介しませんでしたが、これらのテクニカル指標の説明はMetaQuotes社の以下のサイトに掲載されています。

`http://www.metaquotes.net/techanalysis/indicators/`

　テクニカル指標の計算方法や利用方法についてさらに知りたい場合に参考になるでしょう。
　また、これらのテクニカル指標は、メタトレーダーのカスタム指標プログラムとして標準でインストールされています。メタトレーダーをインストールしたフォルダの下の「experts」→「indicators」サブフォルダに保存されており、それらのmq4ファイルを参照することで、各テクニカル指標の具体的なプログラム方法が分かるでしょう。

5-5. 数学関数

　MQL4では、次に挙げる数学関数が利用できます。数学的な理論を駆使したテクニカル分析を行いたいときに有効です。

```
絶対値（|x|）
  double MathAbs(double x)

アークコサイン（cos⁻¹ x）
  double MathArccos(double x)

アークサイン（sin⁻¹ x）
  double MathArcsin(double x)

アークタンジェント（tan⁻¹ x）
  double MathArctan(double x)

シーリング（xと等しいか、xよりも大きい最小の整数値、切り上げ）
  double MathCeil(double x)

コサイン（cos x）
  double MathCos(double x)

エクスポネンシャル（eˣ）
  double MathExp(double x)

フロア（xと等しいか、xよりも小さい最大の整数値、切り捨て）
  double MathFloor(double x)
```

自然対数（log x）
　　double MathLog(double x)

value1とvalue2の最大値
　　double MathMax(double value1, double value2)

value1とvalue2の最小値
　　double MathMin(double value1, double value2)

剰余（value1をvalue2で割った余り）
　　double MathMod(double value1, double value2)

べき乗（x^y）
　　double MathPow(double x, double y)

乱数（0～32767の整数）
　　int MathRand( )

丸め（xに最も近い整数値、四捨五入）
　　double MathRound(double x)

サイン（sin x）
　　double MathSin(double x)

平方根（$\sqrt{x}$）
　　double MathSqrt(double x)

乱数の初期化
　　void MathSrand(int seed)

タンジェント（tan x）
　　double MathTan(double x)

　これらの関数のうち、`MathCos()`関数、`MathSin()`関数、`MathTan()`関数、`MathArccos()`関数、`MathArcsin()`関数、

`MathArctan()`関数など、三角関数を利用するときに注意点があります。それは単位の問題です。

　三角関数の場合「30°」とか「90°」のように角度を「度（degree）」で表すほうが分かりやすいです。つまり、360°で1回りするという考え方です。実際、ほかのプログラム言語では、角度のパラメータの単位が度になっているものもあります。

　しかし、MQL4で用意されている三角関数の角度の単位は度ではなく、「ラジアン」という単位です。「rad」と表します。

　度とラジアンの関係は「360°＝2π（rad）」です。したがって、`MathCos()`関数、`MathSin()`関数、`MathTan()`関数のパラメータ「`x`」と、`MathArccos()`関数、`MathArcsin()`関数、`MathArctan()`関数の戻り値は、単位が度（°）ではなく、ラジアン（rad）だということに注意する必要があります。

　つまり、角度を度で考えたロジックは、MQL4のプログラムに記述するときにラジアンに変換する必要があるということです。例えば「90°＝2π×90/360 ＝ π/2（rad）」のように変換します。πはいわゆる円周率（3.14159…）です。πを変数として表す場合、

```
double pi = 3.14159;
```

と書いておいてもいいのですが「`MathTan(pi/4)=1`」から逆算して

```
double pi = 4*MathArctan(1);
```

と書くこともできます。例えば、x°のsinを求めたい場合

```
double y = MathSin(pi*x/180);
```

となります。また$\tan^{-1} x$の値を度で求めたい場合

```
double y = MathArctan(x)*180/pi;
```

となります。

5-6. オブジェクトの表示

メタトレーダーでは、メニューの「挿入」から選択することで、ライン、チャネル、フィボナッチ、図形、矢印などの「オブジェクト」を手動で表示させることができます。これらと同じオブジェクトがMQL4のプログラムからも表示可能です。

オブジェクトにはたくさんの種類があります。次にオブジェクトを操作するための関数をまとめておきます。具体的な使い方については第2章の3節を参照してください。

オブジェクトの作成

まず、`ObjectCreate()`関数で、どのオブジェクトをどのウィンドウに作成するかを決めます。この関数だけで表示できるオブジェクトもあります。ただし、この関数の主な役割はオブジェクトの種類を決めることです。オブジェクト自体の細かな設定はできません。`ObjectCreate()`関数の仕様は次のとおりです。

ObjectCreate()
オブジェクトを作成する関数

【書式】
```
bool ObjectCreate(string name, int type, int window,
    datetime time1, double price1, datetime time2=0,
    double price2=0, datetime time3=0, double price3=0)
```

【パラメータ】
①name
オブジェクトの名前。

②type
オブジェクトの種類。以下の定数を指定。

定数	値	説明
OBJ_VLINE	0	垂直線、ひとつの座標の時刻部を使用
OBJ_HLINE	1	水平線、ひとつの座標の価格部を使用
OBJ_TREND	2	トレンドライン、2つの座標を使用
OBJ_TRENDBYANGLE	3	角度によるトレンドライン、ひとつの座標を使用、角度は`ObjectSet()`で設定
OBJ_REGRESSION	4	線形回帰チャネル、2つの座標の時刻部を使用
OBJ_CHANNEL	5	等距離チャネル、3つの座標を使用
OBJ_STDDEVCHANNEL	6	標準偏差チャネル、2つの座標の時刻部を使用
OBJ_GANNLINE	7	ギャン・ライン、2つの座標を使用（2つ目の座標は時刻部のみ）
OBJ_GANNFAN	8	ギャン・ファン、2つの座標を使用（2つ目の座標は時刻部のみ）
OBJ_GANNGRID	9	ギャン・グリッド、2つの座標を使用（2つ目の座標は時刻部のみ）
OBJ_FIBO	10	フィボナッチリトレースメント、2つの座標を使用

`OBJ_FIBOTIMES`	11	フィボナッチ・タイムゾーン、2つの座標を使用
`OBJ_FIBOFAN`	12	フィボナッチ・ファン、2つの座標を使用
`OBJ_FIBOARC`	13	フィボナッチ・アーク、2つの座標を使用
`OBJ_EXPANSION`	14	フィボナッチ・エクスパンション、3つの座標を使用
`OBJ_FIBOCHANNEL`	15	フィボナッチ・チャネル、3つの座標を使用
`OBJ_RECTANGLE`	16	長方形、2つの座標を使用
`OBJ_TRIANGLE`	17	三角形、3つの座標を使用
`OBJ_ELLIPSE`	18	楕円、2つの座標を使用
`OBJ_PITCHFORK`	19	アンドリューズ・ピッチフォーク、3つの座標を使用
`OBJ_CYCLES`	20	サイクルライン、2つの座標を使用
`OBJ_TEXT`	21	テキスト、ひとつの座標を使用
`OBJ_ARROW`	22	矢印、ひとつの座標を使用
`OBJ_LABEL`	23	テキストラベル、ひとつのピクセル座標を使用

③**window**
オブジェクトを表示させるウィンドウの番号。

④**time1, price1, time2, price2, time3, price3**
オブジェクトを表示させる座標。オブジェクトの種類に応じて、ひとつから3つの座標を指定。

【戻り値】
オブジェクトの作成が成功すれば「**true**」を、失敗すれば「**false**」を返す。

オブジェクトの座標には2つの種類があります。

ひとつはテキストラベル（**OBJ_LABEL**）を除くすべてのオブジェクトを指定する座標です。横軸が時刻、縦軸が価格の座標に対応しており、チャート上の時刻と価格に連動するものです。チャートが進んでいくと、オブジェクトの位置も、チャート上の時刻、価格の移動に伴って移動していきます。

もうひとつは、テキストラベル（**OBJ_LABEL**）を指定する座標です。これだけは例外で、座標をウィンドウ上での位置で表します。チャートが進んでもオブジェクトの位置はウィンドウ上で固定されます。位置はピクセル単位で指定します。ただし、どこを座標の原点とするかは、次の「**ObjectSet()**」という関数を使います。

オブジェクトの設定

次に、各オブジェクトの細かい設定のため、**ObjectSet()**関数を使います。この関数では、オブジェクトの位置、色やスタイルをはじめ、手作業で可能なあらゆる設定が可能です。

さらに、オブジェクトの種類がテキスト（**OBJ_TEXT**）か、テキストラベル（**OBJ_LABEL**）のテキストのフォントや色の設定を行う場合には、**ObjectSetText()**関数を使います。

いずれの関数も、あらかじめオブジェクトを作成してあることが前提となっています。設定をするオブジェクトは、**ObjectCreate()**関数の最初のパラメータで指定したオブジェクトの名前によって区別されます。

`ObjectSet()`関数と`ObjectSetText()`関数の仕様は次のとおりです。

ObjectSet()
オブジェクトの設定関数

【書式】
  bool ObjectSet(string name, int index, double value)

【パラメータ】
  ①name
    オブジェクトの名前。

  ②index
    オブジェクトの設定項目。以下の定数を指定。

定数	値	説明
OBJPROP_TIME1	0	最初の座標の時刻部 (**datetime**)
OBJPROP_PRICE1	1	最初の座標の価格部 (**double**)
OBJPROP_TIME2	2	2番目の座標の時刻部 (**datetime**)
OBJPROP_PRICE2	3	2番目の座標の価格部 (**double**)
OBJPROP_TIME3	4	3番目の座標の時刻部 (**datetime**)
OBJPROP_PRICE3	5	3番目の座標の価格部 (**double**)

`OBJPROP_COLOR`	6	オブジェクトの色（`color`）
`OBJPROP_STYLE`	7	ラインオブジェクトのスタイル（`STYLE_SOLID`, `STYLE_DASH`, `STYLE_DOT`, `STYLE_DASHDOT`, `STYLE_DASHDOTDOT`）
`OBJPROP_WIDTH`	8	ラインオブジェクトの幅（`int 1〜5`）
`OBJPROP_BACK`	9	オブジェクトのバックグラウンド描画フラグ（`bool`）
`OBJPROP_RAY`	10	オブジェクトのライン延長フラグ（`bool`）
`OBJPROP_ELLIPSE`	11	Fibo Arcsオブジェクトの楕円フラグ（`bool`）
`OBJPROP_SCALE`	12	オブジェクトのスケール（`double`）
`OBJPROP_ANGLE`	13	オブジェクトの角度(度)（`double`）
`OBJPROP_ARROWCODE`	14	矢印オブジェクトの矢印コード（`int`）
`OBJPROP_TIMEFRAMES`	15	オブジェクトを表示させる時間枠（`OBJ_PERIOD_M1`,`OBJ_PERIOD_M5`,`OBJ_PERIOD_M15`,`OBJ_PERIOD_M30`,`OBJ_PERIOD_H1`,`OBJ_PERIOD_H4`,`OBJ_PERIOD_D1`,`OBJ_PERIOD_W1`,`OBJ_PERIOD_MN1`,`OBJ_ALL_PERIODS`）
`OBJPROP_DEVIATION`	16	標準偏差オブジェクトの偏差（`double`）

OBJPROP_FONTSIZE	100	テキストオブジェクトのフォントサイズ(`int`)
OBJPROP_CORNER	101	テキストラベルオブジェクトのアンカーコーナーの位置(`0`:左上 `1`:右上 `2`:左下 `3`:右下)
OBJPROP_XDISTANCE	102	テキストラベルオブジェクトのアンカーコーナーからのX座標の距離(ピクセル)(`int`)
OBJPROP_YDISTANCE	103	テキストラベルオブジェクトのアンカーコーナーからのY座標の距離(ピクセル)(`int`)
OBJPROP_FIBOLEVELS	200	フィボナッチオブジェクトのレベル数(`int 0〜32`)
OBJPROP_LEVELCOLOR	201	レベルラインオブジェクトの色(`color`)
OBJPROP_LEVELSTYLE	202	レベルラインオブジェクトのスタイル(`STYLE_SOLID`, `STYLE_DASH`, `STYLE_DOT`, `STYLE_DASHDOT`, `STYLE_DASHDOTDOT`)
OBJPROP_LEVELWIDTH	203	レベルラインオブジェクトの幅(`int 1〜5`)
OBJPROP_FIRSTLEVEL+n	210+n	フィボナッチオブジェクトのn番目のレベル値(`double`)

③`value`
　設定する値。

【戻り値】
　オブジェクトの設定が成功すれば「`true`」を、失敗すれば「`false`」を返す。

ObjectSetText()
テキストオブジェクトを設定する関数

【書式】
```
bool ObjectSetText(string name, string text,
   int font_size, string font=NULL,
   color text_color=CLR_NONE)
```

【パラメータ】
①**name**
オブジェクトの名前。

②**text**
表示するテキスト。

③**font_size**
フォントのサイズ。

④**font**
フォント名。

⑤**text_color**
テキストの色。

【戻り値】
オブジェクトの設定が成功すれば「**true**」を、失敗すれば「**false**」を返す。

オブジェクトの削除

カスタム指標プログラム、エキスパートプログラムで使用したオブジェクトをチャートから削除するために「`ObjectDelete()`」「`ObjectsDeleteAll()`」の2つの関数が用意されています。通常、`deinit()`関数のなかで実行します。

`ObjectDelete()`関数は、オブジェクト名を指定してオブジェクトを個別に削除します。オブジェクトの数が多くない場合は、この関数を使ってください。

`ObjectsDeleteAll()`関数は、大量のオブジェクトをまとめて削除したい場合に使います。

それぞれの関数仕様は次のとおりです。

ObjectDelete()

オブジェクトを削除する関数

【書式】
  `bool ObjectDelete(string name)`

【パラメータ】
  ①`name`
    削除するオブジェクト名。

【戻り値】
  オブジェクトの削除が成功すれば「`true`」を、失敗すれば「`false`」を返す。

ObjectsDeleteAll()
すべてのオブジェクトを削除する関数

【書式】
  int ObjectsDeleteAll(int window=EMPTY,
      int type=EMPTY)

【パラメータ】
 ①window
  削除するオブジェクトを含むウィンドウ番号(省略時はすべてのウィンドウからオブジェクトを削除)。

 ②type
  削除するオブジェクトの種類(省略時はすべての種類のオブジェクトを削除)。

【戻り値】
 削除が成功したオブジェクトの数を返す。

　`ObjectsDeleteAll()`関数では、オブジェクトを削除するウィンドウを指定したい場合、ひとつ目のパラメータ「`window`」にウィンドウ番号を代入します。

　また、オブジェクトの種類を指定する場合は、2つ目のパラメータ「`type`」に削除したいオブジェクトの種類を代入します。

　パラメータの指定がない場合には、該当するチャート上のすべてのウィンドウ内のすべてのオブジェクトを削除することになるので注意してください。

なお、オブジェクトの削除を行わない場合は、プログラムをチャートから削除してもオブジェクトはそのままチャート上に残ってしまいます。その場合はメニューの［チャート］→［ライン等の設定］から個別に削除してください。

5-7. ファイルの入出力

　メタトレーダーでは、ユーザーがプログラム中でさまざまなデータや設定項目をファイルとして出力したり、ファイルからデータを読み出したりする関数が用意されています。ここでは、その基本的な操作手順について説明します。

ファイルのオープンとクローズ

　ファイルは読み出す場合も書き込む場合も、まず「データを読み書きする準備」をする、という意味で「ファイルをオープン」するという操作を行います。
　そして、読み書きの処理が終わった後に、逆に「読み書きを終了してファイルの内容を確定」する、という意味で「ファイルをクローズ」するという処理を行います。
　これらの処理を行うために「`FileOpen()`」「`FileClose()`」という関数を使います。それぞれ次の仕様で定義されています。

FileOpen()
ファイルをオープンする関数

【書式】
```
int FileOpen(string filename, int mode,
    int delimiter=';')
```

【パラメータ】

①**filename**

オープンするファイル名。

②**mode**

ファイルオープンモード。以下の定数を指定。

定数	説明
FILE_BIN	バイナリファイル
FILE_CSV	テキストファイル
FILE_READ	ファイルの読み出し
FILE_WRITE	ファイルの書き込み

③**delimiter**

modeをテキストファイル（**FILE_CSV**）に指定した場合のデータ区切り文字を指定。省略時は「;」。

【戻り値】

オープンしたファイルのハンドルの値（プラスの値）を返す。ファイルが正常にオープンできなかった場合には「**-1**」を返す。

FileClose()

ファイルをクローズする関数

【書式】
```
void FileClose(int handle)
```

【パラメータ】
①handle
　クローズするファイルのハンドル。

【戻り値】
　なし

　MQL4プログラムからの指示によって読み書きするファイルは、メタトレーダーをインストールしたフォルダの下にある「experts」→「files」サブフォルダを基準に作成されます。

　例えば、`FileOpen()`関数のひとつ目のパラメータ「`filename`」で「`"file1.dat"`」とファイル名のみ指定した場合、「experts」→「files」サブフォルダの下に「file1.dat」というファイルが作成されます。

　また「`"sub\\file2.csv"`」のように、ファイルの前に「`sub`」というサブフォルダ名を付けた場合、「experts」→「files」の下にある「sub」フォルダに「file2.csv」というファイルが作成されます。

　`FileOpen()`関数の2つ目のパラメータ「`mode`」は、オープンするファイルの種類やファイルの読み出しや書き込みを選択するためのモードです。

　ファイルの種類としては、入出力されるファイルの内容がエディターなどで確認できるテキスト形式「`FILE_CSV`」か、エディターでは確認できないバイナリ形式「`FILE_BIN`」かを選択します。そして、ファイルからデータを読み出す場合は「`FILE_READ`」を、ファイルにデータを書き込む場合は「`FILE_WRITE`」を指定します。

これらのモードを組み合わせて指定する場合、それぞれの記号定数をOR演算子「|」で結合して設定します。例えば、

> 例）テキストファイルで読み出しのみの場合
> `FILE_CSV | FILE_READ`

> 例）バイナリファイルで書き込みのみの場合
> `FILE_BIN | FILE_WRITE`

> 例）テキストファイルで読み書き両方を行う場合
> `FILE_CSV | FILE_READ | FILE_WRITE`

などです。**FileOpen()**関数でファイルが正常にオープンできれば、ファイルハンドルというプラスの数値を返します。

　プログラム中ではこれを**int**型の変数に保存しておき、ファイル操作が終了した後に、同じファイルハンドルを**FileClose()**関数のパラメータ「`handle`」に代入して、ファイルをクローズする処理を行います。一例を挙げましょう。

> 例）ファイルのオープン・クローズ
> ```
> int handle = FileOpen("file1.csv",
>     FILE_CSV | FILE_WRITE, ',');
>     :
>     :   // ファイルの入出力
> FileClose(handle);
> ```

これは「`"file1.csv"`」というテキストファイルに、区切り文字「,」のデータを書き込むためのファイルオープン・クローズ処理です。

ファイルへのデータ書き込み

MQL4にはファイルにデータを書き込むための関数が、いくつか用意されています。ここでは、テキストファイルへの書き込みに便利な関数「`FileWrite()`」を紹介しましょう。この関数の仕様は次のとおりです。

FileWrite()
ファイルにデータを書き込む関数

【書式】
  `int FileWrite(int handle, ...)`

【パラメータ】
  ①**handle**
    書き込みをするファイルのハンドル。

  ②**...**
    書き込むデータ。データは63個まで「,」で区切って指定。

【戻り値】
  正常に書き込みができた場合は、書き込んだ文字数を返す。正常に書き込みができなかった場合は、マイナスの数を返す。

例えば、ファイルへの書き込みを次のようにプログラムすることができます。

```
handle = FileOpen("file1.csv", FILE_CSV | FILE_WRITE,
    ',');
int x = 10;
double y = 1.2345;
string s = "EUR/USD"
FileWrite(handle, x, y, s);
FileClose(handle);
```

`FileWrite()`関数では「`int`」や「`double`」の数値データも文字列に変換されて出力されます。このプログラム例では、

```
10,1.2345,EUR/USD
```

というデータが「file1.csv」というファイルに出力されます。

なお、`FileWrite()`関数は、実行するたびに改行コードが自動的に出力されます。そのため、1行に出力したいデータは、ひとつの`FileWrite()`関数中に指定する必要があります。

ファイルからのデータ読み出し

ファイルからデータを読み出す場合、データを数値として読み出すか、文字列として読み出すかによって、使用する関数が異なります。データを数値として読み出す場合は「`FileReadNumber()`」を、

データを文字列として読み出す場合は「`FileReadString()`」を使います。それぞれの関数の仕様を以下に示します。

FileReadNumber()

数値データをファイルから読み出す関数

【書式】
```
double FileReadNumber(int handle)
```

【パラメータ】
①handle
　読み出すファイルのハンドル。

【戻り値】
　読み出した数値データ。

FileReadString()

文字列データをファイルから読み出す関数

【書式】
```
string FileReadString(int handle, int length=0)
```

【パラメータ】
①handle
　読み出すファイルのハンドル。

②length
　読み出す文字列長の最大値（バイナリファイルの場合のみ有効）。

【戻り値】
　読み出した文字列データ。

　テキストファイルの場合、これらの関数を実行すると、ファイルの最初からファイルオープン時に指定した区切り文字、あるいは改行までのデータを順に読み出します。

　例えば、ファイルからの読み出しを次のようにプログラムすることができます。

```
int handle = FileOpen("file1.csv",
     FILE_CSV | FILE_READ, ',');
int x = FileReadNumber(handle);
double y = FileReadNumber(handle);
string s = FileReadString(handle);
FileClose(handle);
```

　なお、バイナリファイルの場合には、データを書き込むときに、「`FileWriteDouble()`」「`FileWriteString()`」などデータ型に合った書き込み関数を使用して書き込んだデータでないと、正常に読み出しができないのでご注意ください。

ファイルへの追加書き込み

　データをファイルへ書き込んだ後、ファイルをクローズし、再度

同じファイルをオープンすると、再びファイルの先頭から書き込みを始め、ファイルの内容は上書きされることになります。

では、同じファイルに追加で書き込みたい場合は、どうすればよいでしょうか？

`FileOpen()`関数では、追加書き込みを行うためのモードは用意されていないので「`FileSeek()`」という関数を利用して追加書き込みを行う必要があります。この関数の仕様は次のとおりです。

FileSeek()
ファイルの読み書きの位置を変更する関数

【書式】
  bool FileSeek(int handle, int offset, int origin)

【パラメータ】
  ①handle
    読み書きするファイルのハンドル。

  ②offset
    変更する位置の「origin」からのバイト数。

  ③origin
    初期位置。以下の定数を指定。

定数	説明
SEEK_CUR	現在の位置
SEEK_SET	ファイルの最初
SEEK_END	ファイルの最後

> 【戻り値】
> ファイルの読み書きの位置変更が正常に行われれば「**true**」を返す。正常に行われなければ「**false**」を返す。

`FileSeek()`関数は、ファイルを読み書きする位置を変更するための関数です。ファイルに追加で書き込むためには、ファイルをオープンした後に読み書きの位置をファイルの最後に移動させればよいのです。そのためには、ファイルオープン後に、

```
FileSeek(handle, 0, SEEK_END);
```

という行を追加します。

ただし、`FileSeek()`関数自体がファイルを読む操作を行っているので、ファイルオープン時にモードとして「`FILE_READ`」を付けておくことが必要です。次に使用例を示します。

```
handle = FileOpen("file1.csv",
      FILE_CSV | FILE_READ | FILE_WRITE, ',');
int x = 10;
double y = 1.2345;
string s = "EUR/USD"
FileSeek(handle, 0, SEEK_END);
FileWrite(handle, x, y, s);
FileClose(handle);
```

これにより「file1.csv」にすでに書き込まれたデータがあれば、その続きから追加して新しいデータを書き込むことができます。

ストラテジーテスター利用時のファイルの入出力先

上記の関数を使ってプログラムからファイルの入出力を指示する場合、プログラムの実行のしかたによってファイルの入出力されるフォルダが異なります。

前述のようにファイルの入出力先がメタトレーダーをインストールしたフォルダの下にある「experts」→「files」サブフォルダの下となるのは、カスタム指標プログラム、スクリプトプログラム、エキスパートプログラムをチャートに挿入して実行する場合です。

しかし、エキスパートプログラムは、チャートに挿入して実行するだけでなく、ストラテジーテスターの画面からバックテストの形で実行することもあります。この場合、エキスパートプログラムから指示したファイルの入出力先は「tester」→「files」サブフォルダの下になります。

実行のしかたによってファイルの入出力先が異なるので、注意してください。

5-8. 文字列に関する関数

　MQL4で利用できるデータ型のうち**string**（文字列）型は、C言語にないMQL4独自の型です。価格データやテクニカル指標の値は数値データとして扱います。しかし、画面にデータを表示させたり、ファイルに出力させたりする場合、それらは文字列データとして扱います。文字列に関する関数についてまとめておきましょう。

文字列を表示・通知する関数

　文字列を画面上に表示したり、メールで通知したりする関数に次のものがあります。

void Alert(...)
　パラメータで指定した文字列や数値をポップアップ画面に表示します。

void Comment(...)
　パラメータで指定した文字列や数値をチャートウィンドウの左上に表示します。

void Print(...)

エキスパートログへの出力。パラメータで指定した文字列や数値をターミナルウィンドウの「Experts」タブの画面に表示します。

これらの関数では、いずれもパラメータの書式が「(...)」となっていることから分かるように、表示させたい文字列や数値をコンマ「,」で区切って複数個指定することができます。

void SendMail(string subject, string some_text)

メール送信。「`subject`」を題名、「`some_text`」を内容とするメールを送信します。メールの宛先やメールサーバなどの設定は、メニューの［ツール］→［オプション］を選択して「E-メール」タブの画面で行います。

int MessageBox(string text=NULL, string caption=NULL, int flags=EMPTY)

メッセージボックス。「`text`」で指定した文字列をダイアログボックスに表示します。この関数の仕様は次のとおりです。

MessageBox ( )
メッセージボックスを作成して文字列を表示する関数

【書式】
```
int MessageBox(string text=NULL, string caption=NULL,
    int flags=EMPTY)
```

【パラメータ】
① **text**
　表示するメッセージの本文（省略可）。

② **caption**
　メッセージボックスのタイトルバーに表示する文字列（省略可）。

③ **flags**
　メッセージボックスに付加するボタンやアイコンの種類。以下の定数を指定（省略可）。

定数	数値	説明
MB_OK	0x00000000	「OK」ボタン（省略時）
MB_OKCANCEL	0x00000001	「OK」ボタンと「キャンセル」ボタン
MB_ABORTRETRYIGNORE	0x00000002	「中止」ボタン、「再試行」ボタンと「無視」ボタン
MB_YESNOCANCEL	0x00000003	「はい」ボタン、「いいえ」ボタンと「キャンセル」ボタン
MB_YESNO	0x00000004	「はい」ボタンと「いいえ」ボタン
MB_RETRYCANCEL	0x00000005	「再試行」ボタンと「キャンセル」ボタン
MB_ICONSTOP, MB_ICONERROR, MB_ICONHAND	0x00000010	「ストップサイン」アイコン

MB_ICONQUESTION	0x00000020	「?マーク」アイコン
MB_ICONEXCLAMATION, MB_ICONWARNING	0x00000030	「!マーク」アイコン
MB_ICONINFORMATION, MB_ICONASTERISK	0x00000040	「iマーク」アイコン

【戻り値】
　メッセージボックスのボタンの操作状態に応じて次に挙げるコードを返す。

定数	数値	説明
IDOK	1	「OK」ボタンを選択した。
IDCANCEL	2	「キャンセル」ボタンを選択した。
IDABORT	3	「中止」ボタンを選択した。
IDRETRY	4	「再試行」ボタンを選択した。
IDIGNORE	5	「無視」ボタンを選択した。
IDYES	6	「はい」ボタンを選択した。
IDNO	7	「いいえ」ボタンを選択した。

　なお「`MB_OK`」などの記号定数を利用するためには、プログラムの最初に、

```
#include <WinUser32.mqh>
```

と書いて「WinUser32.mqh」というヘッダーファイルを含める必要があります。このファイルはメタトレーダーをインストールしたフォルダの下にある「experts\include」サブフォルダに標準でインストールされています。

文字列を処理する関数

文字列の処理にはさまざまなパターンがありますが、最もよく使われる処理は、文字列の連結です。文字列を連結する最も簡単な方法は、文字列同士を「+」の記号で結ぶことです。

```
string a="ABC"+"XYZ"
```

と書くと、二つの文字列が連結されて「"ABCXYZ"」となります。さらに数値データを連結すると、自動的に文字列に変換されて連結されます。つまり、

```
int Period=21;
string label="ABC"+Period+"XYZ";
```

と書くと「"ABC21XYZ"」のように数値部分までが文字列として連結されるのです。

文字列を連結するため、ほかにも「`StringConcatenate()`」という関数を使う方法があります。この関数の仕様は次のとおりです。

StringConcatenate(...)
文字列を連結する関数

【書式】
　string StringConcatenate(...)

【パラメータ】
　連結するデータ（文字列データ、数値データ）を指定する。64個までのデータを指定できる。

【戻り値】
　連結した文字列を返す。

`StringConcatenate()`関数の使い方は、

```
int Period=21;
string label=StringConcatenate("ABC", Period, "XYZ");
```

のように、パラメータに連結したい文字列や数値を「,」で区切って並べるだけです。これによって、同じく「`label`」という変数に「`"ABC21XYZ"`」という文字列が連結されて代入されることになります。

　なお、`StringConcatenate()`関数は、`Alert()`関数、`Comment()`関数、`Print()`関数でも内部的に使われています。したがって、これらの関数中でも同じような仕様でデータが連結されていると考えて

よいでしょう。

　次に「+」で連結する方法と、`StringConcatenate()`関数で連結する方法との違いについて説明しておきます。

　たいていの場合、どちらの方法を使っても結果は変わらないと思います。しかし、連結する数値データが"実数"の場合、連結される結果が違うことがあります。例えば、`StringConcatenate()`関数と同じ仕様となっている`Print()`関数を使って、

```
Print("Bid=", Bid);
```

と書いたとき、チャートがEUR/USDの場合だと、

```
Bid=1.4717
```

と表示され、チャートがUSD/JPYの場合だと、

```
Bid=111.93
```

と表示されます。特にそのままで問題ないように見えます。しかし、

```
double x=0.123456789;
Print("x=", x);
```

のように小数点以下9ケタもある実数を同じように表示させると、

```
x=0.1235
```

と四捨五入されて小数点以下4ケタまでしか表示されません。

一方、同じく`Print()`関数で表示させる場合でも、文字列をあらかじめ「+」で連結したものをパラメータとして指定すると、

```
Print("Bid="+Bid);
double x=0.123456789;
Print("x="+x);
```

と書くと、

```
Bid=111.93000000
x=0.12345679
```

のように、小数点以下8ケタまでが四捨五入して表示されます。また小数点以下が「0」であったとしても、小数点以下8ケタまでが「0」も含めて強制的に表示されます。

このように、同じ文字列の連結でも、実数に関しては、

- ●`StringConcatenate()`関数で連結する場合、小数点以下4ケタまで「0」を切り捨てて変換
- ●「+」で連結する場合、小数点以下8ケタまで「0」を含めて変換

という違いがあるのです。

さらに、MQL4のヘルプによると、「+」で連結するよりも`StringConcatenate()`関数を使うほうが「高速で使用メモリが少ない」とあります。通常、高速かどうかの違いはほとんど分からないと思います。しかし、たくさんのデータを連結したときに、動作が不安定になる場合には、`StringConcatenate()`関数を使ったほうが安全だといえるでしょう。

なお、小数点以下のケタ数を明確に指定したい場合は、次のような仕様をもつ「`DoubleToStr()`」という関数を使うことができます。

DoubleToStr()
実数から文字列へ変換する関数

【書式】
　`string DoubleToStr(double value, int digits)`

【パラメータ】
　①`value`
　　変換する実数。

　②`digits`
　　変換後の小数点以下のケタ数（0〜8）。

【戻り値】
　変換された文字列を返す。

この関数を使い、

```
double x=0.123456789;
Print("x="+DoubleToStr(x, 2);
```

と書くと、

```
x=0.12
```

のように、指定したケタ数で表示されます。ただし、この関数でも小数点以下8ケタまでしか指定できないので、注意してください。

5-9. 日時に関する関数

　MQL4では、日時を表すデータとして**datetime**という型が用意されています。ここでは、**datetime**型のデータをパラメータや戻り値とする関数について紹介します。

datetime型データを文字列へ変換

　プログラム中で取得できる時刻には、2種類あります。使用しているPC上の時刻とFX会社のサーバ上の時刻です。

　使用しているPCの時刻は「ローカル時刻」とも呼び、「`TimeLocal()`」という関数で取得できます。一方、FX会社サーバの時刻は「`TimeCurrent()`」という関数で取得できます。

　メタトレーダーのチャート上の時刻や売買時刻などは、サーバ時刻を基に表現されているので、通常は`TimeCurrent()`関数で取得した時刻を扱うことが多いです。

　しかし、これらの関数が返す値は**datetime**型、つまり1970年1月1日0時00分00秒を始点とした経過秒数です。単なる整数データなので、そのままでは何月何日何時何分などの日時が分かりません。

　何月何日何時何分という日時データとして表示させるには、**datetime**型データから文字列データに変換しなければなりませ

ん。それを簡単に行うために、MQL4の組み込み関数「`TimeToStr()`」が用意されています。この関数の仕様は次のとおりです。

TimeToStr()
datetime型のデータを文字列データに変換する関数

【書式】
　string TimeToStr(datetime value,
　　int mode=TIME_DATE|TIME_MINUTES)

【パラメータ】
　①value
　　datetime型の日時データ。

　②mode
　　変換される文字列形式のオプション。3種類の定数で指定し、OR演算「|」で組み合わせることも可能。省略時には「`TIME_DATE|TIME_MINUTES`」を指定したことになる。

定数	説明
TIME_DATE	"yyyy.mm.dd"（年.月.日）
TIME_MINUTES	"hh:mi"（時:分）
TIME_SECONDS	"hh:mi:ss"（時:分:秒）

【戻り値】
　変換された文字列を返す。

例えば、

```
string s = TimeToStr(TimeCurrent(),
    TIME_DATE|TIME_SECONDS);
```

と書くと、

```
2009.03.27 23:00:03
```

のように、サーバ時刻の年月日時分秒のすべてのデータを文字列に変換することができます。

　ここで、年月日の区切り文字を「/」にしたい、曜日を入れたいなど、別のデータ形式に変更したい場合、そのままでは変換できないので、次に挙げる関数を使います。

```
int TimeYear(datetime time)          指定時刻の年
int TimeMonth(datetime time)         指定時刻の月
int TimeDay(datetime date)           指定時刻の日
int TimeHour(datetime time)          指定時刻の時
int TimeMinute(datetime time)        指定時刻の分
int TimeSeconds(datetime time)       指定時刻の秒
int TimeDayOfWeek(datetime date)     指定時刻の曜日
```

　また、サーバ時刻については直接、年・月・日、時・分・秒などのデータを次に挙げる関数で取得できます。

int Year()	現在の年（サーバ時刻）
int Month()	現在の月（サーバ時刻）
int Day()	現在の日（サーバ時刻）
int Hour()	現在の時（サーバ時刻）
int Minute()	現在の分（サーバ時刻）
int Seconds()	現在の秒（サーバ時刻）
int DayOfWeek()	現在の曜日（サーバ時刻）

これらはint型の戻り値を取るので、年、月、日、時、分、秒は、そのまま「+」演算子で連結させることができます。例えば、

```
datetime t = TimeLocal();
string s = TimeYear(t)+"/"+TimeMonth(t)
    +"/"+TimeDay(t)+" "+TimeHour(t)+":"+TimeMinute(t)
    +":"+TimeSeconds(t);
```

のように書けば、

```
2009/3/29 15:34:34
```

のような形式の文字列に変換できます。
　同様に、サーバ時刻を文字列にする場合、

```
string s = Year()+"/"+Month()+"/"+Day()+" "+Hour()+":"
    +Minute()+":"+Seconds();
```

と書くだけでOKです。

　ただし、曜日については別処理が必要となります。曜日は「`TimeDayOfWeek()`」、あるいはサーバ時刻の場合「`DayOfWeek()`」で求められます。ただし、この関数の戻り値は、実際の曜日を表す文字列ではなく「数値」です。戻り値の数値は、それぞれ次のように曜日と対応しています。

0	日
1	月
2	火
3	水
4	木
5	金
6	土

　ここで、`if`文や`switch`文を使って戻り値を場合分けして「日」から「土」までの文字列に置き換えることもできます。しかし、このように「0」から「6」までの数値が順番に曜日に対応している場合には、次のように配列を使って書くと便利です。

```
string youbi[7] = {"日","月","火","水","木","金","土"};
string sDate = Year()+"/"+Month()+"/"+Day()
     +"("+youbi[DayOfWeek()]+")";
```

「`youbi[]`」というのは文字列の配列を表し、「`youbi[0]`」が「日」、「`youbi[1]`」が「月」というように、配列の要素インデックスと曜日の文字列が対応した形になっています。

`DayOfWeek()`関数は、曜日に応じて「`0`」から「`6`」までの数値を返します。したがって「`youbi[DayOfWeek()]`」のように「`youbi[]`」の要素インデックスに代入することで

> 2009/4/30(木)

のように、対応する曜日の文字列に置き換えるわけです。

日時の文字列をdatetime型データに変換

具体的な日時や時刻を指定して、それを**datetime**型の変数に変換したい場合、指定する日時が一定であれば、

```
datetime t = D'2009.07.19 12:30:27';
```

のように、時刻定数として直接代入することができます。しかし、日時のデータが場合によって異なるときは、変数として扱う必要があります。

文字列変数として表現された日時データを**datetime**型のデータに変換するためには「`StrToTime()`」という関数を利用します。関数の仕様は次のとおりです。

StrToTime()
文字列からdatetime型データへ変換する関数

【書式】
  datetime StrToTime(string value)

【パラメータ】
 ①value
   変換したい時刻の文字列。「**yyyy.mm.dd hh:mi**（年.月.日 時:分）」
   という形式で指定する。

【戻り値】
   変換された**datetime**型の時刻データ。

　StrToTime()関数では、変換する文字列は「"yyyy.mm.dd hh:mi"」、つまり「年.月.日 時:分」という形式になっていなければなりません。例えば「**StrToTime("2009.8.12 17:35")**」のように日時をすべて指定すると、その時刻（秒は「0」）での**datetime**型の値を返します。

　時刻あるいは日付部分は省略可能です。「**StrToTime("2009.8.12")**」のように時刻を省略すると、その日の「**00:00:00**」として値を返します。また「**StrToTime("17:35")**」のように日付を省略すると、PCのローカル時刻での日付における「**17:35:00**」の**datetime**型の値を返します。

5-10. マーケット情報

現在の買値、売値などよく使うマーケット情報は、

`Ask`	買値（現在の売り気配）
`Bid`	売値（現在の買い気配）
`Digits`	価格の小数点以下のケタ数
`Point`	1pipの値
`Open[0]`	現在のバーの始値
`High[0]`	現在のバーの高値
`Low[0]`	現在のバーの安値
`Close[0]`	現在のバーの終値（現在の売値）
`Time[0]`	現在のバーの開始時刻
`Volume[0]`	現在のバーのティック数

などの予約変数として定義されています。したがって、普通の変数と同様に使えます。

これらの情報以外のマーケットの情報は「`MarketInfo()`」という関数で取得できます。

MarketInfo()
マーケット情報を取得する関数

【書式】
  double MarketInfo(string symbol, int type)

【パラメータ】
  ①symbol
    通貨ペア名。

  ②type
    情報の種類（リスト5.1参照）。

【戻り値】
  「type」に応じた値を返す。

「type」で指定できる定数は28種類もあります。そのうち、エキスパートプログラムなどで利用しやすい情報を具体例とともに**リスト5.1**に示します（experts\script\MarketInfo.mq4）。

リスト5.1　MarketInfo.mq4

```
// スタート関数
int start()
{
   Print("MODE_MAXLOT : 最大ロット数
      = "+MarketInfo(Symbol(), MODE_MAXLOT));
```

```
    Print("MODE_LOTSTEP : ロットの最小変化幅
        = "+MarketInfo(Symbol(), MODE_LOTSTEP));
    Print("MODE_MINLOT : 最小ロット数
        = "+MarketInfo(Symbol(), MODE_MINLOT));
    Print("MODE_SWAPSHORT
        : 1ロット当たりの売りポジションのスワップ値(口座通貨)
        = "+MarketInfo(Symbol(), MODE_SWAPSHORT));
    Print("MODE_SWAPLONG
        : 1ロット当たりの買いポジションのスワップ値(口座通貨)
        = "+MarketInfo(Symbol(), MODE_SWAPLONG));
    Print("MODE_TICKVALUE
        : 1ロット当たりの1pipの価格(口座通貨)
        = "+MarketInfo(Symbol(), MODE_TICKVALUE));
    Print("MODE_LOTSIZE : 1ロットのサイズ(通貨単位)
        = "+MarketInfo(Symbol(), MODE_LOTSIZE));
    Print("MODE_STOPLEVEL : 指値・逆指値の値幅(pips)
        = "+MarketInfo(Symbol(), MODE_STOPLEVEL));
    Print("MODE_SPREAD : スプレッド(pips)
        = "+MarketInfo(Symbol(), MODE_SPREAD));
    Print("MODE_TIME : 最新のティック時刻
        = "+TimeToStr(MarketInfo(Symbol(), MODE_TIME),
        TIME_DATE|TIME_SECONDS));
    Print("MODE_HIGH : 当日の高値
        = "+MarketInfo(Symbol(), MODE_HIGH));
    Print("MODE_LOW : 当日の安値
        = "+MarketInfo(Symbol(), MODE_LOW));

    return(0);
}
```

このプログラムは、スクリプトプログラムとして作成されています。チャートに挿入すると、そのチャートの通貨ペアに関するマーケット情報をターミナル画面の「experts」タブに表示します。出力例を以下に示します。

```
MODE_LOW：当日の安値＝97.94000000
MODE_HIGH：当日の高値＝98.98000000
MODE_TIME：最新のtick時刻＝2009.05.06 15:06:46
MODE_SPREAD：スプレッド（pips）＝3.00000000
MODE_STOPLEVEL：指値・逆指値の値幅（pips）＝4.00000000
MODE_LOTSIZE：１ロットのサイズ(通貨単位)
    ＝100000.00000000
MODE_TICKVALUE：１ロット当たりの１pipの価格（口座通貨）
    ＝10.15434606
MODE_SWAPLONG：１ロット当たりの買いポジションのスワップ値
    （口座通貨）＝0.00000000
MODE_SWAPSHORT：１ロット当たりの売りポジションのスワップ値
    （口座通貨）＝-1.34000000
MODE_MINLOT：最小ロット数＝0.01000000
MODE_LOTSTEP：ロットの最小変化幅＝0.01000000
MODE_MAXLOT：最大ロット数＝500.00000000
```

5-11. 口座情報

口座情報を参照するため、次のような関数が用意されています。

`double AccountBalance( )`	口座残高
`double AccountCredit( )`	口座クレジット
`string AccountCompany( )`	ブローカー名
`string AccountCurrency( )`	口座通貨
`double AccountEquity( )`	口座純資産
`double AccountFreeMargin( )`	利用可能な証拠金
`double AccountFreeMarginCheck(string symbol, int cmd, double volume)`	余剰証拠金チェック
`double AccountFreeMarginMode( )`	余剰証拠金モード
`int AccountLeverage( )`	レバレッジ
`double AccountMargin( )`	使用中の証拠金
`string AccountName( )`	口座名
`int AccountNumber( )`	口座番号
`double AccountProfit( )`	含み損益
`string AccountServer( )`	接続サーバ名
`int AccountStopoutLevel( )`	ストップアウトレベル
`int AccountStopoutMode( )`	ストップアウトモード

これらは**AccountFreeMarginCheck()**関数を除いてパラメータは取らず、関数を呼び出すだけで、該当する情報を返します。

　使用例を**リスト5.2**に示します。これはスクリプトプログラムとして実行し、実行結果はターミナルウィンドウの「Experts」タブの画面に表示されます。

リスト5.2　AccountInfo.mq4

```
// スタート関数
int start()
{
   int level=AccountStopoutLevel();
   if(AccountStopoutMode()==0) Print("StopOutLevel = ",
      level, "%");
   else Print("StopOutLevel = ", level, " ",
      AccountCurrency());
   Print("AccountBalance = ", AccountBalance( ));
   Print("AccountEquity = ", AccountEquity( ));
   Print("AccountFreeMargin = ", AccountFreeMargin( ));
   Print("AccountMargin = ", AccountMargin( ));
   Print("AccountProfit = ", AccountProfit( ));
   Print("AccountCredit = ", AccountCredit( ));
   Print("AccountLeverage = ", AccountLeverage( ));
   Print("AccountName = ", AccountName( ));
   Print("AccountNumber = ", AccountNumber( ));
   Print("AccountCurency = ", AccountCurrency( ));
   Print("AccountServer = ", AccountServer( ));
   Print("AccountCompany = ", AccountCompany( ));

   return(0);
}
```

出力例は次のとおりです。

```
AccountCompany = FXDirectDealer
AccountServer = FXDD-MT4 Demo Server
AccountCurency = USD
AccountNumber = 6644335
AccountName = toyolab
AccountLeverage = 200
AccountCredit = 0
AccountProfit = 13
AccountMargin = 150.655
AccountFreeMargin = 98754.205
AccountEquity = 98904.86
AccountBalance = 98891.86
StopOutLevel = 100%
```

なお、口座情報に関する関数のうち、**AccountEquity()**関数、**AccountBalance()**関数、**AccountProfit()**関数、**AccountCredit()**関数、**AccountMargin()**関数、**AccountFreeMargin()**関数など、資金管理に関する関数の間には、次のような関係があります。

```
AccountEquity() = AccountBalance() + AccountProfit()
    + AccountCredit()
AccountEquity() = AccountMargin() + AccountFreeMargin()
```

5-12. 関数のライブラリー化

　MQL4の組み込み関数は、メタトレーダーのシステムに文字どおり組み込まれているので、プログラム中に直接関数を書くだけで利用できます。しかし、組み込み関数以外の関数（ユーザーが独自に作成したものだけではなく、メタトレーダーがシステム以外に用意しているものも含む）を利用するには、プログラム中で別途指示をしなくてはいけません。

　具体的には、複数の場所に分かれて保存されているファイルを関連付けるための指示となります。その一例が第3章で紹介した**ErrorDescription()**関数です。

　この関数は組み込み関数ではないため、プログラムの最初に、

```
#include <stdlib.mqh>
```

というプリプロセッサ命令を書かなければなりませんでした。この命令は「stdlib.mqh」というヘッダーファイルを記述したプログラムファイルに読み込むためのものです。

　では、なぜヘッダーファイルを読み込むだけで**ErrorDescription()**という関数が使えるのでしょうか。詳しくみてみましょう。

　まず「stdlib.mqh」というファイルがどこにあるかですが、

「`<stdlib.mqh>`」のように、ファイル名を「< >」で囲んで指定した場合、このファイルは、メタトレーダーをインストールしたフォルダの下にある「experts」→「include」サブフォルダの下から探索されます。

実際にその場所に「stdlib.mqh」というファイルが格納されているか確認してみましょう。このmqhファイルは、mq4ファイルと同様にテキストファイルです。メタエディターなどのエディターで閲覧できます。

「stdlib.mqh」のファイルの中身は次のようになっています。

```
#import "stdlib.ex4"

string ErrorDescription(int error_code);
int    RGB(int red_value, int green_value,
           int blue_value);
bool   CompareDoubles(double number1,double number2);
string DoubleToStrMorePrecision(double number,
           int precision);
string IntegerToHexString(int integer_number);
```

確かに「`string ErrorDescription(int error_code);`」と書かれていますが、これだけで**ErrorDescription()**関数が使えるのでしょうか？ 実は、この行は**ErrorDescription()**関数の宣言文です。どのような型のパラメータを取って、どのような型の戻り値を返すかを示しているにすぎません。実際の関数の中身ではないのです。

実際の関数の中身はどこに入っているかというと、

```
#import "stdlib.ex4"
```

で指定されているように「stdlib.ex4」というファイル中に入っています。

では「stdlib.ex4」というファイルはどこにあるかというと、これはライブラリープログラムといって「experts」→「libraries」フォルダの下に入っているのです。

「stdlib.ex4」は、ex4という拡張子が付いていることからも分かるように、mq4ファイルをコンパイルしてできたファイルです。これはバイナリファイルなので、エディターなどで中身を見ることはできません。

では、この「stdlib.ex4」というファイルは、どうやって作成されたのでしょうか。

同じく「experts」→「libraries」フォルダの下に「stdlib.mq4」というファイルがあるはずです。この「stdlib.mq4」は、テキストファイルとして中身を見ることができます。これが、ライブラリープログラムのもとになるソースファイルです。

ライブラリープログラムのもとになるmq4ファイルは、通常のmq4ファイルと違うところがあります。このファイルには、

```
string ErrorDescription(int error_code)
{
    :
    :
}
```

のように**ErrorDescription()**関数の内容をはじめ、いくつかの関数の内容が記述されています。しかし、**init()**関数や**start()**関数などの特殊関数は書かれていません。

通常、**start()**関数がないとコンパイル時にエラーが出ます。しかし、ライブラリープログラムはそれ自身が実行されるものではないので、**start()**関数は必要ないのです。

そこで、ライブラリープログラムのソースファイルであるということを示すために、ファイルの最初に、

```
#property library
```

と書いてあるのです。

このファイルをコンパイルすると「stdlib.ex4」というファイルが作成されます。そして、今までの説明の逆をたどると「stdlib.ex4」というファイルが「stdlib.mqh」でインポートされ、「stdlib.mqh」がプログラム中に含まれることで、組み込み関数以外の関数を利用できるのです。

以上のライブラリープログラムの働きを理解したうえで、ユーザー独自の関数をライブラリー化する手順についてみていきましょう。本書では、第3章でトレード関数をライブラリー化して利用しています。その例を使って説明していきます。

まず、ライブラリー化する関数をライブラリープログラムのもとになるmq4ファイルとして作成します。作成する場所は「experts」→「libraries」フォルダの下です。ここではファイル名は「MyLib.

mq4」としています。「MyLib.mq4」には、次のように各関数の内容が記述されています。

```
#property library

double MyCurrentOrders(int type, int magic)
{
    .
    .
    .
}

bool MyOrderSend(int type, double lots, double price,
      int slippage, double sl, double tp,
      string comment, int magic)
{
    .
    .
    .
}

bool MyOrderModify(double sl, double tp, int magic)
{
    .
    .
    .
}

bool MyOrderClose(int slippage, int magic)
{
    .
    .
    .
}

bool MyOrderDelete(int magic)
{
    .
    .
    .
}
```

このファイルをコンパイルすると「MyLib.ex4」というライブラリファイルが作成されます。

次に「experts」→「include」フォルダの下に「MyLib.mqh」というヘッダーファイルを作成します。「MyLib.mqh」は次のような内容になっています。

```
#include <stderror.mqh>
#include <stdlib.mqh>

#define MY_OPENPOS    6
#define MY_LIMITPOS   7
#define MY_STOPPOS    8
#define MY_PENDPOS    9
#define MY_BUYPOS    10
#define MY_SELLPOS   11
#define MY_ALLPOS    12

#import "MyLib.ex4"
    //現在のポジションのロット数（＋：買い －：売り）
double MyCurrentOrders(int type, int magic);
    //注文を送信する
bool MyOrderSend(int type, double lots, double price,
    int slippage, double sl, double tp,
    string comment, int magic);
    //オープンポジションを変更する
bool MyOrderModify(double sl, double tp, int magic);
    //オープンポジションを決済する
bool MyOrderClose(int slippage, int magic);
    //待機注文をキャンセルする
bool MyOrderDelete(int magic);
#import
```

はじめの**#include**文はエラーメッセージを処理するために必要なヘッダーファイルを読み込むためのものです。また各種**#define**文は、独自に定めた注文やポジションの組み合わせの種類を数値に対応させるためのものです。

実際には独自に作成した関数は、

```
#import "MyLib.ex4"
```

という命令でインポートされ、その後に関数の宣言文を並べて記述しておきます。各関数の宣言文の最後にセミコロンを付けるのを忘れないようにしてください。

ファイルの最後にさらに**#import**文があります。これは最初の「**#import "MyLib.ex4"**」と対応させるためです。同じように、

```
#import "MyLibExt.ex4"
    :
    //関数の宣言文
    :
#import
```

と書くことで、別のライブラリープログラムをインポートすることもできます。インポートされるライブラリープログラムがひとつの場合には、最後の**#import**文は省略することができます。

このような手順でライブラリープログラム、ヘッダーファイルを作成しておくと、実際のプログラム中でヘッダーファイルを含めるだけで、ライブラリー化した関数を使うことができるのです。

関数のライブラリー化は、このように少し複雑な手順を踏まなくてはいけません。しかし、さらにMQL4を使いこなそうと思う方は、ぜひトライしてみてください。

さいごに

　メタトレーダーのプログラミングを学ぶため、いろいろなサンプルプログラムに目を通すのは大切なことです。最近ではインターネット上にカスタム指標プログラムやエキスパートプログラムのソースファイルが多数公開されるようになりました。
　しかし、プログラムというのは、作者のクセや好みで書かれており、一度に複数の作者の書き方をみても混乱するだけです。
　プログラミング言語は、日本語や英語などの言語と同じです。同じ内容を説明するにも、いろいろな言い方があり、人それぞれ、言いやすい言い方は異なります。
　本書は、前作『FXメタトレーダー入門』の続編として、ただプログラムが分かるレベルから、自分の思ったとおりのプログラムが作れるレベルを目指してきました。そして、メタトレーダーのプログラミングで何ができて、何ができないのかをはっきりさせるため、MQL4に搭載されている多くの関数を紹介しました。
　しかし、単なる関数のレファレンスではありません。
　本書では、MQL4を自分の言葉として自由に操ることができるよう、筆者なりの「流儀」を紹介しました。「売買ロジックをいくつかの関数に分けて記述する」「しかもそれぞれの関数はシンプルに記述する」――これが筆者の流儀です。

ただし、これだけが正しい方法というわけではありません。自分だったらこう書いたほうが分かりやすい、という方法もあるはずです。

　語学同様、プログラミングも「習うより慣れろ」です。独自のプログラムをたくさん書いていくことで、自分なりの「流儀」を見つけてください。

　FXのシステムトレードソフトとして確固たる地位を築いたメタトレーダーは、将来的に株式や先物、CFD（差金決済取引）の世界でも広く利用されるようになり、ますます世界中で利用者同士のネットワークが広がっていくことでしょう。

　今後も、さまざまなシステムトレードのアイデアとともにメタトレーダーを使いこなしていってください。

　その可能性を広げるのは皆さん自身です。

豊嶋 久道

付録

MQL4関数一覧
参考図書

付録A　MQL4関数一覧

　MQL4の関数一覧です。『FXメタトレーダー入門（入門）』および本書（実践）で解説したページを掲載しています。関数名索引としてご利用ください。

予約変数	
`double Ask`	買値→入門p.190、実践p.179, 467
`int Bars`	バーの数→入門p.143、実践p.50
`double Bid`	売値→入門p.190、実践p.179, 467
`double Close[]`	バーの終値の配列→入門p.141、実践p.50, 467
`int Digits`	価格の小数部のケタ数→入門p.281、実践p.210, 467
`double High[]`	バーの高値の配列→入門p.141、実践p.50, 467
`double Low[]`	バーの安値の配列→入門p.141、実践p.50, 467
`double Open[]`	バーの始値の配列→入門p.141、実践p.50, 467
`double Point`	1pipの値→入門p.252、実践p.143, 467

`datetime Time[]`	バーの開始時刻の配列→実践p.50, 467
`double Volume[]`	バーのティック数の配列→実践p.50, 467

特殊関数	
`init( )`	初期化関数→入門p.127、実践p.44
`start( )`	開始関数→入門p.127、実践p.44
`deinit( )`	終了関数→入門p.127、実践p.44

口座情報関数	
`double AccountBalance( )`	口座残高→実践p.471
`double AccountCredit( )`	口座クレジット→実践p.471
`string AccountCompany( )`	ブローカー名→実践p.471
`string AccountCurrency( )`	口座通貨→実践p.382, 471
`double AccountEquity( )`	口座純資産→実践p.471
`double AccountFreeMargin( )`	余剰証拠金→入門p.261、実践p.376, 471
`double AccountFreeMarginCheck( string symbol, int cmd, double volume)`	余剰証拠金チェック
`double AccountFreeMarginMode( )`	余剰証拠金モード
`int AccountLeverage( )`	レバレッジ→実践p.471
`double AccountMargin( )`	使用証拠金→実践p.471
`string AccountName( )`	口座名→実践p.471
`int AccountNumber( )`	口座番号→実践p.471

`double AccountProfit( )`	口座損益→実践p.471
`string AccountServer( )`	接続サーバ名→実践p.471
`int AccountStopoutLevel( )`	ストップアウトレベル→実践p.471
`int AccountStopoutMode( )`	ストップアウトモード→実践p.471
`ServerAddress()`	→古い関数名です。`AccountServer()`を参照してください。

配列関数

`int ArrayBsearch(double array[],`
`    double value,int count=WHOLE_ARRAY,`
`    int start=0,int direction=MODE_ASCEND)`
	配列の検索

`int ArrayCopy(object&dest[],`
`    object source[],int start_dest=0,`
`    int start_source=0,`
`    int count=WHOLE_ARRAY)`
	配列のコピー

`int ArrayCopyRates(double&dest_array[],` `    string symbol=NULL, int timeframe=0)`	レート配列のコピー

`int ArrayCopySeries(double&array[],`
`    int series_index, string symbol=NULL,`
`    int timeframe=0)`
	時系列配列のコピー

`int ArrayDimension(object array[])`	配列の次数
`bool ArrayGetAsSeries(object array[])`	時系列配列のチェック
`int ArrayInitialize(` `    double&array[], double value)`	配列の初期化
`bool ArrayIsSeries(object array[])`	時系列配列のチェック

`int ArrayMaximum(double array[],` `    int count=WHOLE_ARRAY, int start=0)`	配列の最大値の位置
`int ArrayMinimum(double array[],` `    int count=WHOLE_ARRAY, int start=0)`	配列の最小値の位置
`int ArrayRange(object array[],` `    int range_index)`	配列の要素数
`int ArrayResize(object&array[],` `    int new_size)`	配列のサイズ変更
`bool ArraySetAsSeries(` `    double&array[], bool set)`	時系列配列のセット
`int ArraySize(object array[])`	配列のサイズ

`int ArraySort(double&array[],`
`    int count=WHOLE_ARRAY,`
`    int start=0, int sort_dir=MODE_ASCEND)`
	配列のソート

チェック関数

`int GetLastError( )`	直近のエラー→実践p.204
`bool IsConnected( )`	接続のチェック
`bool IsDemo( )`	デモ口座のチェック
`bool IsDllsAllowed( )`	DLL利用許可のチェック
`bool IsExpertEnabled( )`	エキスパート利用のチェック
`bool IsLibrariesAllowed( )`	ライブラリー利用許可のチェック
`bool IsOptimization( )`	最適化のチェック
`bool IsStopped( )`	プログラムストップのチェック
`bool IsTesting( )`	テストモードのチェック
`bool IsTradeAllowed( )`	トレード許可のチェック→入門p.221、実践p.214

`bool IsTradeContextBusy( )`	トレードビジーのチェック
`bool IsVisualMode( )`	ビジュアルモードのチェック
`int UninitializeReason( )`	非初期化の理由

クライアントターミナル関数	
`string TerminalCompany( )`	ターミナル会社
`string TerminalName( )`	ターミナル名
`string TerminalPath( )`	ターミナルパス
`ClientTerminalName()`	→古い関数名です。`TerminalName()`を参照してください。
`CompanyName()`	→古い関数名です。`TerminalCompany()`を参照してください。

共通関数	
`void Alert(...)`	ポップアップアラート→入門 p.276、実践p.450
`void Comment(...)`	コメントの画面表示→入門 p.190、実践p.450
`int GetTickCount( )`	経過時間→実践p.217
`double MarketInfo(string symbol,int type)`	マーケット情報→実践 p.262, 383, 468
`int MessageBox(string text=NULL, string caption=NULL,int flags=EMPTY)`	メッセージボックス→実践 p.451
`void PlaySound(string filename)`	音声ファイル再生
`void Print(...)`	エキスパートログへ出力→実践p.204, 451

`bool SendFTP(string filename,` 　　`string ftp_path=NULL)`	FTPサーバへ送信
`void SendMail(string subject,` 　　`string some_text)`	メール送信→入門p.278、実践p.451
`void Sleep(int milliseconds)`	スリープ→実践p.216

変換関数

`string CharToStr(int char_code)`	文字コードから文字へ変換→実践p.150
`string DoubleToStr(double value,` 　　`int digits)`	実数から文字列へ変換→入門p.281、実践p.458
`double NormalizeDouble(double value,` 　　`int digits)`	実数の正規化→入門p.261、実践p.210
`double StrToDouble(string value)`	文字列から実数へ変換
`int StrToInteger(string value)`	文字列から整数へ変換
`datetime StrToTime(string value)`	文字列から時刻へ変換→実践p.341、466
`string TimeToStr(datetime value,` 　　`int mode=TIME_DATE|TIME_MINUTES)`	時刻から文字列へ変換→入門p.191、実践p.341、461

カスタム指標関数

`void IndicatorBuffers(int count)`	指標バッファ数の設定→入門p.310、実践p.49
`int IndicatorCounted( )`	計算済みバーの総数→入門p.143、実践p.50
`void IndicatorDigits(int digits)`	指標精度の設定
`void IndicatorShortName(string name)`	指標の短縮名の設定→入門p.195、実践p.57

`void SetIndexArrow(int index, int code)`	矢印記号の設定→入門 p.212、実践p.77
`bool SetIndexBuffer(int index,` `    double array[])`	配列を指標バッファへ割当て→入門p.140、実践p.47
`void SetIndexDrawBegin(int index,` `    int begin)`	指標開始位置の設定
`void SetIndexEmptyValue(int index,` `    double value)`	指標の初期化
`void SetIndexLabel(int index,` `    string text)`	指標ラベルの設定→入門 p.195、実践p.55
`void SetIndexShift(int index, int shift)`	指標のシフト幅の設定

`void SetIndexStyle(int index,`
`    int type, int style=EMPTY,`
`    int width=EMPTY, color clr=CLR_NONE)`
	指標スタイルの設定→入門 p.211、実践p.52

`void SetLevelStyle(int draw_style,` `    int line_width, color clr=CLR_NONE)`	指標のレベルスタイルの設定
`void SetLevelValue(int level,` `    double value)`	指標のレベルの設定

日付・時間関数	
`int Day( )`	現在の日(サーバ時刻)→実践p.463
`int DayOfWeek( )`	現在の曜日(サーバ時刻)→実践p.463
`int DayOfYear( )`	現在の通し日(サーバ時刻)→実践p.463
`int Hour( )`	現在の時(サーバ時刻)→実践p.463
`int Minute( )`	現在の分(サーバ時刻)→実践p.463

`int Month( )`	現在の月(サーバ時刻) →実践p.463
`int Seconds( )`	現在の秒(サーバ時刻) →実践p.463
`datetime TimeCurrent( )`	サーバ時刻→入門p.191、実践p.460
`int TimeDay(datetime date)`	指定時刻の日→実践p.161, 462
`int TimeDayOfWeek(datetime date)`	指定時刻の曜日→実践p.165, 462
`int TimeDayOfYear(datetime date)`	指定時刻の通し日
`int TimeHour(datetime time)`	指定時刻の時→実践p.161, 462
`datetime TimeLocal( )`	ローカル時刻→入門p.191、実践p.460
`int TimeMinute(datetime time)`	指定時刻の分→実践p.161, 462
`int TimeMonth(datetime time)`	指定時刻の月→実践p.161, 462
`int TimeSeconds(datetime time)`	指定時刻の秒→実践p.462
`int TimeYear(datetime time)`	指定時刻の年→実践p.161, 462
`int Year( )`	現在の年(サーバ時刻) →実践p.463
`CurTime()`	→古い関数名です。TimeCurrent()を参照してください。
`LocalTime()`	→古い関数名です。TimeLocal()を参照してください。

ファイル関数	
`void FileClose(int handle)`	ファイルクローズ→実践 p.162, 440
`void FileDelete(string filename)`	ファイル削除
`void FileFlush(int handle)`	ファイルフラッシュ
`bool FileIsEnding(int handle)`	ファイルの終端チェック
`bool FileIsLineEnding(int handle)`	ファイルの行末チェック
`int FileOpen(string filename,` `    int mode, int delimiter=';')`	ファイルオープン→実践 p.159, 439
`int FileOpenHistory(string filename,` `    int mode, int delimiter=';')`	ヒストリーファイルオープン
`int FileReadArray(int handle,` `    object&array[],int start, int count)`	配列読み込み
`double FileReadDouble(int handle,` `    int size=DOUBLE_VALUE)`	実数読み込み
`int FileReadInteger(int handle,` `    int size=LONG_VALUE)`	整数読み込み
`double FileReadNumber(int handle)`	数値読み込み→実践p.445
`string FileReadString(int handle,` `    int length=0)`	文字列読み込み→実践 p.445
`bool FileSeek(int handle, int offset,` `    int origin)`	ファイルの読み書きの位置 変更→実践p.169, 447
`int FileSize(int handle)`	ファイルサイズ
`int FileTell(int handle)`	ファイルポジション
`int FileWrite(int handle, ...)`	ファイル書き込み→実践 p.162, 443
`int FileWriteArray(int handle,` `    object array[], int start, int count)`	配列書き込み

`int FileWriteDouble(int handle, double value, int size=DOUBLE_VALUE)`	実数書き込み
`int FileWriteInteger(int handle, int value, int size=LONG_VALUE)`	整数書き込み
`int FileWriteString(int handle, string value, int length)`	文字列書き込み

大域変数関数	
`bool GlobalVariableCheck(string name)`	大域変数チェック
`bool GlobalVariableDel(string name)`	大域変数消去
`double GlobalVariableGet(string name)`	大域変数取得→実践p.413
`string GlobalVariableName(int index)`	大域変数名
`datetime GlobalVariableSet(string name, double value)`	大域変数セット→実践p.413
`bool GlobalVariableSetOnCondition( string name, double value, double check_value)`	条件付き大域変数セット
`int GlobalVariablesDeleteAll( string prefix_name=NULL)`	大域変数全消去
`int GlobalVariablesTotal( )`	大域変数の総数

数学関数	
`double MathAbs(double value)`	絶対値
`double MathArccos(double x)`	アークコサイン→実践p.424
`double MathArcsin(double x)`	アークサイン→実践p.424
`double MathArctan(double x)`	アークタンジェント→実践p.424

`double MathCeil(double x)`	シーリング→実践p.144, 424
`double MathCos(double value)`	コサイン→実践p.424
`double MathExp(double d)`	エクスポネンシャル→実践p.424
`double MathFloor(double x)`	フロア→実践p.144, 424
`double MathLog(double x)`	自然対数→実践p.383, 425
`double MathMax(double value1,` `    double value2)`	最大値→実践p.425
`double MathMin(double value1,` `    double value2)`	最小値→実践p.425
`double MathMod(double value1,` `    double value2)`	剰余→実践p.425
`double MathPow(double base,` `    double exponent)`	べき乗→実践p.425
`int MathRand( )`	乱数→実践p.425
`double MathRound(double value)`	丸め
`double MathSin(double value)`	サイン→実践p.425
`double MathSqrt(double x)`	平方根→実践p.425
`void MathSrand(int seed)`	乱数の初期化→実践p.425
`double MathTan(double value)`	タンジェント→実践p.425

オブジェクト関数

`bool ObjectCreate(string name, int type,`
`    int window, datetime time1,`
`    double price1, datetime time2=0,`
`    double price2=0, datetime time3=0,`
`    double price3=0)`
	オブジェクト生成→実践 p.141, 428

`bool ObjectDelete(string name)`	オブジェクト削除→実践p.142, 436
`string ObjectDescription(string name)`	オブジェクトの説明
`int ObjectFind(string name)`	オブジェクト検索
`double ObjectGet(string name, int index)`	オブジェクトのプロパティ取得
`string ObjectGetFiboDescription(` `    string name, int index)`	フィボナッチオブジェクトのレベル取得
`int ObjectGetShiftByValue(` `    string name, double value)`	オブジェクトの価格からバーインデックスを取得
`double ObjectGetValueByShift(` `    string name, int shift)`	オブジェクトのバーインデックスから価格を取得

`bool ObjectMove(string name,`
`    int point, datetime time1,`
`    double price1)`
	オブジェクトの移動

`string ObjectName(int index)`	オブジェクト名
`int ObjectsDeleteAll(` `    int window=EMPTY, int type=EMPTY)`	すべてのオブジェクトを削除→実践p.437
`bool ObjectSet(string name,` `    int index, double value)`	オブジェクトのプロパティ設定→実践p.142, 432
`bool ObjectSetFiboDescription(` `    string name, int index, string text)`	フィボナッチオブジェクトのレベル設定

`bool ObjectSetText(string name,`
`    string text, int font_size,`
`    string font=NULL,`
`    color text_color=CLR_NONE)`
	オブジェクトのテキスト設定→実践p.150, 435

`int ObjectsTotal(int type=EMPTY)`	オブジェクトの総数
`int ObjectType(string name)`	オブジェクトのタイプ

文字列関数	
`string StringConcatenate(...)`	文字列の連結→実践p.455
`int StringFind(string text,` `    string matched_text, int start=0)`	文字列の検索
`int StringGetChar(string text, int pos)`	文字列中の文字コード
`int StringLen(string text)`	文字列長
`string StringSetChar(string text,` `    int pos, int value)`	文字列の変更
`string StringSubstr(string text,` `    int start, int length=0)`	部分文字列の抽出→実践 p.382
`string StringTrimLeft(string text)`	文字列の左詰め
`string StringTrimRight(string text)`	文字列の右詰め

テクニカル指標関数	
`double iAC(string symbol,` `    int timeframe, int shift)`	AC オシレーター
`double iAD(string symbol,` `    int timeframe, int shift)`	A/D

`double iAlligator(string symbol,`
`    int timeframe, int jaw_period,`
`    int jaw_shift, int teeth_period,`
`    int teeth_shift, int lips_period,`
`    int lips_shift, int ma_method,`
`    int applied_price, int mode,`
`    int shift)`
	アリゲーター

`double iADX(string symbol, int timeframe,`
`    int period, int applied_price,`
`    int mode, int shift)`
	ADX

`double iATR(string symbol,` `    int timeframe, int period, int shift)`	ATR→実践p.103

`double iAO(string symbol, int timeframe,` `    int shift)`	オーサムオシレーター

`double iBearsPower(string symbol,`
`    int timeframe, int period,`
`    int applied_price, int shift)`
	ベアパワー

`double iBands(string symbol,`
`    int timeframe, int period,`
`    int deviation, int bands_shift,`
`    int applied_price, int mode,`
`    int shift)`
	ボリンジャーバンド→実践 p.67

`double iBandsOnArray(double array[],`
`    int total, int period, int deviation,`
`    int bands_shift, int mode, int shift)`
	ボリンジャーバンドを配列に適用

`double iBullsPower(string symbol,`
`    int timeframe, int period,`
`    int applied_price, int shift)`
	ブルパワー

`double iCCI(string symbol,`
`    int timeframe, int period,`
`    int applied_price, int shift)`
	コモディティチャネル指数

`double iCCIOnArray(double array[],` `    int total, int period, int shift)`	コモディティチャネル指数を配列に適用

`double iCustom(string symbol,`
`    int timeframe, string name,`
`    ..., int mode, int shift)`
	カスタム指標→実践p.115

`double iDeMarker(string symbol,` `    int timeframe, int period, int shift)`	デマーカー

`double iEnvelopes(string symbol,`
`    int timeframe, int ma_period,`
`    int ma_method, int ma_shift,`
`    int applied_price,`
`    double deviation, int mode,`
`    int shift)`
	エンベロープ

| ```
double iEnvelopesOnArray(
    double array[], int total,
    int ma_period, int ma_method,
    int ma_shift, double deviation,
    int mode, int shift)
``` | エンベロープを配列に適用 |
| ```
double iForce(string symbol,
    int timeframe, int period,
    int ma_method, int applied_price,
    int shift)
``` | 勢力指数 |
| ```
double iFractals(string symbol,
    int timeframe, int mode, int shift)
``` | フラクタル |
| ```
double iGator(string symbol,
    int timeframe, int jaw_period,
    int jaw_shift, int teeth_period,
    int teeth_shift, int lips_period,
    int lips_shift, int ma_method,
    int applied_price, int mode,
    int shift)
``` | ゲーターオシレーター |
| ```
double iIchimoku(string symbol,
    int timeframe, int tenkan_sen,
    int kijun_sen, int senkou_span_b,
    int mode, int shift)
``` | 一目均衡表 |
| ```
double iBWMFI(string symbol,
    int timeframe, int shift)
``` | BW MFI |
| ```
double iMomentum(string symbol,
    int timeframe, int period,
    int applied_price, int shift)
``` | モメンタム→入門p.183、実践p.79 |
| ```
double iMomentumOnArray(double array[],
    int total, int period, int shift)
``` | モメンタムを配列に適用 |
| ```
double iMFI(string symbol, int timeframe,
    int period, int shift)
``` | MFI |
| ```
double iMA(string symbol, int timeframe,
    int period, int ma_shift,
    int ma_method, int applied_price,
    int shift)
``` | 移動平均→入門p.176、実践p.60 |

`double iMAOnArray(double array[], int total, int period, int ma_shift, int ma_method, int shift)`	移動平均を配列に適用→入門p.183、実践p.111
`double iOsMA(string symbol, int timeframe, int fast_ema_period, int slow_ema_period, int signal_period, int applied_price, int shift)`	移動平均オシレーター
`double iMACD(string symbol, int timeframe, int fast_ema_period, int slow_ema_period, int signal_period, int applied_price, int mode, int shift)`	MACD→実践p.86
`double iOBV(string symbol, int timeframe, int applied_price, int shift)`	OBV
`double iSAR(string symbol, int timeframe, double step, double maximum, int shift)`	パラボリックSAR→実践p.75
`double iRSI(string symbol, int timeframe, int period, int applied_price, int shift)`	RSI→実践p.83
`double iRSIOnArray(double array[], int total, int period, int shift)`	RSIを配列に適用
`double iRVI(string symbol, int timeframe, int period, int mode, int shift)`	RVI
`double iStdDev(string symbol, int timeframe, int ma_period, int ma_shift, int ma_method, int applied_price, int shift)`	標準偏差
`double iStdDevOnArray(double array[], int total, int ma_period, int ma_shift, int ma_method, int shift)`	標準偏差を配列に適用

`double iStochastic(string symbol,`
`    int timeframe, int %Kperiod,`
`    int %Dperiod, int slowing,`
`    int method, int price_field,`
`    int mode, int shift)`
	ストキャスティックス→実践p.91

`double iWPR(string symbol,`
`    int timeframe, int period,`
`    int shift)`
	ウィリアムズ%R

時系列アクセス関数

`int iBars(string symbol, int timeframe)`	バーの数

`int iBarShift(string symbol,`
`    int timeframe, datetime time,`
`    bool exact=false)`
	指定時刻のバーインデックス→実践p.133

`double iClose(string symbol,` `    int timeframe, int shift)`	バーの終値→実践p.132
`double iHigh(string symbol,` `    int timeframe, int shift)`	バーの高値→実践p.132

`int iHighest(string symbol,`
`    int timeframe, int type,`
`    int count=WHOLE_ARRAY, int start=0)`
	指定期間の最高値の位置→入門p.316、実践p.96

`double iLow(string symbol,` `    int timeframe, int shift)`	バーの安値→実践p.132

`int iLowest(string symbol,`
`    int timeframe, int type,`
`    int count=WHOLE_ARRAY, int start=0)`
	指定期間の最安値の位置→入門p.316、実践p.132

`double iOpen(string symbol,` `    int timeframe, int shift)`	バーの始値→実践p.132
`datetime iTime(string symbol,` `    int timeframe, int shift)`	バーの開始時刻
`double iVolume(string symbol,` `    int timeframe, int shift)`	バーのティック数

`Highest()`	→古い関数名です。`iHighest()`を参照してください。
`Lowest()`	→古い関数名です。`iLowest()`を参照してください。

トレード関数	

`bool OrderClose(int ticket,`
`    double lots, double price,`
`    int slippage, color Color=CLR_NONE)`
	注文の決済→入門p.229、実践p.196

`bool OrderCloseBy(int ticket,` `    int opposite, color Color=CLR_NONE)`	両建て注文の決済→実践p.203
`double OrderClosePrice( )`	決済した注文の価格→実践p.184
`datetime OrderCloseTime( )`	決済した注文の時刻→実践p.185
`string OrderComment( )`	注文のコメント→実践p.185
`double OrderCommission( )`	注文の手数料→実践p.185
`bool OrderDelete(int ticket,` `    color Color=CLR_NONE)`	注文の取消→実践p.199
`datetime OrderExpiration( )`	待機注文の有効期限→実践p.185
`double OrderLots( )`	注文のロット数→実践p.185
`int OrderMagicNumber( )`	注文のマジックナンバー→入門p.230、実践p.185

`bool OrderModify(int ticket,`
`    double price, double stoploss,`
`    double takeprofit, datetime expiration,`
`    color arrow_color=CLR_NONE)`
	注文の変更→実践p.192

`double OrderOpenPrice( )`	約定した注文の価格→実践p.185
`datetime OrderOpenTime( )`	約定した注文の時刻→実践p.186
`void OrderPrint( )`	注文情報の表示
`double OrderProfit( )`	注文の損益→実践p.186
`bool OrderSelect(int index,` `    int select, int pool=MODE_TRADES)`	注文の選択→入門p.230、実践p.187

`int OrderSend(symbol, cmd, volume,`
`    price, slippage, stoploss,`
`    takeprofit, comment, magic,`
`    expiration, arrow_color)`
	注文の送信→入門p.225、実践p.177

`int OrdersHistoryTotal( )`	過去に決済した注文数
`double OrderStopLoss( )`	注文の損切り値→実践p.186
`int OrdersTotal( )`	現在の注文数→入門p.230、実践p.189
`double OrderSwap( )`	注文のスワップ値→実践p.186
`string OrderSymbol( )`	注文の通貨ペア名→入門p.230、実践p.186
`double OrderTakeProfit( )`	注文の利食い値→実践p.186
`int OrderTicket( )`	注文のチケット番号→入門p.231、実践p.186
`int OrderType( )`	注文のタイプ→入門p.230、実践p.187
`HistoryTotal()`	→古い関数名です。`OrdersHistoryTotal()`を参照してください。

ウィンドウ関数	
`void HideTestIndicators(bool hide)`	テスト指標を隠す
`int Period( )`	時間枠→実践p.159
`bool RefreshRates( )`	レートのリフレッシュ→実践p.213
`string Symbol( )`	通貨ペア名→入門p.177、実践p.159
`int WindowBarsPerChart( )`	チャート上に表示されているバーの数
`string WindowExpertName( )`	実行中のプログラム名
`int WindowFind(string name)`	チャート上の指標の検索→実践p.154
`int WindowFirstVisibleBar( )`	チャート上に表示されている最初のバーの番号
`int WindowHandle(string symbol, int timeframe)`	ウィンドウハンドル
`bool WindowIsVisible(int index)`	サブウィンドウの表示状態のチェック
`int WindowOnDropped( )`	ドロップされたチャートのウィンドウ番号
`double WindowPriceMax(int index=0)`	チャート上の価格の最大値
`double WindowPriceMin(int index=0)`	チャート上の価格の最小値
`double WindowPriceOnDropped( )`	ドロップされたチャート上の価格
`void WindowRedraw( )`	ウィンドウの再表示
`bool WindowScreenShot(string filename, int size_x, int size_y, int start_bar=-1, int chart_scale=-1, int chart_mode=-1)`	スクリーンショットの保存

datetime WindowTimeOnDropped( )	ドロップされたチャート上の時刻
int WindowsTotal( )	ウィンドウの総数
int WindowXOnDropped( )	ドロップされたチャート上のX座標
int WindowYOnDropped( )	ドロップされたチャート上のY座標
BarsPerWindow()	→古い関数名です。**WindowBarsPerChart()**を参照してください。
FirstVisibleBar()	→古い関数名です。**WindowFirstVisibleBar()**を参照してください。
ObjectsRedraw()	→古い関数名です。**WindowRedraw()**を参照してください。
PriceOnDropped()	→古い関数名です。**WindowPriceOnDropped()**を参照してください。
ScreenShot()	→古い関数名です。**WindowScreenShot()**を参照してください。
TimeOnDropped()	→古い関数名です。**WindowTimeOnDropped()**を参照してください。

付録B．参考図書

　本書の内容に関連のあるインターネット上のサイトや参考図書を挙げておきます。トレードシステムについてもっと詳しく知りたい方は、ぜひ参考にしてください。

MetaQuotes社によるメタトレーダー4のサイト
http://www.metatrader4.com/

MetaQuotes社によるMQL4のサイト
http://www.mql4.com/

豊嶋久道『FXメタトレーダー入門』
（パンローリング 2007年12月）

ラーズ・ケストナー『トレーディングシステム徹底比較』
（パンローリング 2000年7月）

トゥーシャー・シャンデ『売買システム入門』
（パンローリング 2000年11月）

トーマス・ストリズマン『トレーディングシステム入門』
（パンローリング 2002年7月）

ロバート・パルド『トレーディングシステムの開発と検証と最適化』
（パンローリング 2006年1月）

ジョージ・プルート、ジョン・R・ヒル『勝利の売買システム』
（パンローリング 2007年2月）

<索引>

記号・数字

\#define······404
\#import······409, 480
\#include······405
\#property······43, 406
\#property indicator_buffers······44
\#property indicator_chart_window······43
\#property indicator_colorN······51
\#property indicator_levelN······82
\#property indicator_maximum······86
\#property indicator_minimum······86
\#property indicator_separate_window······43
\#property indicator_styleN······52
\#property indicator_widthN······51
\#property library······477
\#property show_confirm······163
\#property show_inputs······163
.chr······22
.dll······36
.ex4······26
.fxt······23
.hst······21
.ini······20, 23
.lng······21
.log······22, 23, 36
.mq4······26
.mqh······27
.mqt······36
.set······22, 36
.srv······20
.tpl······20, 23
.wav······22

A

AccountBalance()······471
AccountCompany()······471
AccountCredit()······471
AccountCurrency()······382, 471
AccountEquity()······471
AccountFreeMargin()······376, 471
AccountFreeMarginCheck()······471
AccountFreeMarginMode()······471
AccountLeverage()······471
AccountMargin()······471
AccountName()······471
AccountNumber()······471
AccountProfit()······471
AccountServer()······471
AccountStopoutLevel()······471
AccountStopoutMode()······471
Alert()······218, 450
Ask······179, 467
ATR······102, 266, 335
ATRバンド······104

B

Bars······50
Bid······179, 467
bool······399

C

case······234
CharToStr()······150
Close[]······50, 467
CLR_NONE······54
color······400
Comment()······450
config······20
Control points······289, 388

CSV ファイル······156
Custom Indicator······30

D

datetime······402
Day()······463
DayOfWeek()······463
deinit()······44
deleted······20
Digits······210, 348, 467
DLL ファイル······36
double······396
DoubleToStr()······458
DRAW_ARROW······77
DRAW_HISTOGRAM······90, 124

E

EA······31
EMA······61, 89
EMPTY······54
EntrySignal()······278
ERR_INVALID_PRICE······239, 243
ERR_INVALID_STOPS······239
ErrorDescription()······205
Every tick······289, 388
ex4 ファイル······26
ExitPosition()······282
Expert Advisor······31
Expert Advisors······39
experts······21
extern······414

F

FILE_BIN······441
FILE_CSV······441
FILE_READ······441

FILE_WRITE······441
FileClose()······162, 440
FileOpen()······159, 439
FileReadNumber()······445
FileReadString()······445
files······35
FileSeek()······169, 447
FileWrite()······162, 443
FilterSignal()······350

G

GetLastError()······204
GetTickCount()······217
Global Variables······412
GlobalVariableGet()······413
GlobalVariableSet()······413

H

HBOP······131
High[]······50, 467
history······21
History Center······21, 156
HL バンド······91, 96, 118, 270, 314, 334
Hour()······463

I

iATR()······103, 268
iBands()······67, 106, 306, 322
iBarShift()······133, 160, 343
iClose()······132, 377
iCustom()······115
iHigh()······132
iHighest()······96
iLow()······132
iLowest()······96
iMA()······60, 301, 308

iMACD()······86, 314
iMAOnArray()······111
iMomentum()······79, 292
include······35
IndicatorBuffers()······49, 113
IndicatorCounted()······50
indicators······35
IndicatorShortName()······57
init()······44
int······394
iOpen()······132
iRSI()······83, 298, 319
iSAR()······75
iStochastic()······91
IsTradeAllowed()······214

L

languages······21
LBOP······131
libraries······35
Library······34
links······21
LiveUpdate.exe······25
logs······21
Low[]······50, 467
LWMA······61

M

MACD······86, 146, 310
mailbox······22
MarketInfo()······262, 383, 468
MathAbs()······424
MathArccos()······424
MathArcsin()······424
MathArctan()······424
MathCeil()······144, 424
MathCos()······424

MathExp()······424
MathFloor()······144, 424
MathLog()······383, 425
MathMax()······425
MathMin()······425
MathMod()······425
MathPow()······425
MathRand()······425
MathRound()······425
MathSin()······425
MathSqrt()······425
MathSrand()······425
MathTan()······425
MessageBox()······163, 451
MetaEditor.exe······25
MetaLang.exe······25
Minute()······463
MODE_CLOSE······102
MODE_HIGH······100
MODE_LOW······100
MODE_LOWER······68
MODE_MAIN······68, 90
MODE_SIGNAL······90
MODE_STOPLEVEL······262
MODE_UPPER······68
Month()······463
mq4 ファイル······26
mqh ファイル······27
MY_ALLPOS······233
MY_BUYPOS······233
MY_LIMITPOS······233
MY_OPENPOS······232
MY_PENDPOS······233
MY_SELLPOS······233
MY_STOPPOS······233
MyCurrentOrders()······231
MyOrderClose()······242
MyOrderDelete()······244
MyOrderModify()······240

MyOrderSend()······236
MyOrderSendSL()······327

N

NormalizeDouble()······210, 241

O

ObjectCreate()······141, 428
ObjectDelete()······142, 436
ObjectsDeleteAll()······437
ObjectSet()······142, 432
ObjectSetText()······150, 435
OCO 注文······256
OederClose()······196
OP_BUY······177
OP_BUYLIMIT······177
OP_BUYSTOP······177
OP_SELL······177
OP_SELLLIMIT······177
OP_SELLSTOP······177
Open price only······289, 387
Open[]······50, 467
OrderClose()······242
OrderCloseBy()······203
OrderClosePrice()······184, 197, 243
OrderCloseTime()······185
OrderComment()······185
OrderCommission()······185
OrderDelete()······199, 244
OrderExpiration()······185, 195
OrderLots()······185, 198, 243
OrderMagicNumber()······185
OrderModify()······192, 240
OrderOpenPrice()······185
OrderOpenTime()······186, 343
OrderProfit()······186
OrderSelect()······187

OrderSend()······177, 236
OrderStopLoss()······186, 241
OrdersTotal()······189
OrderSwap()······186
OrderSymbol()······186
OrderTakeProfit()······186, 195, 241
OrderTicket()······186, 194
OrderType()······187

P

Period()······159
PIVOT······130, 369
Point······143, 348, 467
Print()······204, 451
profiles······22

R

RefreshRates()······213
ROC······79
RSI······82, 296, 319

S

Script······33
scripts······36
Seconds()······463
SELECT_BY_POS······189
SELECT_BY_TICKET······189
SendMail()······218, 451
SetIndexArrow()······77
SetIndexBuffer()······47, 421
SetIndexLabel()······55
SetIndexStyle()······52
Sleep()······216
SMA······61, 89, 351
SMMA······61
sounds······22

stacksize······407
start()······44
static······415
stderror.mqh······208
stdlib.mqh······205
Strategy Tester······32
string······397
StringConcatenate()······455
StringSubstr()······382
StrToTime()······341, 466
switch······234
Symbol()······159
symbolsets······22

T

templates······23
terminal.exe······25
tester······23
Time[]······50, 467
TimeCurrent()······160, 460
TimeDay()······160, 462
TimeDayOfWeek()······165, 462
TimeHour()······160, 462
TimeLocal()······460
TimeMinute()······160, 462
TimeMonth()······160, 462
TimeSeconds()······462
TimeToStr()······341, 461
TimeYear()······160, 462

U

Uninstall.exe······25

V

Volume[]······50, 168, 467

W

WindowFind()······154
Wingdingsフォント······77, 150, 398
WinUser32.mqh······453

Y

Year()······463

あ

アップデート······25
アンインストール······25

い

移動平均······59, 300, 306
移動平均乖離率······108
色······400
色の設定······54
インストール······19, 38
陰線······127

う

ウィンドウ番号······146
売りシグナル······275
売りポジション······187

え

エキスパートプログラム······31
エグジット······281
エントリー······275
エントリーシグナル······275

お

オープンポジション ‥‥‥180
オブジェクト ‥‥‥139, 428
オブジェクト名 ‥‥‥142
オフラインチャート ‥‥‥389
音声設定 ‥‥‥22

か

買いシグナル ‥‥‥275
外部変数 ‥‥‥410
買いポジション ‥‥‥187
カウンタートレンド ‥‥‥286, 325
カスタム指標プログラム ‥‥‥30, 35, 42
カラーネーム ‥‥‥401
仮シグナル ‥‥‥354
関数名 ‥‥‥174

き

逆指値注文 ‥‥‥366
逆指値買い ‥‥‥177
逆指値買い注文 ‥‥‥187
逆指値売り ‥‥‥177
逆指値売り注文 ‥‥‥187

く

組み込みテクニカル指標関数 ‥‥‥59

こ

コンパイル ‥‥‥25, 28

さ

最大ドローダウン ‥‥‥378
指値売り ‥‥‥177
指値売り注文 ‥‥‥187
指値買い ‥‥‥177
指値買い注文 ‥‥‥187
指値注文 ‥‥‥366
サーバ時刻 ‥‥‥341, 460
サブウィンドウ ‥‥‥42, 57
サンプルプログラム ‥‥‥37, 221

し

仕掛け ‥‥‥275
資金管理 ‥‥‥374
シグナルライン ‥‥‥314
時系列アクセス関数 ‥‥‥96, 130
時系列配列 ‥‥‥49, 421
支持線 ‥‥‥130
指数移動平均 ‥‥‥61, 89
実行ファイル ‥‥‥26
実質レバレッジ ‥‥‥376, 378
実数 ‥‥‥396
指標インデックス ‥‥‥47
指標バッファ ‥‥‥46
証拠金 ‥‥‥375
条件付き仕掛け ‥‥‥354
省略可能なパラメータ ‥‥‥58
初期値 ‥‥‥58

す

水平ライン ‥‥‥139
スクリプトプログラム ‥‥‥33, 36, 157, 167
ストキャスティクス ‥‥‥91
ストラテジーテスター ‥‥‥23, 32, 289, 321, 385
スプレッド ‥‥‥18
スリッページ ‥‥‥178
スローストキャスティクス ‥‥‥95
スワップ金利 ‥‥‥18
スワップ値 ‥‥‥186

せ

整数 ……394
線形加重移動平均 ……61

そ

ソースファイル ……26
損切り ……326
損切り値 ……178, 186

た

大域変数 ……412
待機注文 ……181
単純移動平均 ……61

ち

チケット番号 ……178, 186, 188, 194
チャートウィンドウ ……42
チャートの再表示 ……20
チャートの組表示 ……22
注文のインデックス ……190

て

抵抗線 ……130
ティックチャート ……285
ティックデータ ……289
手仕舞い ……281
データウィンドウ ……55
テキストファイル ……26
テンプレートファイル ……36

と

特殊文字 ……395
途転売買 ……275

と

トレイリングストップ ……263, 331
トレーディングプール ……180, 188
トレンド ……351
トレンドフォロー ……286, 325

な

内部変数 ……410
ナビゲーター画面 ……29
成行売り ……177
成行買い ……177

に

日時 ……402

は

バイナリファイル ……26
配列 ……420
バックテスト ……32, 385
パラボリックSAR ……74

ひ

ヒストグラム ……90, 122, 127
ヒストリープール ……180, 188
表示ケタ数 ……348
表示中の罫線分析ツール ……31
表示通貨ペアの組合せ ……22
標準偏差 ……67

ふ

ファイルオープン ……159
ファイルクローズ ……162
ファイルハンドル ……160
ファストストキャスティックス ……94
フィルター ……349

515

複数システム ……370
プリプロセッサ命令 ……43, 404
ブレイクアウト ……314

へ

平滑移動平均 ……61
平均足 ……122, 127
ヘッダーファイル ……27, 34, 35, 405, 474
変化率 ……79
変数名 ……174
ペンディングオーダー ……181

ほ

ボリンジャーバンド ……67, 303, 321
本シグナル ……354

ま

マジックナンバー ……178, 183, 185
マネーマネジメント ……374

め

メタエディター ……25

も

文字コード ……395
文字列 ……397
モメンタム ……78, 291

ゆ

有効期限 ……185

よ

陽線 ……127
要素インデックス ……49
予約配列 ……421

ら

ライブラリープログラム ……34, 35, 39, 476

り

利食い ……326
利食い値 ……178, 186
リピートIFD注文 ……248
両建てポジション ……202
論理 ……399

れ

レバレッジ ……18, 375

ろ

ローカル時刻 ……341, 460
ログファイル ……36

＜プログラムリスト索引＞

8MAs.mq4 …… 64

AccountInfo.mq4 …… 472

ATRBand.mq4 …… 105

BBCross0.mq4 …… 322

BBCross1.mq4 …… 304

Breakout1.mq4 …… 316

Breakout1ET1.mq4 …… 345

Breakout1SL1.mq4 …… 328

Breakout1TS1.mq4 …… 336

CBPB.mq4 …… 356

GenericSystem1.mq4 …… 276

GenericSystem2.mq4 …… 282

HeikinAshi.mq4 …… 123

HeikinAshiDirection.mq4 …… 127

HLBand.mq4 …… 98

HLBand2.mq4 …… 118

HLines.mq4 …… 140

KumikomiBB.mq4 …… 69

KumikomiBB2.mq4 …… 71

KumikomiMACD.mq4 …… 88

KumikomiMom.mq4 …… 80

KumikomiRSI.mq4 …… 84

KumikomiSAR.mq4 …… 76

KumikomiSto.mq4 …… 93

MA2Cross1.mq4 …… 307

MACD1.mq4 …… 312

MACross1.mq4 …… 301

MAKairi.mq4 …… 108

MAKairiSM.mq4 …… 112

MarketInfo.mq4 …… 468

Momentum1.mq4 …… 293

Momentum1F1.mq4 …… 352

Momentum1PS1.mq4 …… 380

MomRSI.mq4 …… 371

MyLib.mq4 …… 223

MyLib.mqh …… 221

OCOOrder.mq4 …… 258

OutputDataD1.mq4 …… 166

OutputIndicators.mq4 …… 157

OutputIndicators2.mq4 …… 170

Pivot.mq4 …… 135

Pivot1.mq4 …… 366

RIDOrder.mq4 …… 249

RIDOrder2.mq4 …… 253

RSI0.mq4 …… 319

RSI1.mq4 …… 267

RSI1F1.mq4 …… 363

ShowMTF.mq4 …… 152

ShowMTF0.mq4 …… 147

TrailingStopATR.mq4 …… 267

TrailingStopHL.mq4 …… 271

＜図索引＞

第1章

図 1.1　メタトレーダーとメタエディターの関係　……　27
図 1.2　ナビゲーター画面上のプログラム一覧　……　29
図 1.3　ナビゲーター画面のサブメニュー　……　30
図 1.4　ストラテジーテスターの設定画面　……　33
図 1.5　メタエディターの Navigator 画面　……　37
図 1.6　オプションの Expert Advisors 設定画面　……　39

第2章

図 2.1　8MAs のチャートへの挿入例　……　66
図 2.2　KumikomiBB2 のチャートへの挿入例　……　73
図 2.3　KumikomiSAR のチャートへの挿入例　……　78
図 2.4　KumikomiMom のチャートへの挿入例　……　81
図 2.5　KumikomiRSI のチャートへの挿入例　……　85

図 2.6　KumikomiMACD のチャートへの挿入例　……　90
図 2.7　KumikomiSto のチャートへの挿入例　……　95
図 2.8　HLBand のチャートへの挿入例　……　101
図 2.9　ATR のチャートへの挿入例　……　103
図 2.10　ATRBand のチャートへの挿入例　……　107

図 2.11　MAKairi のチャートへの挿入例　……　110
図 2.12　MAKairiSM のチャートへの挿入例　……　114
図 2.13　HLBand2 のチャートへの挿入例　……　121
図 2.14　HeikinAshi のチャートへの挿入例　……　126
図 2.15　HeikinAshiDirection のチャートへの挿入例　……　129

図 2.16　Pivot のチャートへの挿入例　……　137
図 2.17　HLines のチャートへの挿入例　……　145
図 2.18　ShowMTF0 のチャートへの挿入例　……　151
図 2.19　ShowMTF のチャートへの挿入例　……　154
図 2.20　不要なバーを含む日足チャート　……　165

第 3 章

図 3.1　取引画面　……　183
図 3.2　注文の種類と処理の関係　……　201
図 3.3　トレイリングストップの設定画面　……　264

第 4 章

図 4.1　モメンタムを利用した仕掛け例　……　292
図 4.2　RSI を利用した仕掛け例　……　296
図 4.3　移動平均線と価格の交差を利用した仕掛け例　……　299
図 4.4　ボリンジャーバンドを利用した仕掛け例　……　303
図 4.5　2 本の移動平均線の交差を利用したエントリー例　……　307
図 4.6　MACD とシグナルの交差を利用したエントリー例　……　311
図 4.7　HL バンドのブレイクアウトを利用したエントリー例　……　315
図 4.8　オフラインチャートの選択画面　……　389
図 4.9　バックテスト用のチャートデータの例　……　390

第 5 章

図 5.1　Wingdings フォント　……　398
図 5.2　大域変数の設定画面　……　412

【著者紹介】

豊嶋久道（とよしま・ひさみち）

1965年山口県生まれ。1988年慶應義塾大学理工学部電気工学科卒業。1993年慶應義塾大学大学院博士課程修了。博士（工学）。大学生のころからC言語プログラミングに親しみ、実用系のフリーソフトウェア、シェアウェアを公開。2003年よりFX取引を始め、システムトレードの道へ。最近ではFXオプション取引も含めた売買システムの研究を行っている。主な著書に『FXメタトレーダー入門』（パンローリング）がある。

著者WEB：Toyolab FX —手ぶらで為替取引（http://forex.toyolab.com/）
Pan Rolling 投資の仲間たち（http://www.panrolling.com/blog/toyoshima.html）

2009年10月4日　初版第1刷発行
2009年11月2日　　第2刷発行
2010年 4月2日　　第3刷発行
2010年11月2日　　第4刷発行
2011年 4月2日　　第5刷発行
2012年 2月3日　　第6刷発行

現代の錬金術師シリーズ⑧③

FXメタトレーダー実践プログラミング
―高機能システムトレードソフト超活用術

著　者　豊嶋久道
発行者　後藤康徳
発行所　パンローリング株式会社
　　　　〒160-0023　東京都新宿区西新宿7-9-18-6F
　　　　TEL 03-5386-7391　FAX 03-5386-7393
　　　　http://www.panrolling.com/
　　　　E-mail　info@panrolling.com
装　丁　竹内吾郎
印刷・製本　株式会社シナノ

ISBN978-4-7759-9090-2

落丁・乱丁本はお取り替えします。
また、本書の全部、または一部を複写・複製・転載、および磁気・光記録媒体に入力することなどは、著作権法上の例外を除き禁じられています。

©Hisamichi Toyoshima 2009 Printed in Japan

【免責事項】
本書で紹介している方法や技術、指標が利益を生む、あるいは損失につながることはないと仮定してはなりません。過去の結果は必ずしも将来の結果を示すものではなく、本書の実例は教育的な目的のみで用いられるものです。

おすすめ書籍

ウィザードブックシリーズ 189
バフェット合衆国
著者：ロナルド・W・チャン

定価 本体 1,600 円+税　ISBN:9784775971567

企業経営者やリーダーの福音書！顧客・同僚・部下・生徒たちに愛され、信頼され、気持ちよく働き、勉強してもらう人力（ひとぢから）がわかる！

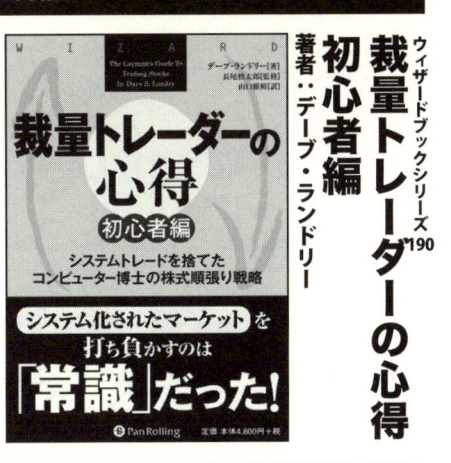

ウィザードブックシリーズ 190
裁量トレーダーの心得 初心者編
著者：デーブ・ランドリー

定価 本体 4,800 円+税　ISBN:9784775971574

極度にシステム化されたマーケットを打ち負かすのは「常識」だった！PC全盛時代に勝つ方法！PCの魔術師だからこそ分かった「裁量トレード時代の到来」！

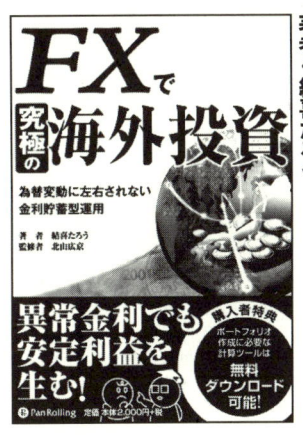

FXで究極の海外投資
著者：結喜たろう

定価 本体 2,000 円+税　ISBN:9784775991114

"英語は苦手…。だけど、海外投資はしてみたい""使う予定のないお金を低リスクでコツコツ増やしたい""「上がった、下がった」を気にするバクチは嫌"通貨ペアの組み合わせでリスク分散高安定のスワップ長期運用法！

FXトレード会社設立運営のノウハウ
著者：柴崎照久

定価 本体 2,800 円+税　ISBN:9784775991121

【個人投資家が法人でハイレバレッジと節税を享受するために】個人の申告分離課税一本化。法人税の減税に対応。法人をつくって社長になろう。

動画で勝ち組のトレード方法を学ぶ

新しいダイバージェンス FXトレードの実践
講師：バカラ村

定価 本体3,800円+税　ISBN：9784775963562

毎月の利益をコンスタントに獲得する、人気テクニカルアナリストのDVD第2作目！「ダイバージェンス」を使ったトレード手法について、より信頼度が高い、実践的チャートをもとに詳しく解説する。

給与を10倍にするFX 勝ちパターンを実現する極意
講師：齊藤トモラニ

定価 本体2,800円+税　ISBN：9784775963531

抜群のFXトレードセンスでセミナー受講生から絶大な評判を得る「トモラニ」先生。チャートから勝つ技術をつくりだす方法を解説！

実践的FX チャートの読み方とトレード戦略の立て方
講師：ZERO

定価 本体2,800円+税　ISBN：9784775963548

月に平均100万円ほどをコンスタントに稼ぐ専業FXトレーダーZERO氏がFXトレーダーが為替チャートの見方や読み方を解説する。

勝者の手法でFXマーケットの転換点をつかめ
講師：西原宏一

定価 本体3,800円+税　ISBN：9784775963555

プロトレーダーが使用するテクニカル分析を解説。TDシーケンシャル分析を使い、いつ仕掛け、いつ仕舞えば良いのかを解説する。

動画で勝ち組のトレード方法を学ぶ

冒険投資家ジム・ロジャーズが語る世界経済と私の戦略
講師：ジム・ロジャーズ

定価 本体 3,800円＋税　ISBN:9784775963586

日本株と円に強気 歴史的な買い場が到来！日本をはじめ世界経済や為替、農産物や貴金属などのコモディティ、有望国、現在の氏のポートフォリオなど、今、ロジャーズ氏が考える投資の理由をあますことなくお伝えする。

川合美智子の着実に資金を増やすFXの基礎とチャンスを生かすトレード法
講師：川合美智子

定価 本体 3,800円＋税　ISBN:9784775963593

罫線分析でわかりやすさナンバー1の人気講師。為替トレードで成功する秘訣を伝授！基本のテクニカル分析や注意すべき事象、実際のトレード方法など、為替トレードで成功する秘訣を紹介。

無限の可能性を持つオプション取引の実践
講師：塩麻紀子

定価 本体 3,800円＋税　ISBN:9784775963609

攻めも守りも自由自在！オプション取引で収益機会を増やそう！個人投資家目線からオプションのリスクパラメータ知識を、講演会やセミナーなどで分かり易いと評判の講師が解説。

生涯現役の株式トレード技術［チャートの読み方と建て玉操作］
講師：優利加

定価 本体 5,800円＋税　ISBN:9784775963579

時の利を波乗りする建て玉法。スイングに適した銘柄のシュミレーションでトレード技術が習熟できる。株式トレード上達への近道！銘柄を限定して株価波動に波乗りする。

Pan Rolling オーディオブックシリーズ

売り上げ 1位 **書籍も発売中**

ゾーン 相場心理学入門
マーク・ダグラス
パンローリング 約540分
DL版 3,000円（税込）
CD版 3,990円（税込）

超ロングセラー、相場心理書籍の王道「ゾーン」が遂にオーディオブックに登場！相場で勝つためにはどうすればいいのか！？本当の解決策が見つかります。

相場との向き合い方、考え方が変わる！
書籍版購入者にもオススメです！

売り上げ 2位

バビロンの大富豪
「繁栄と富と幸福」はいかにして築かれるのか
ジョージ・S・クレイソン
パンローリング 約400分
DL版 2,200円（税込）
CD版 2,940円（税込）

不滅の名著！ 人生の指針と勇気を与えてくれる「黄金の知恵」と感動のストーリー！ 読了後のあなたは、すでに資産家への第一歩を踏み出し、幸福を共有するための知恵を確実にみにつけていることだろう。

売れてます

規律とトレーダー
マーク・ダグラス
パンローリング 約440分
DL版 3,000円（税込）
CD版 3,990円（税込）

常識を捨てろ！ 手法や戦略よりも規律と心を磨け！ 相場の世界での一般常識は百害あって一利なし！ ロングセラー『ゾーン』の著者の名著がついにオーディオ化!!

その他の売れ筋　各書籍版も好評発売中!!

マーケットの魔術師
ジャック・D・シュワッガー
パンローリング　約1075分
各章 2,800円（税込）
――米トップトレーダーが語る成功の秘訣
世界中から絶賛されたあの名著がオーディオブックで登場！

新マーケットの魔術師
ジャック・D・シュワッガー
パンローリング約1286分
DL版 10,500円（税込）
PW版 10,500円（税込）
ロングセラー「新マーケットの魔術師」（パンローリング刊）のオーディオブック!!

マーケットの魔術師 システムトレーダー編
アート・コリンズ
パンローリング約760分
DL版 5,000円（税込）
CD-R版 6,090円（税込）
市場に勝った男たちが明かすメカニカルトレーディングのすべて
14人の傑出したトレーダーたちのインタビューによって、読者のトレードが正しい方向に進む手助けになるだろう！

相場で負けたときに読む本 真理編・実践編
山口祐介　パンローリング
真理編 DL版 1,575円（税込）
　　　　　CD版 1,575円（税込）
実践編 DL版 1,575円（税込）
　　　　　CD版 2,940円（税込）
負けたトレーダーが破滅するのではない。負けたときの対応の悪いトレーダーが破滅するのだ。

私は株で200万ドル儲けた
ニコラス・ダーバス
パンローリング約306分
DL版 1,200円（税込）
CD-R版 2,415円（税込）
営業マンの「うまい話」で損をしたトレーダーが、自らの意思とスタイルを貫いて巨万の富を築くまで――

孤高の相場師リバモア流投機術
ジェシー・ローリストン・リバモア
パンローリング約161分
DL版 1,500円（税込）
CD-R版 2,415円（税込）
アメリカ屈指の投資家ウィリアム・オニールの教本！ 稀代の相場師が自ら書き残した投機の聖典がついに明らかに！

Chart Gallery 4.0 for Windows

パンローリング相場アプリケーション
チャートギャラリー
Established Methods for Every Speculation

最強の投資環境

成績検証機能つき

● 価格（税込）
チャートギャラリー 4.0
エキスパート　147,000 円
プロ　　　　　 84,000 円
スタンダード　 29,400 円

お得なアップグレード版もあります

www.panrolling.com/pansoft/chtgal/

チャートギャラリーの特色

1. **豊富な指標と柔軟な設定**
   指標をいくつでも重ね書き可能
2. **十分な過去データ**
   最長約30年分の日足データを用意
3. **日々のデータは無料配信**
   わずか3分以内で最新データに更新
4. **週足、月足、年足を表示**
   日足に加え長期売買に役立ちます
5. **銘柄群**
   注目銘柄を一覧表にでき、ボタン1つで切り替え
6. **安心のサポート体勢**
   電子メールのご質問に無料でお答え
7. **独自システム開発の支援**
   高速のデータベースを簡単に使えます

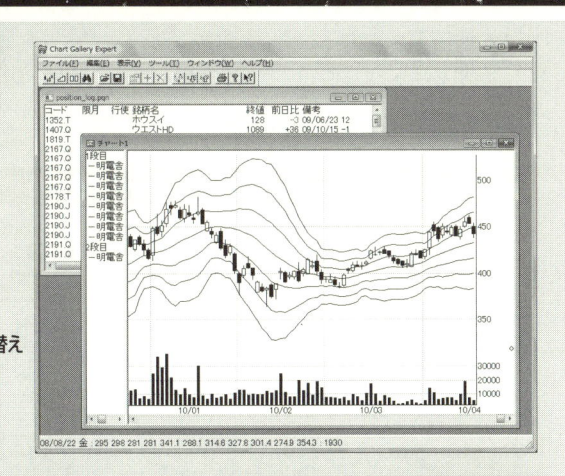

チャートギャラリー　エキスパート・プロの特色

1. 検索条件の成績検証機能 [エキスパート]
2. 強力な銘柄検索 (スクリーニング) 機能
3. 日経225先物、日経225オプション対応
4. 米国主要株式のデータの提供

検索条件の成績検証機能 [Expert]

指定した検索条件で売買した場合にどれくらいの利益が上がるか、全銘柄に対して成績を検証します。検索条件をそのまま検証できるので、よい売買法を思い付いたらその場でテスト、機能するものはそのまま毎日検索、というように作業にむだがありません。

表計算ソフトや面倒なプログラミングは不要です。マウスと数字キーだけであなただけの売買システムを作れます。利益額や合計だけでなく、最大引かされ幅や損益曲線なども表示するので、アイデアが長い間安定して使えそうかを見積もれます。

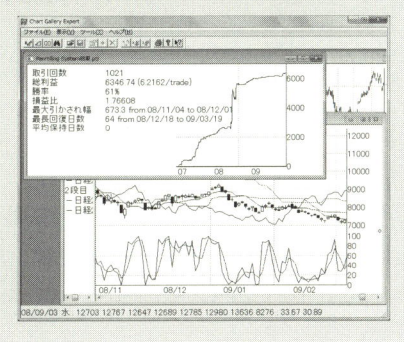

がんばる投資家の強い味方 Traders Shop

http://www.tradersshop.com/

24時間オープンの投資家専門店です。

パンローリングの通信販売サイト「**トレーダーズショップ**」は、個人投資家のためのお役立ちサイト。書籍やビデオ、道具、セミナーなど、投資に役立つものがなんでも揃うコンビニエンスストアです。

他店では、入手困難な商品が手に入ります!!

- ●投資セミナー
- ●一目均衡表 原書
- ●相場ソフトウェア
  チャートギャラリーなど多数
- ●相場予測レポート
  フォーキャストなど多数
- ●セミナーDVD
- ●オーディオブック

ここでしか入手できないモノがある。

さあ、成功のためにがんばる投資家は
いますぐアクセスしよう!

トレーダーズショップ 無料 メールマガジン

●無料メールマガジン登録画面

トレーダーズショップをご利用いただいた皆様に、**お得なプレゼント**、今後の**新刊情報**、著者の方々が書かれた**コラム**、**人気ランキング**、ソフトウェアのバージョンアップ情報、そのほか投資に関するちょっとした情報などを定期的にお届けしています。

まずはこちらの
「**無料メールマガジン**」
からご登録ください!
または info@tradersshop.com まで。

パンローリング株式会社

お問い合わせは

〒160-0023 東京都新宿区西新宿7-9-18-6F
Tel: 03-5386-7391 Fax: 03-5386-7393
http://www.panrolling.com/
E-Mail info@panrolling.com

携帯版